뼈대있는
四字成語

뼈대있는 사자성어

차평일 지음

머리말

위나라에 공어孔圉라는 사람이 있었다. 그는 시호를 문文이라고 하였고 그가 죽자 사람들은 그를 공문자孔文子라고 불렀다. 이에 공자의 애제자 자공이 공자에게 물었다.

"공문자는 왜 시호를 문이라고 했습니까?"

그러자 공자는 답했다.

"그가 총명하고 부지런하며 아랫사람에게 묻는 것을 부끄럽게 여기지 않았기[不恥下問] 때문에 시호를 문이라고 한 것이다."

불치하문不恥下問이라는 고사성어에 얽힌 이야기다. 모르는 것을 겸허한 마음으로 모른다고 하며 알고자 묻는 걸 부끄러워해선 안 된다는 교훈을 담고 있는 이 말은 고금을 막론하고 의미가 있다. 특히 어느 조직에서든 높은 자리에 있는 사람이 '불치하문' 하지 않고 잘난 척만 한다면 그 피해가 일파만파가 된다. 요즘 회사 경영자들은 앞 다투어 인문학 교육을 받고 있다. 이는 자기 자신도 인문학적 소양을 키우면서 또 그러한 소양이 있는 직원을 채용하는 안목을 키우고자 함이다. 모르긴 몰라도 이런 경영자들의 머릿속에는 '불치하문'이라는 말이 금과옥조로 새겨져 있으리라. 그리고 대학 입시에서도 인문학적 지식에 바탕을 둔 자기 논리가 바로 서 있는 학생을 뽑고자 한다. 그러기 위해서 교수들도 끊임없이 고전을 읽고 거기서 얻은 교훈을 현시점의 시사 문제에 적용해보곤 한다. 이렇듯 현대 사회에서 인문학에 회귀하고자 하는 것도 결국 단 한 줄로 압축할 수 있는 자기 자신만의 철학과 신조를 찾는 과정일 수 있다. 자기만의 정신을 가지려는 것이다. 중국 문화권에 살던 옛 사람들은 이 신조를 단 네 글자 안에 압축했으니 그게 바로 오늘날 사자성어라고 일컬어지는 금언이다.

사자성어 안에는 재미있는 옛이야기가 있고, 역사가 있다.

무구한 세월 동안 회자되고 새겨져 오기까지 말 한 마디에 담긴 진실과 교훈의 힘이 있다. 새 시대가 바라는 인재는 무조건 새롭고 미래지향적인 가치만을 바라보는 사람이 아니다. 온고지신溫故知新을 마음 깊이 새기는 사람만이 미래를 살찌울 수 있다.

이 책에서는 가계야치家鷄野雉 등 여러 고전에 나오는 사자성어를 가나다 순으로 배열해 간단한 뜻 설명과 유래, 동의어 등을 담아 엮었다. 한꺼번에 많은 사자성어의 뜻을 외우기보다는 하루 한 편씩이라도 꾸준히 보고 문자의 이면에 담긴 깊은 뜻을 여러 번 곱씹어보는 게 좋을 듯하다.

2010년 5월
차평일

머리말 … 5

ㄱ

001 가계야치 家鷄野雉 … 19
002 가인박명 佳人薄命 … 19
003 각자위정 各自爲政 … 20
004 각주구검 刻舟求劍 … 21
005 간뇌도지 肝腦塗地 … 21
006 간담상조 肝膽相照 … 22
007 간담초월 肝膽楚越 … 23
008 간슬여륜 看蝨如輪 … 24
009 간어제초 間於齊楚 … 25
010 간장막야 干將莫耶 … 26
011 갈택이어 竭澤而漁 … 27
012 감탄고토 甘呑苦吐 … 28
013 강노지말 强弩之末 … 28
014 개과천선 改過遷善 … 29
015 개권유익 開卷有益 … 29
016 개문읍도 開門揖盜 … 30
017 거안제미 擧案齊眉 … 31
018 거어지탄 車魚之歎 … 32
019 거일반삼 擧一反三 … 33
020 거재두량 車載斗量 … 34
021 거기부정 擧棋不定 … 35
022 건곤일척 乾坤一擲 … 36
023 검려기궁 黔黎技窮 … 36
024 격화소양 隔靴搔癢 … 37
025 견강부회 牽强附會 … 38
026 견토지쟁 犬兎之爭 … 38
027 결자해지 結者解之 … 39
028 결초보은 結草報恩 … 39
029 계구우후 鷄口牛後 … 41
030 계명구도 鷄鳴狗盜 … 42
031 고굉지신 股肱之臣 … 42
032 고복격양 鼓腹擊壤 … 43

033 고성낙일 孤城落日 … 44	056 구우일모 九牛一毛 … 64
034 고육지책 苦肉之策 … 44	057 국사무쌍 國士無雙 … 65
035 고장난명 孤掌難鳴 … 45	058 군욕신사 君辱臣死 … 66
036 고침안면 高枕安眠 … 46	059 군자삼락 君子三樂 … 67
037 곡돌사신 曲突徙薪 … 47	060 권모술수 權謀術數 … 67
038 곡학아세 曲學阿世 … 48	061 권선징악 勸善懲惡 … 68
039 골경지신 骨鯁之臣 … 49	062 권토중래 捲土重來 … 68
040 공곡공음 空谷跫音 … 50	063 귀마방우 歸馬放牛 … 69
041 공자천주 孔子穿珠 … 51	064 귤중지락 橘中之樂 … 70
042 공중누각 空中樓閣 … 52	065 근묵자흑 近墨者黑 … 70
043 과유불급 過猶不及 … 53	066 극기복례 克己復禮 … 72
045 과전이하 瓜田李下 … 54	067 금란지교 金蘭之交 … 71
045 관중규표 管中窺豹 … 55	068 금상첨화 錦上添花 … 72
046 관포지교 管鮑之交 … 56	069 금의야행 錦衣夜行 … 73
047 괄목상대 刮目相對 … 57	070 금의환향 錦衣還鄉 … 74
048 교각살우 矯角殺牛 … 58	071 기사회생 起死回生 … 75
049 교언영색 巧言令色 … 58	072 기인우천 杞人憂天 … 76
050 교토삼굴 狡兔三窟 … 59	073 기호지세 騎虎之勢 … 76
051 교학상장 敎學相長 … 60	074 기화가거 奇貨可居 … 77
052 구맹주산 狗猛酒酸 … 61	
053 구밀복검 口蜜腹劍 … 62	ㄴ
054 구사일생 九死一生 … 63	078 나작굴서 羅雀堀鼠 … 81
055 구상유취 口尙乳臭 … 63	076 낙양지가 洛陽紙價 … 81

077 낙정하석 落穽下石 …82
078 난의포식 暖衣飽食 …83
079 난형난제 難兄難弟 …84
080 남가일몽 南柯一夢 …85
081 남귤북지 南橘北枳 …86
082 남부여대 男負女戴 …87
083 남풍불경 南風不競 …88
084 낭자야심 狼子野心 …89
085 낭중지추 囊中之錐 …90
086 낭중취물 囊中取物 …91
087 내우외환 內憂外患 …92
088 내유외강 內柔外剛 …93
089 노마십가 駑馬十駕 …93
090 노마지지 老馬之智 …94
091 노심초사 勞心焦思 …95
092 노이무공 勞而無功 …95
093 논공행상 論功行賞 …96
094 농와지경 弄瓦之慶 …97
095 농장지희 弄璋之喜 …98
096 눌언민행 訥言敏行 …98

ㄷ

097 다기망양 多岐亡羊 …101
098 다다익선 多多益善 …102
099 단사표음 簞食瓢飲 …103
100 단순호치 丹脣皓齒 …104
101 단장취의 斷章取義 …104
102 당동벌이 黨同伐異 …106
103 당랑거철 螳螂拒轍 …106
104 당랑포선 螳螂捕蟬 …107
105 대기만성 大器晩成 …109
106 대동소이 大同小異 …109
107 대우탄금 對牛彈琴 …111
108 대의멸친 大義滅親 …111
109 도견상부 道見桑婦 …112
110 도방고리 道傍苦李 …113
111 도원결의 桃園結義 …114
112 도역유도 盜亦有道 …115
113 도천지수 盜泉之水 …115
114 도청도설 道聽塗說 …116
115 독당일면 獨當一面 …116
116 동공이곡 同工異曲 …117
117 동병상련 同病相憐 …118
118 동산재기 東山再起 …120
119 동호지필 董狐之筆 …121
120 득롱망촉 得隴望蜀 …121

ㅁ

121 마각노출 馬脚露出 ····125
122 마고소양 麻姑搔痒 ····125
123 마부작침 磨斧作針 ····126
124 마이동풍 馬耳東風 ····127
125 마중지봉 麻中之蓬 ····128
126 막역지우 莫逆之友 ····128
127 만사휴의 萬事休矣 ····129
128 만전지책 萬全之策 ····130
129 망국지음 亡國之音 ····131
130 망매해갈 望梅解渴 ····131
131 망양보뢰 亡羊補牢 ····132
132 망양지탄 望洋之歎 ····133
133 망운지정 望雲之情 ····134
134 매사마골 買死馬骨 ····135
135 맥수지탄 麥秀之歎 ····136
136 맹모단기 孟母斷機 ····137
137 맹모삼천 孟母三遷 ····138
138 맹인모상 盲人摸象 ····139
139 명경지수 明鏡止水 ····140
140 모수자천 毛遂自薦 ····141
141 목불식정 目不識丁 ····141
142 목후이관 沐猴而冠 ····142
143 묘항현령 猫項懸鈴 ····144
144 무릉도원 武陵桃源 ····144
145 무병자구 無病自灸 ····145
146 무용지용 無用之用 ····146
147 묵자비염 墨子悲染 ····147
148 묵적지수 墨翟之守 ····148
149 문경지교 刎頸之交 ····149
150 문일지십 聞一知十 ····150
151 문전성시 門前成市 ····150
152 문질빈빈 文質彬彬 ····151
153 미생지신 尾生之信 ····152

ㅂ

154 반근착절 盤根錯節 ····155
155 반면교사 反面教師 ····156
156 반문농부 班門弄斧 ····156
157 반식재상 伴食宰相 ····157
158 발본색원 拔本塞源 ····158
159 발분망식 發憤忘食 ····159
160 방약무인 傍若無人 ····160
161 방예원조 方蘭圓鑿 ····160
162 방촌이란 方寸已亂 ····161

| 163 배반낭자 杯盤狼藉 ···· 162
| 164 배수지진 背水之陣 ···· 162
| 165 백년하청 百年河淸 ···· 164
| 166 백두여신 白頭如新 ···· 165
| 167 백락일고 伯樂一顧 ···· 166
| 168 백면서생 白面書生 ···· 167
| 169 백발백중 百發百中 ···· 168
| 170 백아절현 伯牙絶絃 ···· 169
| 171 백의종군 白衣從軍 ···· 170
| 172 백전백승 百戰百勝 ···· 172
| 173 백중지세 伯仲之勢 ···· 171
| 174 백척간두 百尺竿頭 ···· 172
| 175 병문졸속 兵聞拙速 ···· 173
| 176 병입고황 病入膏肓 ···· 174
| 177 보우지탄 鴇羽之嘆 ···· 175
| 178 복수불수 覆水不收 ···· 175
| 179 복주복야 卜晝卜夜 ···· 176
| 180 봉모인각 鳳毛麟角 ···· 177
| 181 부복장주 剖腹臟珠 ···· 178
| 182 부족회선 不足回旋 ···· 179
| 183 부형청죄 負荊請罪 ···· 179
| 184 부화뇌동 附和雷同 ···· 180
| 185 분서갱유 焚書坑儒 ···· 181

| 186 불치하문 不恥下問 ···· 182
| 187 불구심해 不求甚解 ···· 182
| 188 불문곡직 不問曲直 ···· 183
| 189 불원천리 不遠千里 ···· 184
| 190 붕정만리 鵬程萬里 ···· 185
| 191 비익연리 比翼連理 ···· 185
| 192 빙탄지간 氷炭之間 ···· 186

人

| 193 사가망처 徙家忘妻 ···· 189
| 194 사면초가 四面楚歌 ···· 189
| 195 사반공배 事半功倍 ···· 190
| 196 사불급설 駟不及舌 ···· 191
| 197 사필귀정 事必歸正 ···· 192
| 198 삼고초려 三顧草廬 ···· 192
| 199 삼령오신 三令五申 ···· 193
| 200 삼시도하 三豕渡河 ···· 194
| 201 삼인성호 三人成虎 ···· 195
| 202 삼종지도 三從之道 ···· 196
| 203 상가지구 喪家之狗 ···· 196
| 204 상궁지조 傷弓之鳥 ···· 197
| 205 상루담제 上樓擔梯 ···· 198
| 206 상전벽해 桑田碧海 ···· 199

207 새옹지마 塞翁之馬 ···· 200
208 서시빈목 西施嚬目 ···· 201
209 석불가난 席不暇暖 ···· 202
210 선공후사 先公後私 ···· 203
211 선우후락 先憂後樂 ···· 204
212 설상가상 雪上加霜 ···· 204
213 성동격서 聲東擊西 ···· 205
214 성하지맹 城下之盟 ···· 206
215 세구구반 洗垢求瘢 ···· 207
216 소리장도 笑裏藏刀 ···· 208
217 속수지례 束脩之禮 ···· 209
218 수구초심 首丘初心 ···· 210
219 수락석출 水落石出 ···· 210
220 수석침류 漱石枕流 ···· 211
221 수어지교 水魚之交 ···· 212
222 수주대토 守株待兎 ···· 213
223 순망치한 脣亡齒寒 ···· 214
224 술이부작 述而不作 ···· 214
225 시불가실 時不可失 ···· 215
226 시우지화 時雨之化 ···· 216
227 시위소찬 尸位素餐 ···· 217
228 식자우환 識字憂患 ···· 217
229 신출귀몰 神出鬼沒 ···· 218

230 실사구시 實事求是 ···· 219
231 십시일반 十匙一飯 ···· 220

ㅇ

232 아궁불열 我躬不閱 ···· 223
233 아비규환 阿鼻叫喚 ···· 224
234 아전인수 我田引水 ···· 225
235 안자지어 晏子之御 ···· 225
236 안중지정 眼中之釘 ···· 226
237 암전상인 暗箭傷人 ···· 226
238 암중모색 暗中摸索 ···· 228
239 앙급지어 殃及池魚 ···· 228
240 애급옥오 愛及屋鳥 ···· 229
241 약육강식 弱肉強食 ···· 230
242 양금택목 良禽擇木 ···· 230
243 양두구육 羊頭狗肉 ···· 231
244 양상군자 梁上君子 ···· 233
245 양약고구 良藥苦口 ···· 234
246 양포지구 楊布之狗 ···· 235
247 양호유환 養虎遺患 ···· 236
248 어부지리 漁夫之利 ···· 237
249 엄이도령 掩耳盜鈴 ···· 238
250 여도지죄 餘桃之罪 ···· 239

251 역자교지 易子敎之 … 240
252 연목구어 緣木求魚 … 252
253 오리무중 五里霧中 … 242
254 오우천월 吳牛喘月 … 242
255 오월동주 吳越同舟 … 243
256 오조사정 烏鳥私情 … 244
257 오합지중 烏合之衆 … 245
258 온고지신 溫故知新 … 246
259 와각지쟁 蝸角之爭 … 246
260 왕고좌우 王顧左右 … 248
261 요동지시 遼東之豕 … 248
262 요령부득 要領不得 … 249
263 요원지화 燎原之火 … 250
264 용두사미 龍頭蛇尾 … 252
265 우공이산 愚公移山 … 253
266 우유구화 迂儒救火 … 254
267 우의대읍 牛衣對泣 … 256
268 운우지락 雲雨之樂 … 256
269 원교근공 遠交近攻 … 257
270 위편삼절 韋編三絶 … 257
271 유교무류 有敎無類 … 258
272 유비무환 有備無患 … 259
273 읍참마속 泣斬馬謖 … 259

274 이덕보원 以德報怨 … 260
275 이목지신 移木之信 … 261
276 이일대로 以佚待勞 … 262
277 익자삼우 益者三友 … 263
278 인면수심 人面獸心 … 264
279 인자무적 仁者無敵 … 264
280 일각삼추 一刻三秋 … 266
281 일거양득 一擧兩得 … 266
282 일망타진 一網打盡 … 268
283 일모도원 日暮途遠 … 268
284 일목난지 一木難支 … 269
285 일엽장목 一葉障目 … 270
286 일자천금 一字千金 … 271
287 일폭십한 一曝十寒 … 272

ㅈ

288 자구다복 自求多福 … 275
289 자두연기 煮豆燃萁 … 275
290 자승자강 自勝者强 … 276
291 자포자기 自暴自棄 … 276
292 전거후공 前倨後恭 … 277
293 전전긍긍 戰戰兢兢 … 278
294 전전반측 輾轉反側 … 279

295 전화위복 轉禍爲福 … 280	316 천고마비 天高馬肥 … 302
296 절차탁마 切磋琢磨 … 281	317 천려일실 千慮一失 … 303
297 점입가경 漸入佳境 … 282	318 천의무봉 天衣無縫 … 304
298 정중지와 井中之蛙 … 282	319 천재일우 千載一遇 … 305
299 조강지처 糟糠之妻 … 284	320 청운지지 靑雲之志 … 306
300 조령모개 朝令暮改 … 285	321 청천벽력 靑天霹靂 … 306
301 조삼모사 朝三暮四 … 286	322 청출어람 靑出於藍 … 307
302 좌고우면 左顧右眄 … 287	323 초미지급 焦眉之急 … 308
303 주마간산 走馬看山 … 288	324 촌철살인 寸鐵殺人 … 308
304 죽마고우 竹馬故友 … 289	325 추기급인 推己及人 … 309
305 중과부적衆寡不敵 … 290	326 춘래불사춘春來不似春 … 310
306 중구난방 衆口難防 … 290	327 취모구자 吹毛求疵 … 310
307 중석몰촉 中石沒鏃 … 291	328 치인설몽 癡人說夢 … 311
308 중원축록 中原逐鹿 … 292	329 치지도외 置之度外 … 312
309 지강급미 紙糠及米 … 294	330 칠종칠금 七縱七擒 … 313
310 지록위마 指鹿爲馬 … 294	331 침어낙안 沈魚落雁 … 314
311 지초북행 至楚北行 … 295	
312 지피지기 知彼知己 … 296	**ㅋ**
313 진선진미 盡善盡美 … 297	332 쾌도난마 快刀亂麻 … 317
ㅊ	333 타면자건 唾面自乾 … 318
314 차래지식 嗟來之食 … 301	334 타산지석 他山之石 … 318
315 창해일속 滄海一粟 … 302	335 탐천지공 貪天之功 … 319
	336 태산북두 泰山北斗 … 320

337 토사구팽 兎死狗烹 …321
338 토포악발 吐哺握髮 …322
339 투서기기 投鼠忌器 …323

ㅍ

340 파죽지세 破竹之勢 …324
341 평지풍파 平地風波 …325
342 포락지형 炮烙之刑 …325
343 포호빙하 暴虎憑河 …342
344 풍수지탄 風樹之嘆 …327
345 필부지용 匹夫之勇 …328

ㅎ

346 하로동선 夏爐冬扇 …331
347 하학상달 下學上達 …331
348 한단학보 邯鄲學步 …347
349 항산항심 恒産恒心 …333
350 형설지공 螢雪之功 …334
351 호가호위 狐假虎威 …336
352 호연지기 浩然之氣 …336
353 호의불결 狐疑不決 …337
354 호접지몽 胡蝶之夢 …338
355 호중천지 壺中天地 …249

356 화룡점정 畵龍點睛 …339
357 화씨지벽 和氏之璧 …342
358 환골탈태 換骨奪胎 …342
359 회자인구 膾炙人口 …343
360 후생각고 後生角高 …344
361 후안무치 厚顔無恥 …344

부록

동자이음(同字異音) 한자 ··344
중요 동자이의어 …………344
중요 동자이음어 …………344
중요 상대어, 반대어(글자) 344

001 가계야치 家鷄野雉

家(집 가) 鷄(닭 계) 野(들 야) 雉(꿩 치)
집에서 기르는 닭과 산의 꿩. 가까이 둔 닭보다는 먼 꿩을 귀하게 여긴다는 의미로 자기 집의 것은 하찮게 여기고 남의 집 것만 좋게 여길 때를 비유하는 말.

[유래] 진나라 사람 유익은 왕희지의 서법과 견줄만할 정도로 명필이었다. 이에 그의 서법을 배우고자 중국 전역에서 사람들이 몰려들었다. 그런데 정작 유익의 가족들은 당시 유행하던 왕희지의 서법을 배우기에 여념이 없었다. 유익은 지인에게 "아이들이 집안의 닭은 천하게 여기고 들판의 꿩만 귀하게 여겨 모두 왕희지의 서법을 배우고 있으니, 한탄스럽다."고 써서 답답한 마음을 털어놓았다.

[예문] 모국어를 업신여기고 외래어를 즐겨 쓰다니 가계야치가 따로 없다.

[출전] 《태평어람(太平御覽)》

002 가인박명 佳人薄命

佳(아름다울 가) 人(사람 인) 薄(메마를 박) 命(운명 명)
재주가 많고 아름다운 사람의 운명이 기박함을 나타내는 말.

[유래] 소식蘇軾이 지은 〈박명가인薄命佳人〉이라는 시가 있다. 이

는 소식이 항주杭州, 양주楊州 등 지방장관으로 있을 때 우연히 아흔이 넘은 어여쁜 여승을 보고 그녀의 아리따웠을 소녀 시절과 파란만장한 삶을 짐작해 미인의 운수가 기박함을 쓴 것이다.

[예문] 그 여자의 인생을 보면 가인박명이라는 말이 생각난다.
[출전] 소식(蘇軾), 〈박명가인(薄命佳人)〉

003 각자위정 各自爲政

各(각각 각) 自(스스로 자) 爲(할 위) 政(정사 정)
저마다 자기 방식으로 일을 처리하는 모양을 나타내는 말.

[유래] 춘추시대, 송宋나라와 정鄭나라가 전투를 할 때 송나라 화원華元은 장병들에게 양고기를 지급하면서 자기의 마부인 양짐羊斟에게만 주지 않았다. 양짐은 이 일로 화원에게 원한을 품었다. 다음 날 접전이 시작되자 화원은 마차 위에서 양짐에게 마차를 오른쪽으로 돌리라고 명령했다. 그러나 양짐은 반대 방향으로 마차를 몰았다. 어디로 가는 거냐는 화원의 말에 양짐은 "어제의 양고기는 당신의 뜻이고, 오늘의 이 일은 나의 생각이오"라고 말했다. 결국 화원은 생포되었고 그 전쟁에서 크게 패하였다.

[예문] 같은 회사에서 각자위정한다면 배가 산으로 가는 꼴을 면치 못할 것이다.

[출전] 《춘추좌씨전(春秋左氏傳)》

004 각주구검 刻舟求劍

刻(새길 각) 舟(배 주) 求(구할 구) 劍(칼 검)
물정에 어둡고 완고함을 비유하는 말.

[유래] 전국시대 초楚나라의 한 사나이가 배를 타고 양쯔강을 건너다가 칼을 그만 강물에 빠뜨리고 말았다. 그는 황급히 다른 칼을 꺼내 뱃전에 자국을 새겼다. 배가 목적지에 이르자, 그는 자신이 새겨 놓았던 곳을 따라 물속으로 뛰어들어 빠뜨린 칼을 찾으려 했다.

[예문] 현재 시국을 지난 관습에 따라 판단한다면 각주구검의 우를 범하는 것이다.

[출전] 《여씨춘추(呂氏春秋)》

005 간뇌도지 肝腦塗地

肝(간 간) 腦(뇌 뇌) 塗(칠할 도) 地(땅 지)
간과 뇌가 흙으로 범벅된다는 뜻으로 전란戰亂 중의 참혹한 죽음을 표현한 말.

[유래] 사기史記 유경열전劉敬列傳에는 한漢나라 유경은 고조에게 "폐하께서는 촉 땅과 한을 석권하고, 항우와 싸워 요충지를

차지하기까지 대전大戰 70회, 소전小戰 40회를 치렀습니다. 이로 인해 백성들의 간과 골이 땅을 나뒹굴게 되었고, 아버지와 자식이 들판에서 해골을 드러내게 된 것이 이루 헤아릴 수 없습니다〔使天下之民, 肝腦塗地, 父子暴骨中野, 不可勝數〕"라고 했다. 유경은 덕치德治가 이루어졌던 주나라의 경우와는 달리 한나라 고조는 많은 전쟁을 치르며 땅을 차지했기에 향후 발생할 반발세력의 저항이나 외부의 침략을 예상하고 있었다. 따라서 그는 고조에게 옛 진나라의 요충지인 함양咸陽을 도읍으로 정하도록 충고한 것이다.

[예문] 전쟁이 일어나면 간뇌도지와 같은 상황이 도래할 것이다.
[유의어] 일패도지 一敗塗地
[출전] 《사기(史記)》의 〈유경열전(劉敬列傳)〉

006 간담상조 肝膽相照

肝(간 간) 膽(쓸개 담) 相(서로 상) 照(비칠 조)
간과 쓸개를 서로 내보인다는 말로 서로 속마음을 터놓고 진심으로 사귐을 뜻함.

[예문] 당송팔대가 중 당대唐代에 한유韓愈와 유종원柳宗元이 있었다. 어느 날 유종원이 유주지사로 좌천되었고 친구인 유몽득도 좌천되었는데 유종원이 노모에게 차마 말씀드리지 못하자 유몽원이 자청해 대신 가겠다고 나섰다. 이를 본 한유는 크게 감동해 《유자후묘지명柳子厚墓誌銘》에 다음 글을 썼다. "사

람이란 곤경에 처했을 때라야 비로소 절개가 드러나는 법이다. 평소 평온하게 살아갈 때는 서로 그리워하고 기뻐하며 때로는 술자리를 함께하기도 한다. 그뿐인가. '서로 간과 쓸개를 꺼내 보이며〔肝膽相照〕' 해를 가리켜 눈물짓고 살든 죽든 서로 배신하지 말자고 맹세한다. 그러다 털끝만큼이라도 이해관계가 생기는 날에는 눈을 부릅뜨고 언제 봤냐는 듯 안면을 바꾼다. 더욱이 함정에 빠져도 손을 뻗쳐 구해주기는커녕 오히려 더 깊이 빠뜨리고 위에서 돌까지 던지는 인간이 이 세상 곳곳에 널려 있는 것이다."

[예문] 절망하고 있을 적에 위로하고 도와준 그 친구야말로 나와 간담상조 사이다.
[유의어] 관포지교 管鮑之交
[출전] 《유자후묘지명(柳子厚墓誌銘)》

007 간담초월 肝膽楚越

肝(간 간) 膽(쓸개 담) 楚(나라이름 초) 越(나라이름 월)
관점과 입장에 따라 비슷한 것이라도 전혀 다르고 가까운 사이라도 멀리 보인다는 뜻.

[유래] 《장자莊子》의 〈덕충부德充符〉에는 "뜻이 다른 사람의 입장에서 보면 간과 쓸개도 초나라와 월나라 같으며〔肝膽楚越也〕, 뜻이 같은 사람의 입장에서 본다면 만물도 모두 하나다."라는 대목이 있다. 간과 쓸개의 거리가 초나라와 월나라의 관계처

럼 멀다는 뜻이다.

[예문] 한 솥밥 먹는 가족이라도 서로 뜻이 맞지 않으면 간담초월하는 사이가 될 수 있다.

[출전] 《장자(莊子)》, 〈덕충부(德充符)〉

008 간슬여륜 看蝨如輪

看(볼 간) 蝨(이 슬) 如(같을 여) 輪(바퀴 륜)
이가 수레바퀴와 같이 보였다는 뜻으로, 착실히 노력해서 성공하였음을 의미함.

[유래] 비위飛衛는 활쏘기의 명수였다. 이에 기창紀昌이라는 사람이 비위에게 활쏘기를 배우려고 찾아왔다. 비위가 기창에게 말했다. "궁술을 배우기 전에 먼저 눈을 깜빡이지 않는 것부터 배워야 한다." 기창은 이 말을 듣고 집으로 돌아가서 자기 아내가 비단을 짜는 베틀 밑에 누워서 바늘이 왔다 갔다 하는 것을 보고 있은 지 2년이 지나자 송곳 끝으로 눈을 찌르려 해도 눈을 깜빡이지 않게 되었다.
기창이 다시 비위를 찾아가 그 사실을 말했다. 비위가 말했다. "아직 그것만 가지고는 안 된다. 다음에는 보는 것을 배워야 한다.
　작은 것을 크게 볼 수 있게 하고, 희미한 것을 또렷하게 볼 수 있게 한 후에 다시 오거라." 이에 기창은 가는 털로 이 한 마리 잡아매어 창문에 달아놓고 매일 바라보았다. 그리고 3년 후에는 수레바퀴만큼 크게 보였다. 그 밖의 다른 물건들은 다 큰 언덕이나 산 같이 보였다.

그러자 기창은 연나라의 뿔로 만든 활과 북쪽나라에서 만든 유명한 봉(蓬)이라는 화살을 구하여 그 창문에 매달아 놓았던 이(虱)를 쏘아 심장을 꿰뚫었는데, 이(虱)는 땅에 떨어지지 않았다. 기창은 다시 비위를 찾아가서 그간의 일을 말했다. 비위는 말했다. "자네는 과연 나의 궁술을 체득하였구나!"

[예문] 무슨 일이든 혼신의 힘을 다하면 간슬여륜의 경지에 오를 수 있다.

[출전] 《열자(列子)》,〈탕문편(湯問篇)〉

009 간어제초 間於齊楚

間(사이 간) 於(어조사 어) 齊(제나라 제) 楚(초나라 초)
강한 제나라와 초나라 사이에 있음을 뜻하는 말로 약한 사람이 강한 사람들 사이에서 고초를 당하는 상태를 이르는 말.

[유래] 전국시대에 강대국이었던 제나라와 초나라 사이에 힘이 약한 등나라가 있었다. 맹자(孟子)가 등나라에 갔을 때 등문공이 말했다. "등나라는 작은 나라로, 제나라 초나라 사이에 끼여 있으니[間於齊楚], 제나라를 섬겨야 합니까? 초나라를 섬겨야 합니까?"

이에 맹자는 등문공에게 두 나라의 눈치를 보며 요행을 바라기보다는 왕도정치(王道政治)를 베풀어 백성들이 죽음으로써 지켜준다면 끝까지 지키고, 그렇지 않으면 떠나라고 했다.

[예문] 강대국의 틈바구니에 간어제초와 같은 처지에 놓였더라도 국민으로서 자존감을 잃어선 안 된다.
[유의어] 경전하사 鯨戰蝦死
[출전] 《맹자(孟子)》

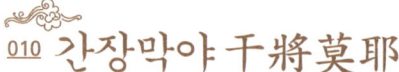
010 간장막야 干將莫耶

干(방패 간) 將(장수 장) 莫(아닐 막) 耶(어조사 야)
간장과 막야가 만든 칼이라는 말로, 천하에 둘도 없는 명검이나 보검을 비유하는 말.

[유래] 오나라에 유명한 대장장이 간장과 그의 아내 막야가 살고 있었다. 당시 오나라 왕 합려는 간장을 불러 명검 두 자루를 만들도록 명령했다. 간장이 최고의 청동으로만 칼을 만들기 시작했는데 이 청동이 3년이 지나도록 녹지 않았다. 이에 그의 아내 막야가 자기 부부의 머리카락과 손톱을 잘라 용광로에 넣고 소녀 300명이 풀무질을 하도록 했다. 그러자 청동이 서서히 녹기 시작했고 명검 두 자루가 탄생했다. 이에 간장은 한 자루에는 막야의 이름을 새겼고 다른 한 자루에는 간장이라고 새겼다.

[예문] 간장막야와 같은 예리함도 숫돌로 갈지 않으면 무뎌지게 마련이다.

[유의어] 명검名劍

[출전] 《순자(荀子)》

011 갈택이어 竭澤而漁

竭(다할 갈) 澤(못 택) 而(말 이을 이) 漁(고기 잡을 어)
연못을 말려 고기를 얻는다는 뜻으로 눈앞의 욕구를 채우느라 앞날을 생각지 않는 것을 비유함.

[유래] 춘추시대, 진晉나라 문공文公은 초나라 군대와 격전을 벌였다. 당시 진나라는 병력이 달렸으므로, 진문공은 부하들에게 의견을 물었다. 이에 호언狐偃이라는 자가 속임수를 써보자는 의견을 냈다. 진문공은 호언의 계책을 옹계雍季에게 알려주며, 그의 견해를 물었다. 옹계는 "연못의 물을 말려서 고기를 잡고(竭澤而漁), 숲을 태워서 사냥을 한다면 못 잡을 게 뭐 있겠습니까? 하지만 이듬해에는 잡을 고기나 짐승이 없게 될 것입니다. 속이는 계책도 이러합니다. 비록 어쩌다 한번은 성공할지 모르지만, 다음번에는 통하지 않을 것입니다. 이것은 먼 앞날을 내다보는 계책이 아닙니다."라고 말했다.

[예문] 사원 복리를 생각지 않고 실적만 앞세우는 회사는 갈택이어의 결과를 면치 못한다.

[출전] 《여씨춘추(呂氏春秋)》

012 감탄고토 甘呑苦吐

甘(달 감) 呑(삼킬 탄) 苦(괴로울 고) 吐(토할 토)
달면 삼키고 쓰면 뱉는다는 뜻으로 자기 이익에 따라 신의를 저버리는 것을 비유하는 말.

[예문] 자기편을 들어주면 좋은 사람이라고 칭찬하고 조금이라도 반대하면 나쁜 사람이라 매도하니 감탄고토가 따로없구나.
[유의어] 부염기한 附炎棄寒, 염량세태 炎涼世態

013 강노지말 强弩之末

强(강할 강) 弩(쇠 노) 之(어조사 지) 末(끝 말)
힘찬 활에서 튕겨 나온 화살도 마지막에는 힘이 떨어져 비단조차 뚫지 못한다는 뜻으로, 강한 것도 시간이 지나면 힘을 잃고 만다는 의미.

[유래] 전한시대 한나라 고조는 흉노의 포위망을 벗어난 후 흉노족과 화친을 맺고 매년 선물 등을 보냈다. 그러나 흉노의 왕은 약속을 어기고 무례한 행동을 하기가 일쑤였다. 이윽고 무제가 즉위한 후 흉노족을 응징하기로 결정하고 대신들과 논의하게 되었다. 이때 어사대부 한안국은 흉노를 공격하려는 원정 계획을 반대하며 그 이유를 말했다.
"앞으로 천리 길 원정을 떠난다면 아무리 강한 군사라 하더라도 막판에 가서는 강한 화살이 나중에는 힘이 떨어지는 것과 같이 승산이 없게 될 것입니다."

[예문] 강노지말이라고 강대국의 횡포도 오래가지 않을 것이다.
[출전] 《사기(史記)》, 〈한장유열전(韓長孺列傳)〉

014 개과천선 改過遷善

改(고칠 개) 過(허물 과) 遷(옮길 천) 善(착할 선)
지난 허물을 고치고 올바르고 착하게 됨.

[유래] 진나라에 양흠 지방에 주처周處라는 사람이 살았는데 오랜 세월 방탕한 생활을 하다 나중에 자신의 허물을 뉘우치고 새사람이 되겠노라 결심했다. 그러나 마을 사람들은 이를 믿어주지 않았고 실망한 주처는 마을을 떠나 학자 육기를 만났는데 육기는 "굳은 의지를 지니고 지난 날 과오를 고쳐 새사람이 된다면〔改過遷善〕 자네 앞길은 창창하네" 하고 격려해주었다. 그 후 주처는 용기를 얻어 10년 동안 학문을 갈고 닦아 마침내 훌륭한 학자가 되었다.

[예문] 이 일을 선처해주신다면 개과천선해 은혜를 갚겠습니다.
[유의어] 개과자신改過自新
[출전] 《진서(晉書)》

015 개권유익 開卷有益

開(열 개) 卷(책 권) 有(있을 유) 益(더할 익)
책을 펼치기만 해도 읽지 않아도 유익하다는 뜻으로 독서를 제대로 하면 효과가 좋다는 말.

[유래] 태종은 이방李昉 등 학자들에게 사서辭書를 편찬하도록 명했다. 이들은 이전에 발간된 많은 책들을 널리 인용하는 등 7년 동안의 작업을 통해 사서를 완성했다. 55개 부문으로 1000권에 달하는 방대한 이 책은 처음 서명을 태평편류太平編類라 하였으나 후에는 태평어람太平御覽으로 개칭했다. 태종은 이 사서가 완성되자 몹시 기뻐하며 매일 이 책을 읽었다. 스스로 하루에 세 권씩 읽도록 정하여 놓고, 정사政事로 인해 못 읽는 경우에는 쉬는 날 이를 보충했다. 자신의 건강을 걱정하는 신하들에게, 태종은 항상 다음과 같이 말했다. "책을 펼치면 이로움이 있으니, 짐은 이를 피로하다 여기지 않소〔開卷有益, 朕不以爲勞也〕."

[예문] 개권유익이라고 책은 아무리 많이 읽어도 해가 되지 않는다.

[출전] 《승수연담록(繩水燕談錄)》

016 개문읍도 開門揖盜

開(열 개) 門(문 문) 揖(읍할 읍) 盜(훔칠 도)
문을 열고 도둑을 맞아들인다는 뜻으로 스스로 재난을 자청하는 경우를 일컫는 말.

[유래] 후한시대 오나라 군주 손책孫策은 자신의 세력 기반을

키우기 시작했다. 이에 강동 오군吳郡의 태수인 허공許貢은 황제에게 밀서를 보내 손책을 제거할 것을 건의하고자 했으나, 손책에게 발각되어 죽고 말았다. 한편 사냥을 나갔던 손책은 허공에게 큰 은혜를 입은 식객들이 쏜 화살에 크게 다쳤다. 이에 손책의 동생 손권孫權이 비통해하며 군정을 살피지 않자, 장소張昭는 그에게 다음과 같이 충고했다. "지금 간사한 무리들이 우리를 뒤쫓아 오고, 이리 같은 놈들이 도처에 숨어 있는데, 슬픔에 빠져 대사大事를 돌보지 않고 있으니, 이는 문을 열어 도둑을 맞아들이는 것과 같습니다〔是猶開門揖盜〕." 이에 손권은 크게 깨달아 눈물을 닦고 힘을 길렀다.

[예문] 이렇게 위급한 시기에 갑론을박하며 탁상공론만 한다면 개문읍도를 하는 것과 다름없다.

[유의어] 개문납도開門納盜

[출전] 《삼국지(三國志)》, 〈손권전(孫權傳)〉

017 거안제미 擧案齊眉

擧(들 거) 案(책상 안) 齊(가지런할 제) 眉(눈썹 미)
밥상을 눈 위로 받들어 올린다는 뜻으로 아내가 남편을 지극히 공경함을 일컫는 말.

[유래] 동한東漢시대, 양홍이라는 사람이 있었다. 그는 일찍 부모를 잃은 어려운 상황에서도 태학太學을 마쳐 학식을 갖추었다. 그러나 그는 관직에 나아가지 않고 들에서 돼지를 기르며

살았다. 한편 맹씨라는 사람의 집에 다 자란 딸 맹광이 있었는데, 그녀는 뚱뚱한 몸매에 힘은 장사였다.

맹광의 부모가 그녀에게 결혼하지 않으려는 이유를 묻자, 맹광은 "양홍처럼 덕 있는 사람이라면 시집을 가겠습니다."라고 대답했다. 이 소식을 들은 양홍은 몹시 기뻐하며, 그녀를 아내로 맞이했다. 양홍 부부는 산에 은거하면서 농사짓고 베틀을 짜면서 살았다. 양홍이 일을 마치고 집에 돌아오면, 그의 아내 맹광은 감히 남편을 쳐다보지 못하고 밥상을 눈썹까지 들고 왔다〔不敢于鴻前仰視, 舉案齊眉〕.

[예문] 요즘 시대에 거안제미를 바랄 순 없어도 남편의 말을 경청해주는 미덕은 보여주었으면 한다.

[출전] 《후한서(後漢書)》, 〈양홍전(梁鴻傳)〉

018 거어지탄 車魚之歎

車(수레 거) 魚(물고기 어) 之(어조사 지) 歎(탄식할 탄)
수레와 물고기가 없음을 탄식한다는 뜻으로 사람의 욕심이 한없음을 나타내는 말.

[유래] 전국시대 제나라 맹상군의 식객 가운데 풍환이 있었다. 그는 별로 하는 일도 없이 대접받기만을 바랐다. 처음에는 상에 생선이 없다고 투덜거렸고 밥상에 고기가 나오자 이젠 타고 다닐 수레가 없다고 한탄했다.

[예문] 부실한 학교 급식에 대해 불만을 품는 것을 두고 거어지 탄이라 비난해선 안 된다.

[유의어] 계학지욕 谿壑之慾, 차청차규 借廳借閨

[출전] 《전국책(戰國策)》

019 거일반삼 擧一反三

擧(들 거) 一(한 일) 反(되돌릴 반) 三(석 삼)
하나를 들면 셋을 돌이켜 안다는 뜻.

[유래] 공자는 "분발하지 않으면 열어 주지 않으며, 애태우지 않으면 말해 주지 않고, 한 모퉁이를 돌 때 세 모퉁이로써 돌아오지 않으면 다시 일러 주지 않는다."라고 했다. 이 글은 공자의 교육 방법을 제시한 것이다. 공자는 학문을 좋아하여 마음속으로부터 분발해 의욕을 나타내는 제자에게는 그 다음 단계를 열어서 보여주며, 하나라도 알고 싶어 애태우는 제자에게 해답을 가르쳐주고, 하나를 예를 들어 주어 세 가지를 이해할 만큼 무르익을 때까지는 또 다른 것을 가르쳐주지 않았다.

[예문] 하나를 가르쳐주면 열을 아는 제자를 가르치니 거일반삼의 즐거움을 알겠구나.

[출전] 《논어(論語)》

020 거재두량 車載斗量

車(수레 거) 載(실을 재) 斗(말 두) 量(헤아릴 량)
수레에 싣고 말로 잰다는 뜻으로 물건이나 인재가 하도 많아 귀하지 않다는 의미.

[유래] 삼국시대 촉나라가 오나라를 공격하기 위해 군사를 일으키자 오나라의 왕 손권은 위나라에 구원을 요청했다. 손권은 중대부 조자趙咨로 하여금 오의 체면을 손상하는 일을 없도록 일러 위나라에 보냈다. 조자가 위나라에 도착하자 조비曹조가 오의 국왕에 대해 묻자 조자는 이렇게 대답했다. "그는 총명과 지혜와 어짊을 겸비하였으며 뛰어난 계략을 가진 인물입니다." 조비가 이 말을 듣고 비웃자 조자는 "오나라는 백만의 군대와 천연의 험악한 지형을 가지고 있어 아무런 두려움이 없습니다."라고 대답했다. 이에 조비는 조자에게 다시 물었다. "그대와 같은 인물이 오나라에 얼마나 있는가?"

이에 조자는 대답했다. "저와 같은 인물은 수레에 싣고 말로 재어야 할 정도〔車載斗量〕로 많이 있습니다." 조비는 이 말을 듣고 그에 감탄했고 두 나라는 동맹을 맺게 되었다.

[예문] 요즘 영어를 잘하는 사람은 거재두량이라 할 정도로 많아서 그다지 큰 재주로 여겨지지 않는다.

[출전] 《삼국지(三國志)》, 〈오서(吳書)〉, 〈오주손권전(吳主孫權傳)〉

021 거기부정 擧棋不定

擧(들 거) **棋**(바둑 기) **不**(아닐 부) **定**(정할 정)
바둑을 둘 때 포석할 자리를 정하지 않고 두면 이기기 어렵다는 뜻으로,
확고한 주관이 없거나 계획이 수시로 바뀌는 어리석음을 이르는 말.

[유래] 춘추시대 말, 위나라 손임보孫林父와 영식甯殖 등은 위나라 헌공을 축출하고, 그의 동생인 상공을 군주로 삼았다. 위나라 헌공은 귀국하여 복위하려는 계획을 세우고 있었다.
그는 사람을 보내어 영식의 아들인 영희에게 자신을 도와준다면 돌아가서 위나라의 국정國政을 그에게 맡기겠다는 말을 전했다. 영희는 매우 기뻐하며 곧 그에게 협조하겠다고 응답했다. 대숙문자大叔文子가 이러한 소식을 듣고, 영희의 우유부단한 태도를 탄식하며 말했다.

"군자가 행동함에도 그 종말을 생각하는 것이고, 다시 그대로 행해서 좋은가를 생각해야 옳다. 그는 군주 보기를 바둑 두는 일 같이도 여기지 않으니, 그가 어떻게 화를 면하겠는가! 바둑을 들고 놓을 곳을 정하지 못하면 상대를 이기지 못한다. 그런데 하물며 군주를 모시는 일에 주관이 없는 데서야 말할 나위가 있겠는가?"

12년 후, 위나라 헌공은 복귀하여 군주가 되었으며, 영희는 대숙문자의 예측대로 헌공의 손에 죽고 말았다.

[예문] 거기부정같이 큰일에 한 치 앞도 내다보지 못하니 갑갑할 노릇이다.

[유의어] 유의부결猶疑不決, 우유과단優柔寡斷
[반대어] 당기입단當機立斷
[출전] 《춘추좌전(春秋左傳)》

022 건곤일척 乾坤一擲

乾(하늘 건) 坤(땅 곤) 一(한 일) 擲(던질 척)
하늘과 땅을 걸고 주사위를 던진다는 뜻으로 승패와 흥망을 두고 단판 승부를 한다는 의미.

[유래] 당나라의 대문호인 한유韓愈가 지은 시〈과홍구過鴻溝〉에 이런 구절이 있다. "용은 지치고, 호랑이는 피곤하여 이 강을 가르니, / 억만 창생들은 성명性命이 있다. / 누가 군왕을 권하여 말머리를 돌릴 수 있을까? / 진정 한 번 던짐을 이루어 건곤乾坤을 건다." 진시황이 죽자 천하는 항우와 유방 두 세력에 의해 양분되었는데 그 경계선이 바로 이 홍구였다.

[예문] 이번 선거에서는 건곤일척의 승패를 볼 수밖에 없다.
[유의어] 일척건곤 一擲乾坤
[출전] 한유(韓愈)의 시〈과홍구(過鴻溝)〉

023 검려기궁 黔驢技窮

黔(검을 검) 驢(나귀 려) 技(재주 기) 窮(궁할 궁)
작은 재주마저 바닥이 드러났음을 뜻하는 말.

[유래] 아주 오랜 옛날 어떤 이가 귀주에 당나귀를 한 마리 사와 사람들에게 구경시킨 후, 곧 산에 놓아주었다. 호랑이는 이 당나귀를 보고는 당최 무슨 생물인지 알 수 없었다.

그래서 나무 숲속에 몸을 숨긴 채, 멀리서 당나귀의 하는 짓을 훔쳐보았다. 하루는 당나귀가 울부짖자 호랑이는 후다닥 뛰어 달아났다. 며칠 후, 호랑이는 당나귀의 울음소리에 적응하고, 용기를 내어 당나귀에게 가까이 다가갔다. 당나귀는 호랑이를 조금도 경계하지 않았다. 이에 호랑이는 당나귀의 등을 때려보았고, 당나귀는 놀라서 뒷발굽을 높이 들고 호랑이에게 발길질을 했다. 호랑이는 당나귀의 재주가 그것 외에 없음을 알고는 당나귀를 물어 죽였다.

[예문] 검려기궁과 같이 재주가 일천한 사람이 괜히 큰소리치는 경우가 많다.

[유사어] 검려지기黔驢之技

[출처] 유종원(柳宗元)의 《삼계(三戒)》

024 격화소양 隔靴搔癢

隔(막을 격) 靴(신 화) 搔(긁을 소) 癢(가려울 양)
신을 신고 발바닥을 긁는다는 뜻으로, 어떤 일의 핵심을 찌르지 못하고 겉돌기만 하여 매우 안타까운 상태를 이르는 말.

[유래] 이 성어는 《속전등록續傳燈錄》에 있는 말로 "당에 올라 비를 잡고 침상을 두드리니, 신을 신고 가려운 곳을 긁는 것과

같다."라는 구절에서 나온 말이다.

[예문] 아무리 글을 읽어도 그 뜻을 알 수 없을 적엔 격화소양의 갑갑함을 느낀다.
[유사어] 격화파양隔靴爬癢, 격혜소양隔鞋搔癢
[출전] 《속전등록(續傳燈錄)》

025 견강부회 牽強附會

牽(끌 견) 強(굳셀 강) 附(붙을 부) 會(모을 회)
자기 입장에 맞도록 억지를 부리는 것을 일컫는 말.

[예문] 그 사람이 하는 말을 가만 들어보면 근거도 없이 자기 식대로만 해석하려는 견강부회가 엿보인다.
[유의어] 아전인수我田引水, 수석침류漱石枕流, 추주어륙推舟於陸

026 견토지쟁 犬兔之爭

犬(개 견) 兔(토끼 토) 之(어조사 지) 爭(다툴 쟁)
개와 토끼의 싸움이란 뜻으로 양자의 다툼에 제삼자가 이득을 얻는 것을 비유하는 말.

[유래] 옛날에 개가 토끼를 쫓아 다섯 번이나 산을 오르고 세 번 돌다가 마침내 둘 다 지쳐버렸을 때 농부가 이를 주워 얻었다는 고사에서 나온 말이다.

[예문] 같이 협력해야 할 나라끼리 괜한 감정 다툼을 하다가는 견토지쟁이 될까 두렵다.
[유의어] 전부지공田父之功. 방휼지쟁蚌鷸之爭. 어부지리漁父之利. 좌수어인지공坐收漁人之功
[출전] 《전국책(戰國策)》, 〈제책(齊策)〉

027 결자해지 結者解之

結(맺을 결) 者(사람 자) 解(풀 해) 之(어조사 지)
맺은 사람이 풀어야 한다는 뜻.

[유래] 조선 인조 때의 학자 홍만종洪萬宗의 저서 《순오지旬五志》에 쓴 "결자해지 기시자 당임기종〔結者解之 其始者 當任其終〕, 즉 맺은 자가 그것을 풀고, 일을 시작한 자가 마땅히 끝까지 책임져야 한다."라는 말에서 유래했다.
[예문] 결자해지라는 의미로 말을 꺼낸 내가 언쟁을 마무리 짓겠다.
[출전] 《홍만종의 《순오지(旬五志)》

028 결초보은 結草報恩

結(맺을 결) 草(풀 초) 報(갚을 보) 恩(은혜 은)
풀을 엮어 은혜에 보답한다는 뜻으로 죽어서라도 은혜를 갚는다는 의미로 쓰임.

[유래] 춘추시대 진나라의 위무자魏武子에게 젊은 첩이 있었는데 위무자가 병이 들자 본처의 아들 과顆를 불러 "내가 죽거든 네 서모를 재혼시키도록 하여라" 하였다.

그러나 병세가 점점 악화되어 위독한 지경에 이르게 되자 다시 이르기를 "내가 죽거든 네 서모는 반드시 내 무덤에 같이 묻어라"라고 명하였다. 위무자가 죽자 아들 과는 "사람이 병이 위중하면 정신이 혼미해지는 것이니, 아버지께서 맑은 정신일 때 하신 말씀대로 따르리라" 하고는 처음 유언을 따라 서모를 살려 개가시켰다.

그 후 위과가 전쟁에 나가 진의 맹장 두회杜回와 결전을 벌이게 되었는데 위과는 역부족이었다. 그때 한 노인이 두회의 발 앞의 풀을 엮어結草 그가 넘어지게 해 위과가 두회를 사로잡을 수 있었다.

그날 밤 위과의 꿈에 그 노인이 나타나 이렇게 말했다.

"나는 당신 서모의 애비 되는 사람으로 그대가 아버지의 유언을 옳은 방향으로 따랐기 때문에 내 딸이 목숨을 유지하고 개가하여 잘 살고 있소. 나는 당신의 그 은혜에 보답하고자 한 것이오."

[예문] 큰 보살핌을 받았으니 반드시 결초보은해야한다.
[유의어] 각골난망刻骨難忘, 백골난망白骨難忘
[출전] 《춘추좌씨전(春秋左氏傳)》

029 계구우후 鷄口牛後

鷄(닭 계) 口(입 구) 牛(소 우) 後(뒤 후)
닭의 부리가 될지언정 소꼬리는 되지 말라는 뜻으로 거대한 조직의 꼴찌보다는 작은 조직의 우두머리가 낫다는 의미.

[유래] 전국시대의 모사謀士 소진蘇秦은 합종책合從策으로 출세하려는 야심을 가지고 진나라 혜왕, 조나라의 재상인 봉양군을 만나 보았으나 환영받지 못했다. 그는 다시 연나라로 가서 문후文侯를 만나, 연나라가 조나라와 맹약을 맺어 진나라에 대항해야 한다는 합종의 계획을 말했다. 문후의 후한 사례에 고무된 소진은 얼마 후 한韓나라에 가게 되었는데, 그는 한나라의 선혜왕宣惠王을 만나 진나라를 섬기지 말 것을 권고하며 다음과 같이 말했다. "이번 기회에 남북으로 연합하는 합종책으로써 진나라의 동진東進을 막아보십시오. 옛말에 차라리 닭의 입이 될지언정 소의 꼬리는 되지말라〔寧爲鷄口無爲牛後〕고 했습니다." 선혜왕은 소진의 청을 받아들였고 소진은 6국의 재상을 겸하게 되었다.

[예문] 계구우후라는 말처럼 대기업에 들어가 말단사원 노릇을 하느니 분연히 창업해 사장이 되겠다.

[출전] 《사기(史記)》의 〈소진열전(蘇秦列傳)〉

030 계명구도 鷄鳴狗盜

鷄(닭 계) 鳴(울 명) 狗(개 구) 盜(도적 도)
닭 울음소리와 개 흉내라는 뜻으로, 아무리 천한 재주라도 쓸 데가 있다는 의미.

[유래] 제나라의 맹상군이 진나라에서 죽을 위기에 처했을 때 그의 식객 가운데 닭 울음소리를 잘 내는 사람과 개 흉내를 잘 내는 사람의 도움으로 목숨을 구했다는 데에서 유래한 말이다.

[예문] 계명구도의 의미를 떠올린다면 제 하찮은 재주도 버릴 만한 것이 아님을 아실 겁니다.

[출전] 《사기(史記)》의 〈맹상군열전(孟嘗君列傳)〉

031 고굉지신 股肱之臣

股(넓적다리 고), 肱(팔뚝 굉), 之(갈 지), 臣(신하 신)
다리와 팔뚝에 비할 정도로 임금이 가장 신임하는 신하를 뜻함.

[유래] 요순시대, 순임금은 신하들을 모아 놓고 말했다. "그대들과 같은 신하는 짐의 팔다리요股肱之臣, 눈과 귀로다. 내가 정치를 잘하여 백성들을 교화시키고 돕고자 하니 그대들은 진심으로 나를 도와주시오. 나에게 잘못이 있으면 충고해 주고 모든 동료들이 서로 공경하고 예의를 지켜주시오. 관리들은 백성의 뜻을 짐에게 전하는 것이 임무이니 직분을 다해주시

오. 백성을 다스림에 있어 뉘우치는 자가 있으면 용서해주고, 그렇지 않은 자는 처벌해 위엄을 보이도록 하시오."

[예문] 고굉지신은 처단하고 간신만을 등용하는 군주는 나라를 망하게 만든다.
[유의어] 고굉股肱, 고장지신股掌之臣, 주석지신柱石之臣
[출전] 《서경》, 〈익직편(益稷篇)〉

032 고복격양 鼓腹擊壤

鼓(두드릴 고) 腹(배 복) 擊(부딪칠 격) 壤(흙 양)
배를 두드리고 발을 구르면서 흥겨워한다는 뜻으로 태평성대를 일컫는 말.

[유래] 요 임금이 즉위한 지 50년이 지난 어느 날 민심을 파악하고자 천한 옷을 입고 시내를 돌았다. 요 임금은 거리에서 아이들이 임금을 찬양하는 노래를 부르는 것을 들었다. 또 한 노인이 무언가를 먹으면서 부른 배를 두드리며鼓腹, 격양 놀이하는 모습을 보았다. 정치가 잘 되어 백성들이 배불리 먹고 여유를 즐기는 모습을 눈으로 본 요 임금은 흐뭇한 마음으로 궁으로 돌아왔다.

[예문] 고복격양을 꿈꾸는 것은 한낱 이상주의에 불과하단 말인가.
[유의어] 격양지가擊壤之歌, 격양가擊壤歌
[출전] 《십팔사략(十八史略)》, 〈제요편(帝堯篇)〉, 《악부시집(樂府詩集)》, 〈격양가(擊壤歌)〉

033 고성낙일 孤城落日

孤(외로울 고) 城(성 성) 落(떨어질 낙) 日(날 일)
멸망할 날을 초조하게 기다리는 심정을 비유하는 말.

[유래] 왕유王維의 칠언절구七言絶句인 〈송위평사送韋評事〉에 이런 시가 있다. "장군을 따라서 우현右賢을 취하고자 하니, / 모래밭으로 말을 달려 거연居延으로 향하네. / 멀리 한나라 사자가 소관蕭關 밖에 옴을 아니, / 근심스러워 보이는구나, 고성낙일孤城落日의 가여."

[예문] 한때 대기업 총수였던 그도 이젠 노쇠해 고성낙일 신세가 되었다.

[유의어] 고립무원孤立無援, 사고무친四顧無親

[출전] 왕유(王維) 〈송위평사(送韋評事)〉

034 고육지책 苦肉之策

苦(괴로울 고) 肉(고기 육) 之(어조사 지) 策(꾀 책)
제 몸을 괴롭히면서까지 힘겨운 상황에서 벗어나고자 하려는 계책을 말함.

[유래] 중국 삼국시대, 오나라는 조조의 대군을 격파하기 위해 화공火攻을 계획했다. 주유는 방통을 거짓 투항시켜 조조의 배들을 모두 쇠사슬로 엮고, 장수 황개가 자신에게 대들었다며 꾸며 곤장을 때렸다. 그 후 황개는 조조에게 투항하겠다는 거

짓 편지를 보냈고, 조조도 첩자를 통해 정황을 확인한 뒤 그의 투항을 받아들였다. 바람 방향이 오나라 쪽에서 조조군 쪽으로 바뀌자 황개는 인화 물질을 배에 싣고 조조에게 투항하는 척하다가 적선에 다가서 일시에 화공을 감행해 조조의 모든 군선을 불태웠다. 조조군의 배는 화염에 휩싸였고, 오나라는 전투에서 크게 승리했다.

[예문] 지금은 고육지책을 써서라도 위기를 극복해야 할 때다.
[유의어] 고육지계苦肉之計
[출전] 《삼국지(三國志)》의 〈오지(吳志)〉

035 고장난명 孤掌難鳴

孤(외로울 고) 掌(손바닥 장) 難(어려울 난) 鳴(울 명)
외손뼉으로는 소리를 낼 수 없다는 뜻으로 혼자서는 일을 이룰 수 없다는 의미나 혼자서는 싸움이 되지 않는다는 의미로 쓰임.

[예문] 고장난명이라고, 나 혼자 설쳐봐야 무슨 소용이 인가.
[유의어] 독불장군獨不將軍, 독장난명獨掌難鳴, 보거상의輔車相依, 순망치한脣亡齒寒, 순치보거脣齒輔車, 순치지국脣齒之國, 조지양익鳥之兩翼
[출전] 《수호전(水滸傳)》

036 고침안면高枕安眠

高(높을 고) 枕(베개 침) 安(편안할 안) 眠(잘 면)
베개를 높이 하고 편안하게 잔다는 뜻으로, 아무 근심 없이 잠을 이룰 수 있는 상태.

[유래] 전국시대, 소진蘇秦과 장의張儀는 종횡가縱橫家였다. 소진은 합종合縱, 장의는 연횡連衡을 주장했는데 합종이란 진秦나라 이외의 여섯 나라, 즉 한韓·위魏·제齊·초楚가 동맹하여 진나라에 대항하는 것이며, 연횡이란 여섯 나라가 각각 진나라와 손잡는 것이지만 실은 진나라에 복종하는 것이었다.

장의는 진나라의 무력을 배경으로 이웃 나라를 압박했고 곧 장의 자신이 진나라 군사를 이끌고 위나라를 침략했다. 그 후 위나라의 재상이 된 장의는 진나라를 위해 위나라 애왕哀王에게 합종을 탈퇴하고 연횡에 가담할 것을 권했으나 받아들여지지 않았다.

그러자 진나라는 본보기로 한나라를 공격하고 수많은 군사를 죽였다. 이 소식을 전해들은 애왕은 잠을 이루지 못했다. 장의는 이때를 놓치지 않고 애왕에게 말했다.

"전하, 만약 진나라를 섬기게 되면 초나라나 한나라가 쳐들어오는 일은 없을 것이옵니다. 초나라와 한나라로부터의 화만 없다면 전하께서는 '베개를 높이 하여 편히 잘 주무실 수 있사옵고高枕安眠' 나라도 아무런 걱정이 없을 것이옵니다." 애왕은 결국 진나라와 화목하고 합종을 탈퇴했다.

[예문] 네가 취직을 했다니 이제 고침안면할 수 있겠구나.

[출전] 《전국책(戰國策)》, 〈위책(魏策)〉

037 곡돌사신 曲突徙薪

曲(굽을 곡) 突(굴뚝 돌) 徙(옮길 사) 薪(땔나무 신)
굴뚝을 구부리고 굴뚝 가까이에 있는 땔나무를 옮긴다는 뜻으로, 재난을 미연에 방지함을 비유하는 말.

[유래] 어떤 집에서 하룻밤 신세를 지던 나그네가 우연히 그 집 굴뚝이 너무 곧아 불길이 튀고 바로 옆에는 땔나무가 쌓여 있는 것을 보았다. 그 나그네는 걱정이 되어 주인에게 "얼른 굴뚝을 구부리고 땔나무를 다른 데로 옮겨 놓으시오. 불이 날 것 같소." 하고 충고했다. 그러나 그 주인은 지금까지 별일 없었던 터라 그 말을 따르지 않았다. 아니다 다를까 며칠 뒤 그 집에 불이 나, 동네사람들이 몰려와 간신히 주인을 구조하고 불을 끌 수 있었다. 주인은 생명을 구해준 이웃사람들에게 잔치를 베풀었지만 처음에 굴뚝을 고치고 땔나무를 옮기라고 충고한 나그네의 말을 되새겼다.

[예문] 지진으로 피해를 입은 일본은 곡돌사신을 떠올렸다.

[유의어] 유비무환有備無患

[출전] 《한서(漢書)》, 〈곽광전(霍光傳)〉

038 곡학아세 曲學阿世

曲(굽힐 곡) 學(배울 학) 阿(아첨할 아) 世(세상 세)
자기가 배운 것을 올바로 쓰지 않고 배운 바를 굽혀 가면서 세상의 비위에 맞춰 출세하려는 태도.

[유래] 한나라 경제景帝 때, 시경詩經에 통달했던 원고생轅固生이라는 사람이 있었다. 그는 강직한 성품과 학문으로 왕자의 스승으로 지내다가 병 때문에 물러났다. 얼마 후, 무제武帝가 즉위하자, 원고생은 90세의 노령에도 불구하고 다시 조정의 부름을 받게 되었는데, 간신배들은 그가 너무 늙었다며 헐뜯었다. 원고생이 조정의 부름을 받았을 때, 당시 60세이던 공손홍公孫弘이라는 사람도 함께 부름을 받았다. 공손홍은 늙은 원고생을 꺼리며 마땅치 않은 눈초리로 바라보았다. 이에 원고생은 공손홍의 태도를 보고 말했다. "바른 학문에 힘써 올곧게 쓰도록 하시오. 배운 것을 굽혀 세상에 아부하는 일이 없도록 하시오〔務正學以言, 無曲學以阿世〕."

[예문] 교수가 되어 곡학아세를 하는 건 차라리 글을 배우지 못한 것보다 못하다.

[출전] 《사기(史記)》, 〈유림열전(儒林列傳)〉

039 골경지신 骨鯁之臣

骨(뼈 골) 鯁(생선뼈 경) 之(어조사 지) 臣(신하 신)
목구멍에 걸린 생선가시처럼 듣기에 괴로운 직언을 하는 강직한 신하를 이르는 말.

[유래] 전제專諸가 오자서伍子胥의 부탁을 받고 후에 합려가 된 왕자 광光을 왕에 올리기 위해 오나라 왕이었던 요僚를 살해하게 되는데, 그 과정에서 오나라는 초나라가 국상인 것을 알고 요왕 9년에 초나라를 침범하였다. 그런데 오나라 군사가 초나라에 포위되어 오도 가도 못하는 상황에서 왕자 광이 전제에게 요왕을 죽이자고 했다. 이에 전제는 다음과 같이 말했다.

"요왕은 죽일 수 있습니다. 그의 어머니는 늙었고 아들은 나이가 어린 데다 두 아우는 군사를 거느리고 초나라를 치러 갔는데, 초나라가 그들이 돌아올 길을 끊어 버렸습니다. 지금 오나라는 밖으로 초나라에게 어려움을 당하고 있고 나라 안은 텅 비어 있으며 정직하고 용감하게 나서서 말할 신하가 없으니 이러한 상황에서는 우리를 당할 수 없습니다."

[예문] 권력자 곁에 간신배만 그득하고 골경지신이 없는 나라는 망하게 되어 있다.

[출전] 《사기(史記)》

040 공곡공음 空谷跫音

空(빌 공) 谷(골 곡) 跫(발자국 소리 공) 音(소리 음)
빈 골짜기의 발자국 소리라는 뜻으로, 뜻밖의 기쁨이나 예상치 못한 일을 이르는 말.

[유래] 은거해 살던 서무귀徐無鬼는 위나라의 중신인 여상女商의 소개를 받아 위나라 무후武侯를 만났다. 두 사람이 이야기를 마치고 서무귀가 밖으로 나올 때쯤 무후가 웃음을 지으면서 매우 좋아하는 기색을 보였다. 서무귀가 밖으로 나오자 여상이 물었다.

"선생은 우리 임금에게 무슨 말을 하셨습니까? 나는 임금에게 이야기할 때, 때로는 도덕을 말하고, 때로는 병법을 말했습니다. 그래서 큰 공을 이룬 것이 이루 셀 수가 없었습니다. 그러나 우리 임금은 아직 한 번도 웃는 일이 없었습니다. 그런데 선생은 우리 임금에게 무슨 말을 하였기에 우리 임금을 그처럼 기쁘게 하였습니까?"

"나는 바로, 내가 개나 말을 감정한 이야기를 했을 뿐이네."

"그것뿐입니까?"

"그대는 저 월나라에 방랑하는 사람의 이야기를 듣지 못했는가? 자기 나라를 떠난 지 며칠 뒤에는 그 친구를 만나면 기뻐하고, 자기 나라를 떠난 지 몇 달이 되면 일찍 자기 나라에서 한 번쯤 본 사람을 만나도 기뻐했다고 한다. 그래서 다시 1년쯤 지나면 자기 나라 사람과 비슷한 사람을 보아도 기뻐한다는 것이다. 이것은 곧 자기 나라 사람을 떠난 지 오래 되면 오래 될수록, 그 고향 사람을 생각하는 정이 더욱 깊어가는 까닭이 아니겠는가? 저 빈 골짜기에 숨어 사는 사람이 잡초가 우거져, 족제비들이 겨우 다니는 오솔길마저 막힌 곳에서 헤맬 때면 사람의 발자국 소리를 듣기만 해도 몹시 기뻐하는 것이다. 하물며 형제나 친척이 옆에서 말하고 웃고 하는 소리를 들으면 더욱 기쁠 것이다."

[예문] 외국에서 몇 년 동안 우리나라 사람을 만나지 못하다가 우연히 한국말을 하는 사람을 만나니 공곡공음처럼 반가웠다.
[유의어] 공곡족음空谷足音
[출전] 《장자(莊子)》

041 공자천주 孔子穿珠

孔(구멍 공) 子(아들 자) 穿(뺄 천) 珠(구슬 주)
공자가 구슬을 뺀다는 뜻으로, 어진 사람도 남에게 배울 점이 있다는 말.

[유래] 공자가 진나라를 지나갈 때 있었던 일이다. 공자는 전에 어떤 사람에게 구멍이 아홉 개나 되는 진기한 구슬을 선물 받았다. 그는 이것을 실로 꿰려고 갖은 방법을 다 써 보았지만 실패했다.

그러다 바느질을 하는 아낙네들이라면 어렵지 않게 꿸 수 있으리라는 생각을 했다. 그래서 가까이 있던 뽕밭에서 뽕잎을 따고 있던 아낙네에게 그 방법을 물었다. 공자의 이야기를 듣고 난 그 아낙은 이렇게 말했다.

"꿀을 보며 생각해보세요."

아낙의 말을 듣고 골똘히 생각하던 공자는 잠시 후 그녀의 말의 의미를 깨닫고 무릎을 쳤다. 그러고는 나무 아래에 있는 개미를 한 마리 붙잡아 그 허리에 실을 묶고는 개미를 구슬의 한쪽 구멍에 밀어 넣고, 반대편 구멍에는 꿀을 발라 놓았다. 그 개미는 꿀 냄새를 맡고 이쪽 구멍에서 저쪽 구멍으로 나왔다. 이리하여 구슬에 실을 꿸 수 있게 되었다.

[예문] 공자천주라 했으니 세상 모든 사람에게 배울 점이 한 가지씩이라도 있다.

[출전] 《조정사원(祖庭事苑)》

042 공중누각 空中樓閣

空(하늘 공) 中(가운데 중) 樓(다락 누) 閣(누각 각)
공중에 누각을 짓는 것처럼 근거 없는 사물을 이르는 말.

[유래] 송나라의 학자 심괄沈括이 저술한 《몽계필담夢溪筆談》에는 다음과 같은 글이 실려 있다.

"등주登州는 사면이 바다에 임하여 봄과 여름철에는 저 멀리 하늘가에 성시누대城市樓臺의 모습을 볼 수 있다. 이 고장 사람들은 이것을 해시海市라고 이른다."

청淸나라의 학자 적호翟灝는 그의 저서 《통속편通俗篇》에서 심괄의 글에 대해 이렇게 적었다.

"지금 언행이 허구에 찬 사람을 일컬어 '공중누각空中樓閣'

이라고 말하는 것은 이 일을 인용한 것이다."

[예문] 실속 없이 계획만 짜놓는 것은 공중누각과 같다.
[유의어] 사상누각沙上樓閣, 신기루蜃氣樓
[출전] 심괄의 《몽계필담(夢溪筆談)》, 적호의 《통속편(通俗篇)》

043 과유불급 過猶不及

過(지날 과) 猶(오히려 유) 不(아니 불) 及(미칠 급)
정도를 지나치는 것은 미치지 못함만 못하다는 뜻.

[유래] 공자의 제자 자공이 공자에게 자장과 자하 가운데 누가 더 현명한지를 물었다. 공자는 자장은 매사에 지나친 면이 있고, 자하는 부족한 점이 많다고 했다. 자공은 자장이 더 나은 사람인지를 물었더니 공자가 말했다.
 "아니다. 지나침은 미치지 못한 것과 같다〔過猶不及〕."

[예문] 과유불급이라고, 아무리 몸에 좋은 음식이라도 너무 많이 먹는 것은 좋지 않다.
[유의어] 교각살우矯角殺牛, 교왕과직矯枉過直
[출전] 《논어》의 〈선진편(先進篇)〉

044 과전이하 瓜田李下

瓜(외 과) 田(밭 전) 李(오얏 리) 下(아래 하)
오이밭과 오얏나무 밑이라는 뜻으로, 오이 밭에서 신을 고쳐 신지 말고 오얏나무 밑에서 갓을 고쳐 쓰지 말라는 뜻. 즉 남의 의심을 받기 쉬운 일은 하지 말라는 말.

[유래] 당나라 목종穆宗이 어느 날 당대의 명필인 유공권柳公權에게 "요즘 조정에서 시행하고 있는 여러 가지 조치에 대해 불평하고 비난하는 일은 없는가?" 하고 물었다.

이에 유공권은 "폐하께서 곽민이란 자를 빈령의 수령으로 보낸 일이 있은 다음부터 비난이 자자하옵니다." 하고 솔직하게 말했다.

이에 제왕은 "이유가 무엇인가? 곽민은 상부商父의 조카이며 태황태후의 작은아버지로 항상 정직하고 속임이 없기에 작은 벼슬자리를 준 것이거늘 그게 무슨 그리 비난거리가 되지?" 하고 되물었다.

유공권이 "그동안 곽민이 세운 공으로 치자면 그런 정도의 벼슬자리는 과분하다고 할 수 없사옵니다. 하지만 곽민은 자기의 두 딸을 궁 안에 들여보냈기 때문에 그런 벼슬을 얻은 것이라고들 쑥덕거린다고 하옵니다." 하고 대답했다.

이 말을 들은 목종은 "곽민의 딸을 입궁 시킨 것은 태황태후를 그저 예로 뵙도록 한 것이지 궁녀로 삼으려 한 것이 아니다." 하고 말하였다.

이에 유공권은 정중히 "과전이하瓜田李下의 혐의를 어떻게 벗을 수가 있겠사옵니까?" 하고 답했다.

[예문] 과전이하라는 말을 교훈 삼아 의심 받을 만한 일은 하지 말아야 한다.
[유의어] 과전불납리瓜田不納履, 이하李下, 이하부정관李下不整冠
[출전] 《문선(文選)》

045 관중규표 管中窺豹

管(대롱 관) 中(가운데 중) 窺(엿볼 규) 豹(표범 표)
대롱으로 표범을 본다는 뜻으로, 시야가 협소함을 말함.

[유래] 중국 동진의 서예가 왕희지의 제자들이 모여 노름을 하고 있었는데 왕희지의 아들 왕헌지는 잘 알지도 못하면서 훈수를 두었다. 왕희지의 제자들은 "도련님은 대나무 대롱으로 표범을 보듯 표범의 얼룩 반점 중 하나는 볼 줄 안다."고 놀렸다.

[예문] 아무리 뛰어난 사람이라도 자기 머리만 믿고 다른 사람 말을 경청하지 않으면 관중규표가 된다.
[유의어] 좌정관천坐井觀天, 규표일반窺豹一斑, 관규管窺 정저지와井底之蛙, 맹인모상盲人摸象, 관견管見, 위관규천葦管窺天
[출전] 《진서(晉書)》

046 관포지교 管鮑之交

管(대롱 관) 鮑(절인 고기 포) 之(어조사 지) 交(사귈 교)
관중과 포숙아의 사귐이란 뜻으로, 친구 사이에 짙은 우정을 일컫는 말.

[유래] 춘추 시대 초엽, 제나라에 관중管仲은 영수潁水 사람이었다. 젊은 시절에는 포숙아鮑叔牙와 사귀었는데 포숙은 그가 현명한 사람인 줄을 알고 있었다. 관중은 가난하였으므로 동업한 일에 이익금을 더 챙기거나 함께 나간 전쟁에서 세 번이나 혼자 도망치는 등 포숙을 속였으나, 포숙은 언제까지고 좋게 대해주었고, 이런저런 말썽을 부리는 일이 없었다.

후일 관중은 "나를 낳아 준 이는 부모이지만 나를 알아준 이는 포숙이다〔生我者父母, 知我者鮑叔也〕"라고 말했다.

[예문] 자기가 어려울 때 돌봐주는 사람만이 관포지교를 나누는 친구라 할 수 있다.

[유의어] 고산유수高山流水, 교칠지교膠漆之交, 교칠지심膠漆之心, 금란계金蘭契 금란교金蘭交, 금란지계金蘭之契, 금란지교金蘭之交, 금란지의金蘭之誼, 금석지계金石之契, 금석지교金石之交, 단금지계斷金之契, 단금지교斷金之交, 담교淡交, 담수지교淡水之交, 막역지우莫逆之友, 문경지교刎頸之交, 문경지우刎頸之友, 백아절현伯牙絶絃, 수어水魚, 수어지교水魚之交, 수어지친水魚之親, 심우心友

[출전] 《사기(史記)》

047 괄목상대 刮目相對

刮(비빌 괄) 目(눈 목) 相(서로 상) 對(대할 대)
눈을 비비고 다시 본다는 뜻으로, 학식이나 재주가 몰라보게 발전했다는 말.

[유래] 어느 날, 찬군교위贊軍校尉 노숙魯肅이 주유를 대신하여 육구로 가는 길에 여몽의 군영 밖을 지나게 되었다. 노숙은 마음속으로 여몽을 경시하고 있었는데, 어떤 사람이 노숙을 설득시키며 말했다. "여 장군의 공명은 나날이 빛나고 있으니 함부로 대할 수 없습니다. 그를 봐야합니다." 그래서 노숙은 여몽에게 가서 만났다. 여몽이 노숙에게 말했다.

"당신은 중임을 받아 관우와 이웃하게 되었는데, 어떤 계략으로 예기치 않은 상황에 방비하고 있습니까?" 노숙은 엉겁결에 대답했다. "때에 임하여 적당한 방법을 택할 것이오."

여몽이 말했다. "지금 동족과 서족은 비록 한 집안이지만, 관우는 사실 곰이나 호랑이 같은 사람입니다. 계획에 있어서 어찌 미리 정하지 않을 수 있습니까?"

그리고 노숙을 위해 다섯 가지 비책을 알려줬다. 노숙은 이때에 그에게 가까이 가서 그의 등을 치며 말했다. "여자명呂子明, 나는 그대의 재략이 이 수준까지 미쳤는지 몰랐습니다." 여몽도 웃으며 말했다. "선비는 헤어졌다 사흘이 지나면, 마땅히 눈을 비비며 서로를 보아야합니다〔士別三日, 卽更刮目相待〕."

[예문] 잠시 떨어져 있는 동안 그의 수영 실력은 괄목상대할 만

큰 발전했다.

[유의어] 일취월장日就月將, 괄목상간刮目相看

[출전] 《삼국지》의 〈여몽전(呂蒙傳)〉

048 교각살우 矯角殺牛

矯(바로잡을 교) 角(뿔 각) 殺(죽일 살) 牛(소 우)
소뿔을 바로잡으려다 소를 죽인다는 뜻으로, 사소한 일에 지나치게 힘을 쓰려다가 큰 낭패를 본다는 의미.

[유래] 중국에는 종을 처음 만들 때 뿔이 곧게 나 있고 잘 생긴 소의 피를 종에 바르고 제사를 지내는 풍습이 있었다. 한 농부가 제사에 사용할 소의 뿔이 조금 삐뚤어져 있어 균형을 바로잡으려고 팽팽하게 뿔을 동여매었더니 뿔이 뿌리째 빠져서 소가 죽었다.

[예문] 흠 하나를 없애고자 성형수술을 하다 얼굴의 균형이 어그러지는 교각살우의 우를 범하지 말아야 한다.

[유의어] 교왕과직矯枉過直, 소탐대실小貪大失

049 교언영색 巧言令色

巧(공교로운 교) 言(말씀 언) 令(하여금 령) 色(빛 색)
남의 환심을 사기 위해 아첨하는 교묘한 말과 보기 좋게 꾸미는 표정을 이르는 말.

[유래] 《논어》에서 공자가 말한 것으로 '교묘한 말과 아첨하는 얼굴을 하는 삶은 착한 사람이 적다' 는 뜻이다. 공자는 "질박함이 문채를 초과하면 거칠고 문채가 질박함을 초과면 판박이가 된다. 문채와 질박함이 알맞게 결합해야 군자인 것이다〔文質彬彬 然後君子〕"고 말했다. 말을 그럴듯하게 꾸며대거나 남의 비위를 잘 맞추는 사람, 생글생글 웃으며 남에게 잘 보이려는 사람 치고 마음씨가 착하고 진실한 사람은 적다는 뜻이다.

[예문] 그는 교언영색에 능해 말만 번드르르하지 진실되지 않다.

[출전] 《논어(論語)》의 〈학이편(學而篇)〉

050 교토삼굴 狡兎三窟

狡(간교할 교) 兎(토끼 토) 三(석 삼) 窟(굴 굴)
교활한 토끼는 숨는 굴이 세 개라는 뜻으로, 처세에 능한 사람의 행동을 비유함.

[유래] 제나라의 재상인 맹상군의 식객이었던 풍환은 맹상군의 심부름으로 설 땅으로 빚을 받으러 갔다가 차용증서만 불태우고 돌아온 후 "당신을 위해 은옷을 사왔다."고 했다.

1년 뒤 제나라의 민왕에게 노여움을 산 맹상순이 재상에서 물러나 은신하러 가자 그곳 사람들이 그를 흔쾌히 맞아주었다. 그때 풍환은 "교활한 토끼는 구멍을 세 개나 뚫지요〔狡兎有三窟〕. 지금 경卿께서는 한 개의 굴을 뚫었을 뿐입니다. 따라서 아직 베개를 높이 베고 근심 없이 잠을 즐길 수는 없습니다.

경을 위해 나머지 두 개의 굴도 마저 뚫어드리지요" 하고 약속했다. 결국 맹상군은 풍환의 도움으로 다시 재상 자리에 오르게 해주었다.

[예문] 힘든 시절일수록 정신을 똑바로 차려 교토삼굴의 전략을 세워야 한다.
[유의어] 유비무환有備無患
[출전] 《사기(史記)》

051 교학상장 教學相長

教(가르칠 교) 學(배울 학) 相(서로 상) 長(길 장)
가르치고 배우면서 서로 성장한다는 뜻.

[유래] "비록 좋은 요리가 있다 하더라도 먹어 보지 않으면 그 맛을 알지 못하고, 비록 지극한 도리가 있더라도 배우지 않으면 그것의 좋은 점을 알지 못한다. 이런 까닭에 배운 다음에야 부족함을 알게 되고, 가르쳐본 다음에야 학문의 어려움을 알게 된다. 부족함을 알게 된 다음에는 스스로를 되돌아 볼 수 있으며, 어려움을 알고 난 다음에야 스스로 힘쓸 수 있게 된다. 그러므로 '남을 가르치는 일과 스승에게서 배우는 일이 서로 도와서 학문을 자라게 한다〔教學相長〕'라고 말하는 것이다."라는 말에서 유래했다.

[예문] 선생으로서 아이들을 가르치면서도 교학상장을 느낀다.

[출전] 《예기(禮記)》, 〈학기(學記)〉

052 구맹주산 狗猛酒酸

狗(개 구) 猛(사나울 맹) 酒(술 주) 酸(실 산)
개가 사나우면 술이 시어진다는 뜻으로, 한 나라에 간신배가 있으면 어진 신하가 모이지 않는다는 말.

[유래] 송나라 사람 중에 술을 파는 사람이 있었다. 그는 술을 만드는 재주가 뛰어나고 손님들에게도 공손히 대접했으며 항상 양을 속이지 않고 정직하게 팔았다. 그럼에도 다른 집보다 술이 잘 팔리지가 않아 술이 쉬어버렸다.
 이상하게 생각한 그는 마을 어른 양천에게 물어 보았다. 그랬더니 양천이 물었다.
 "자네 집 개가 사나운가?" "그렇습니다만, 개가 사납다고 술이 안 팔린다니 무슨 이유에서입니까?" 양천이 말했다.
 "사람들이 두려워하기 때문이지. 어떤 사람이 어린 자식을 시켜 호리병에 술을 받아 오라고 했는데 술집 개가 덤벼들어 그 아이를 물었소. 그래서 술이 안 팔리고 맛은 점점 시큼해지는 거요."

[예문] 왕은 구맹주산이라는 말을 가슴 깊이 새겨 폭정을 일삼는 간신배를 없애야 한다.

[출전] 《한비자(韓非子)》

053 구밀복검 口蜜腹劍

口(입 구) 蜜(꿀 밀) 腹(배 복) 劍(칼 검)
입에는 꿀처럼 달콤한 말을 하면서 마음속에는 무서운 칼날을 품고 있다는 뜻.

[유래] 당나라 현종은 나이가 들면서 점점 주색에 빠져들면서 정사를 등한시했다. 당시 이임보李林甫라는 간신이 있었는데 그는 황제의 비위를 맞추면서 충신들의 간언이나 백성들의 탄원이 황제의 귀에 들어가지 못하도록 했다. 그는 재물을 풀어 환관과 후궁들의 환심을 사는 한편 현종에게 아첨해 마침내 재상이 되었고, 당시 양귀비楊貴妃에게 빠져 정사政事를 멀리하는 현종의 유흥을 부추기며 조정을 좌지우지했다.

《십팔사략十八史略》에는 그를 일컬어 이런 말이 씌어 있다. "임보는 현명한 사람을 미워하고 능력 있는 사람을 질투하여 자기보다 나은 사람을 배척하고 억누르는, 성격이 음험한 사람이다. 사람들이 그를 보고 입에는 꿀이 있고 배에는 칼이 있다고 말했다〔李林甫 妬賢嫉能 性陰險 人以爲 口有蜜腹有劒〕."

[예문] 칭찬만 해주는 사람이 있다면 구밀복검이 아닌지 의심해봐야 한다.
[유의어] 소리장도笑裏藏刀
[출전] 《십팔사략(十八史略)》

054 구사일생 九死一生

九(아홉 구) 死(죽을 사) 一(한 일) 生(날 생)
아홉 차례 죽을 고비를 넘기고 겨우 살아남.

[유래] 이소에는 다음과 같은 대목이 있다. "길게 탄식하며 눈물을 흘리고, 백성들의 삶에 어려움 많음을 애통해하네. 내 비록 바르게 수양을 좋아하여 속박을 당하였지만, 아침에 간언하고 저녁에 쫓겨났네. 나를 쫓겨나게 한 것은 혜초 허리띠이고, 나를 거듭 버린 것은 백지白芷 때문이었네. 이러한 것들은 내가 마음으로 좋아하는 것이니, 비록 아홉 번 죽는다 해도 오히려 후회하지 않으니〔亦余心之所善兮, 雖九死其猶未悔〕."

[예문] 물에 빠진 개미가 나뭇잎을 붙들고 구사일생으로 살아났다.
[출전] 《사기(史記)》, 〈굴원열전(屈原列傳)〉

055 구상유취 口尙乳臭

口(입 구) 尙(오히려 상) 乳(젖 유) 臭(냄새 취)
입에서 아직 젖내가 난다는 뜻으로, 행실이 어린 사람을 두고 하는 말.

[유래] 초한楚漢이 천하를 다투던 시기, 유방과 항우는 형양에서 대치하고 있었다. 이때 유방은 서쪽 위나라의 왕 위표魏豹가 배반하려는 것을 알고, 역이기를 보내 위표를 달랬으나, 위표는 역이기의 말을 듣지 않고 이렇게 말했다. "유방은 오만

하여 부하들을 무례하게 대하며, 신하들을 노비 부리듯 하니, 나는 그와 함께 일하기를 원하지 않소." 이 말을 전해들은 유방은 몹시 분노하며, 위표를 정벌하려고 했다. 유방은 군사를 일으키기 전에 역이기를 불러 물었다. "위나라의 대장은 누구인가?" "백직柏直이라는 자입니다." 이에 유방은 가소롭다는 듯이 웃더니 이렇게 말했다. "그자는 입에서 아직 젖내가 나서, 한신을 당해낼 수 없을 것이다〔是口尙乳臭, 不能當韓信〕." 그리고 유방이 예상한 대로 백직을 손쉽게 이겼다.

[예문] 너처럼 구상유취인 자를 이기는 건 어린애 팔 비틀기보다 더 쉽다.
[유의어] 황구유취黃狗乳臭
[출전] 《사기(史記)》의 〈고조기(高祖紀)〉

056 구우일모 九牛一毛

九(아홉 구) 牛(소 우) 一(한 일) 毛(털 모)
아홉 마리 소에서 뽑은 털 한 오라기라는 뜻으로, 많은 것 중 아주 적은 것을 비유하는 말.

[유래] 이능을 변호하다가 궁형을 당할 처지에 놓인 사마천司馬遷은 이런 말을 했다.

"사람들에게 사정을 일일이 설명하기가 쉽지 않습니다. 저의 선친께서는 부부나 단서를 가질 만한 공로가 없습니다. 천문·태사·율력과 같은 일을 담당하였는데 점치는 일과 비슷

합니다. 이러한 일은 본래 천자께서 장난삼아 노시던 것으로 광대를 양성하는 것 같아 세상 사람들이 경시하는 것이었습니다. 만약 제가 형벌에 복종하여 죽음을 받는다 하더라도, 아홉 마리의 소에서 털 하나 잃어버리는 것과 같고, 땅강아지나 개미와 같은 미천한 것이 죽는 것과 다름이 무엇이겠습니까?〔假令僕伏法受誅, 若九牛亡一毛. 與螻蟻何以異〕. 게다가 사람들은 저를 절개를 지켜 죽은 사람과 비교하지 않고, 생각이 모자라 죄가 극에 달해 마침내 스스로 죽임에 나가 면할 수 없게 되었다고 여길 것입니다."

[예문] 신문지상에 나는 정치 비리 사건에 대해 사람들은 구우일모일 거라고 여긴다.

[유의어] 구우모九牛毛, 창해일속滄海一粟, 대해일적大海一滴

[출전] 사마천(司馬遷), 《보임안서(報任安書)》

057 국사무쌍 國士無雙

國(나라 국) 士(선비 사) 無(없을 무) 雙(쌍 쌍)
나라 안에 견줄만 한 자가 없는 인재라는 뜻.

[유래] 한나라 명신 소하蕭何는 한신에 관해 다음과 같이 말했다. "여러 장수야 얻기 쉽지만, 한신 같은 사람에 이르러서는 나라의 인물이라 견줄만한 사람이 없습니다. 왕께서 꼭 길이 한중에서 왕노릇을 하고자 하신다면 한신을 쓸곳이 없겠지만, 반드시 천하를 다투고자 하신다면 한신이 아니고서는 더불어 일을 도모할 만한 자가 없습니다. 생각컨대 왕은 어느 계책으

로 결정하시겠습니까?"

[예문] 그는 실로 한나라 한신과 같은 국사무쌍이다.
[유의어] 고금무쌍古今無雙
[출전] 《사기(史記)》의 〈회음후열전(淮陰侯列傳)〉

058 군욕신사 君辱臣死

君(임금 군) 辱(욕될 욕) 臣(신하 신) 死(죽을 사)
임금이 치욕을 당하면 신하가 죽는다는 뜻으로, 임금과 신하는 고생을 함께한다는 것을 이르는 말.

[유래] 춘추시대 월나라의 왕 구천勾踐은 오나라의 왕 부차夫差에게 패하였다가, 20여 년 뒤 충신 범려의 힘으로 오나라를 멸망시켰다. 범려는 월나라가 패하였을 때 왕의 치욕을 씻으려고 죽지 않았으나, 오나라를 멸한 뒤에는 전에 패하였을 때의 벌을 받아 물러나기를 바라면서 왕에게 다음과 같이 말하였다. "남의 신하인 사람은 임금이 근심하면 해결하기 위해 힘쓰고 임금이 치욕을 당하면 목숨을 버리고 치욕을 씻어야 합니다."

[예문] 요즘 정치인들은 공은 같이 나누되 곤란에 처하면 혼자 은신하려 하니 군욕신사란 말을 지키지 않는 셈이다.
[유의어] 주욕신사主辱臣死
[출전] 《국어(國語)》, 〈월어(越語)〉

059 군자삼락 君子三樂

君(임금 군), 子(아들 자), 三(석 삼), 樂(즐길 락)
군자에게는 세 가지 즐거움이 있다는 뜻.

[유래] 맹자는 군자에게 세 가지 즐거움이 있다고 말했다. "군자에게 세 가지 참된 즐거움이 있다. 부모가 모두 살아 계시고 형제들이 아무 탈 없는 것이 첫째 즐거움이요, 우러러 하늘을 보아도 부끄럽지 아니하고, 굽어 사람을 보아도 부끄럽지 아니함이 둘째 즐거움이요, 천하의 빼어난 인재를 모아 교육하는 것이 셋째 즐거움이다.
군자에게는 세 가지 즐거움이 있는데, 천하의 왕 노릇 하는 것은 그 속에 들어 있지 않다."

[예문] 군자삼락이라고 하지만 이 세 가지 즐거움은 군자가 아니라도 느끼는 것이다.
[유의어] 익자삼락益子三樂

060 권모술수 權謀術數

權(권세 권) 謀(꾀 모) 術(재주 술) 數(셈 수)
목적 달성을 위해 수단과 방법을 가리지 아니하는 온갖 모략이나 술책을 뜻함.

[예문] 그는 권모술수를 쓸 줄 모르는 깨끗한 대통령이었다.

[출전] 《손자병법(孫子兵法)》

061 권선징악 勸善懲惡

勸(권할 권) 善(착할 선) 懲(징계할 징) 惡(악할 악)
선한 일을 권하고 악한 일을 징계함.

[예문] 동화를 읽어보면 결말이 권선징악이다.

[출전] 《춘추좌씨전(春秋左氏傳)》

062 권토중래 捲土重來

捲(말 권) 土(흙 토) 重(거듭 중) 來(올 래)
한 번 패했다가 세력을 회복해 땅을 휘말아 오듯 다시 쳐들어옴.

[유래] 당 말기 시인 두목杜牧이 지은 칠언절구 〈오강정시〉에 나오는 말이다.

"항우여, 항우여, 비록 패하기는 했지만 승패라는 것은 아무도 예측할 수 없는 것을, 한때의 치욕을 참고 견뎌야 진정한 사나이가 아니겠는가. 더구나 강동의 젊은이 중에는 호걸이 많다 하니 이왕이면 강동으로 건너가 힘을 기른 다음 다시 한 번 땅을 휘말 듯한 기세로 유방을 반격하지 않았는가. 그랬으면 승패는 아직도 알 수 없었을 것을. 항우여, 아깝고나."

[예문] 그는 사법고시에 한 번 낙방하고 그 다음해 권토중래의

마음으로 다시 시도했다.

[유의어] 와신상담臥薪嘗膽

[출전] 《두목(杜牧)》, 〈오강정시〉

063 귀마방우 歸馬放牛

歸(돌려보낼 귀) 馬(말 마) 放(놓을 방) 牛(소 우)
말을 돌려보내고 소를 풀어놓는다는 뜻으로, 전쟁을 하지 않는다는 것을 이르는 말.

[유래] 《주서周書》의 〈무성편武成篇〉에는 주나라 무왕武王이 은나라의 주왕紂王을 쳐부순 후 말과 소를 놓아주며 나라를 평화스럽게 잘 다스리게 된 과정이 기록되어 있다. "무왕이 즉위한 후 13년 1월 임진일 다음 정월 3일에 임금은 아침에 주나라를 출발하여 은나라를 치러 갔다. 2월 4일에 은나라 주왕을 쳐서 승리하였다. 그 넷째 달 왕은 은나라에서 돌아와서 풍豊에 이르러 무력武力을 거두고 글을 닦아 이제부터 도道로 천하를 다스릴 준비를 시작했다. 전쟁에 사용한 말은 화산의 남쪽 기슭으로 돌려보내고 소는 도림의 들에 풀어놓아〔歸馬于華山之陽, 放牛于桃林之野〕, 천하에 다시는 쓰지 않겠다는 뜻을 보였다."

[예문] 총칼을 버리고 귀마방우의 평온한 시절로 돌아가자.

[출전] 《주서(周書)》, 〈무성편(武成篇)〉

064 귤중지락 橘中之樂

橘(귤나무 귤) 中(가운데 중) 之(어조사 지) 樂(즐거울 락)
좁은 곳에서 즐거움을 가진다는 뜻. 바둑의 별칭.

[유래] 중국 파공 사람이 뜰의 귤나무에 열린 귤을 따서 쪼개 보니 두 노인이 그 속에서 바둑을 두고 있더라는 고사에서 유래했다.

[예문] 귤중지락에 빠져 시간 가는 줄도 몰랐다.
[출전] 《유괴록(幽怪錄)》

065 근묵자흑 近墨者黑

近(가까울 근) 墨(먹 묵) 者(놈 자) 黑(검을 흑)
먹을 가까이 하면 검어진다는 뜻으로, 나쁜 사람과 사귀면 그 버릇에 물들기 쉽다는 의미.

[예문] 나쁜 친구와 어울려 놀지 말라는 건 근묵자흑이기 때문이다.
[유의어] 근주자적 近朱者赤
[출전] 《송남잡식 松南雜識》

066 극기복례 克己復禮

克(이길 극) 己(자기 기) 復(돌아올 복) 禮(예의 례)
과도한 욕망을 누르고 예의를 좇음을 뜻함.

[유래] 안연顔淵이 인仁에 대하여 묻자, 공자는 이렇게 대답했다. "자기를 극복하고 예로 돌아가는 것이 인仁이다. 하루라도 자기를 극복하고 예禮로 돌아가게 되면 온 천하가 인仁에 따르게 될 것이다〔一日克己復禮, 天下歸仁焉〕. 인을 실천하는 것은 자기에게 달려 있는 것이지 다른 사람에게 달려 있는 것이 아니다."

[예문] 그는 자신을 대통령으로 뽑아주면 극기복례하겠다고 공언했다.

[출전] 《논어(論語)》

067 금란지교 金蘭之交

金(쇠 금) 蘭(난초 란) 之(어조사 지) 交(사귈 교)
단단하기가 금 같고 아름답기가 난초 향 같은 사귐이라는 뜻으로, 두 사람 사이에 서로 마음이 맞는 깊은 사귐을 이르는 말.

[유래] 공자가 말하기를 "군자의 도는 세상에 나가 벼슬하기도 하고 물러나와 고요히 지키기도 한다. 침묵할 때도 있고 말할 때도 있다. 그 어느 때에나 도가 같으면 서로 호응하는 것이다. 두 사람이 마음을 같이하면 그 날카로움은 쇠도 끊는다.

마음이 같은 그들의 말은 향기롭기가 난초와 같은 것이다."라고 말한 데서 유래했다.

[예문] 금란지교라고 할 만한 친구가 한 명이라도 있으면 부자다.
[유의어] 관포지교管鮑之交, 고산유수高山流水, 교칠지교膠漆之交, 교칠지심膠漆之心, 금란계金蘭契, 금란교金蘭交, 금란지계金蘭之契, 금란지의金蘭之誼, 금석지계金石之契, 금석지교金石之交, 단금지계斷金之契, 단금지교斷金之交, 담교淡交, 담수지교淡水之交, 막역지우莫逆之友, 문경지교刎頸之交, 문경지우刎頸之友, 백아절현伯牙絕絃, 수어水魚, 수어지교水魚之交, 수어지친水魚之親, 심우心友
[출전] 《역경(易經)》

068 금상첨화 錦上添花

錦(비단 금) 上(위 상) 添(더할 첨) 花(꽃 화)
비단 위에 꽃을 더한다는 뜻으로, 좋은 일에 좋은 일을 더함을 비유하는 말.

[유래] 당송팔대가唐宋八大家의 한 사람인 왕안석王安石이 정계를 떠나 만년에 남경의 한적한 곳에서 은둔할 때 지은 시 〈즉사卽事〉에 나오는 구절이다. "강물은 남원南苑으로 흘러 서쪽 언덕으로 기울고, / 바람에 영롱한 이슬 아름답구나. / 문 앞 버드나무는 옛사람 도잠陶潛의 집이고, / 우물가 오동나무는 옛 총지總持의 집이라. / 아름다운 초대 술잔 속 맑은 술 따라 마시고, / 즐거운 노래가락 비단 위에 꽃을 더하네. / 무릉도원武陵

桃源에서 대접받으니, / 천원의 붉은 노을 아직도 많구나."

[예문] 직장을 얻은 데다 집까지 샀으니 금상첨화구나.
[출전] 《왕안석의 시》, 〈즉사(卽事)〉

069 금의야행 錦衣夜行

錦(비단 금) 衣(옷 의) 夜(밤 야) 行(다닐 행)
비단옷을 입고 밤길을 걷는다는 뜻으로, 아무 보람 없는 행동을 하거나 남들이 알아주지 않는 일을 일컫는 말.

[유래] 항우項羽는 유방劉邦에 이어 진나라의 도읍 함양咸陽에 입성했는데 그는 유방과는 대조적인 행동을 취했다. 유방이 살려 둔 황제 자영을 죽여 버렸고, 아방궁阿房宮에 불을 지르고 석 달 동안 불타게 내버려둔 채 미녀들을 끼고 놀았다.

그리고 시황제의 무덤도 파헤쳤다. 유방이 창고에 봉인해 놓은 엄청난 보물도 몽땅 차지했다. 이에 범증范增이 말려도 소용없었다. 그는 오랫동안 누벼온 싸움터를 벗어나 많은 재물과 미녀를 거두어 고향인 강동江東으로 돌아가고 싶어했다. 한생韓生이라는 사람이 항우에게 간청했다.

"관중關中은 사방이 산과 강으로 둘러싸인 요충지인 데다 땅도 비옥하옵니다. 하오니 이곳에 도읍을 정하시고 천하를 호령하시오소서." 그러나 항우의 눈에 비친 함양은 황량한 폐허일 뿐이었다. "부귀한 몸이 되어 고향으로 돌아가지 않는 것은 '비단옷을 입고 밤길을 가는 것〔錦衣夜行〕'과 같아 누가 알아줄 것인가······."

한생은 항우에게 함양에 정착할 뜻이 없다는 것을 알고 항우 앞을 물러나 이렇게 말했다.

"초나라 사람은 '원숭이에게 옷을 입히고 갓을 씌워 놓은 것처럼 지혜가 없다'고 하더니 과연 그 말이 옳다. 원숭이는 관을 씌우고 띠를 매어도 오래 견디지 못하므로 어쩌면 초나라 사람의 급한 성질과 그렇게 똑같은지 알 수가 없다." 이 말을 전해들은 항우는 크게 노하여 한생을 삶아 죽였다고 한다.

[예문] 아무리 품격 있는 음악이라도 정서가 맞지 않는 데서 연주한다면 금의야행이나 마찬가지다.

[유의어] 의금야행衣錦夜行. 수의야행繡衣夜行

[출전] 《한서(漢書)》, 〈항적전(項籍傳)〉. 《사기(史記)》, 〈항우본기(項羽本紀)〉

070 금의환향 錦衣還鄉

錦(비단 금) 衣(옷 의) 還(돌아올 환) 鄉(시골 향)
출세해서 고향으로 돌아옴을 뜻함.

[유래] 유경원이 옹주자사가 되어 떠날 적에 황제는 그를 위한 전별의 자리를 마련하고 말했다. "그대가 비단옷을 입고 고향으로 돌아가니, 나는 변방의 일로 서쪽을 돌아보는 근심을 덜게 되었구려〔卿衣錦還鄉, 朕無西顧之憂矣〕."

[예문] 단역배우에서 시작해 첫 주인공을 맡은 그는 이번 명절

에 금의환향 할 수 있었다.

[출전] 《남사(南史)》, 〈유경원전(柳慶遠傳)〉

071 기사회생 起死回生

起(일어날 기) 死(죽을 사) 回(돌 회) 生(날 생)
죽어가다가 겨우 살아났다는 뜻.

[유래] 괵나라 태자가 새벽녘에 갑자기 죽었다. 이에 왕은 사람을 보내어 이름난 의원 편작을 들게 하였다. 진월인이 보니 태자는 정말로 죽은 것이 아니라 잠시 기절한 것뿐이었다.

진월인은 태자를 구할 수 있다고 말하고, 태자의 몸에 침을 놓았다. 잠시 후 태자가 깨어나자, 진월인은 치료해주고, 처방을 써주었다. 그의 처방대로 하자, 태자는 한 달이 못되어 건강을 회복했다. 이러한 소식이 전해지자 사람들은 진월인은 죽은 사람도 다시 살려 낼 수 있다고 칭송했다. 그러나 진월인은 겸손하게 대답했다. "저는 죽은 사람을 살려 낼 수 없습니다. 태자는 정말로 죽은 게 아니라 살아 있었던 것이므로, 저는 단지 그로 하여금 일어나게만 했을 뿐입니다〔此自當生者, 越人能使之起耳〕."

[예문] 물에 빠졌다 기사회생한 후로는 물 가까이 가지 않는다.
[유의어] 구인일명 救人一命
[출전] 《사기(史記)》

072 기인우천 杞人憂天

杞(나무 이름 기) 人(사람 인) 憂(근심할 우) 天(하늘 천)
기 나라 사람이 하늘을 걱정한다는 뜻으로, 쓸데없는 걱정을 비유하는 말.

[유래] 춘추시대, 기나라에는 어떤 사람이 살고 있었다. 그는 하늘과 땅이 무너질까 봐 매일 걱정하면서 잠도 못 자고 밥을 못 먹었다. 그의 친구는 이렇게 말했다. "하늘은 공기가 쌓여 이루어졌을 뿐이고, 공기가 없는 곳은 없네. 몸을 구부리고 펴는 것도 모두 공기 속에서 하고 있다네. 그런데도 왜 하늘이 무너진다고 걱정을 하는가?"

[예문] 당장에 전쟁이 터질까 봐 전전긍긍하는 건 기인우천이다.
[유의어] 기인지우杞人之憂, 기우杞遇
[출전] 《열자(列子)》의 〈천서(天瑞)〉

073 기호지세 騎虎之勢

騎(말 탈 기) 虎(범 호) 之(어조사 지) 勢(기세 세)
호랑이를 타고 달리는 기세라는 뜻으로 이미 시작한 일을 도중에 그만둘 수 없는 상태를 이르는 말.

[유래] 남북조 시대 재상 양견楊堅이 있었다. 그는 일찍이 오랑캐인 선비족鮮卑族에게 빼앗긴 땅에 한족의 천하를 회복하겠다는 큰 뜻을 품고 때가 오기만을 기다리고 있었다. 양견이 궁

중에서 모반을 꾀하고 있을 때 이미 그 뜻을 알고 있던 아내 독고獨孤 부인은 이런 말로 그를 독려했다. "호랑이를 타고 달리는 기세이므로 도중에서 내릴 수 없는 일입니다〔騎虎之勢 不得下〕. 만약 도중에서 내리면 잡아먹히고 말 것입니다. 그러니 호랑이와 함께 끝까지 가지 않으면 안 됩니다. 부디 목적을 달성하옵소서." 이에 용기를 얻은 양견은 선제의 뒤를 이어 즉위한 나이 어린 정제靜帝를 폐하고 스스로 제위帝位에 올라 문제文帝라 일컫고 국호를 수隋라고 했다.

[예문] 여야 싸움은 이제 기호지세의 형국에 이르렀다.

[유의어] 기호난하騎虎難下

[출전] 《수서(隋書)》의 〈독고황후전(獨孤皇后傳)〉

074 기화가거 奇貨可居

奇(기이할 기) 貨(재물 화) 可(옳을 가) 居(살 거)
진귀한 물건을 사두었다가 훗날 큰 이익을 얻는다는 뜻으로, 좋은 기회를 기다려 큰 이익을 얻는다는 것과 기회를 놓치지 않는다는 것을 이름.

[유래] 전국시대, 한나라의 큰 장사꾼인 여불위呂不韋는 무역을 하러 조나라의 도읍 한단邯鄲에 갔다가 우연히 진나라 소양왕昭襄王의 손자인 자초가 볼모로 잡혀 살고 있다는 것을 알게 됐다. 그가 이인을 보고 "이 사람은 기이한 보물이니 쌓아 둘 만하다." 하고는 자기 자식을 밴 애첩까지 양보하여 그를 완전히 손아귀에 넣은 뒤 재력과 능변으로 자초를 태자로 세우는

데 성공했다. 그리고 자초가 왕위에 올라 장양왕莊襄王이 되자 그는 재상이 되었으며, 애첩 조희가 낳은 아들 정政은 훗날 시황제始皇帝가 되었다.

[예문] 평소에 독서를 많이 해두는 게 기화가거가 된다.
[유의어] 물실호기勿失好機
[출전] 《사기(史記)》

075 나작굴서 羅雀堀鼠

羅(그물 라) 雀(참새 작) 掘(팔 굴) 鼠(쥐 서)
그물로 참새를 잡고 땅을 파서 쥐를 잡는다는 뜻으로, 최악의 궁지에 몰려 어찌할 수 없음을 이르는 말.

[유래] 당나라 말, 장순張巡이라는 장수가 있었다. 안녹산安祿山의 난으로 나라가 혼란스러웠을 때, 그는 수양을 수비하고 있었다. 그러나 그를 따라 성을 지키고 있는 군사는 겨우 3000여 명에 불과하고, 반란군은 10만 명에 달해 대항하기에 역부족이었다. 그럼에도 장순은 죽음을 각오하고 성을 지키려고 하였다. 반란군에 포위된 지 며칠이 지나자, 성 안에 비축해 놓은 군량미는 바닥을 드러냈고, 허기에 지친 병사들은 그물을 쳐서 참새를 잡아〔羅雀〕 먹기도 하였으며, 또 땅을 파서 쥐를 잡아〔掘鼠〕 먹기도 했다.

[예문] 적군에 대항했으나 나작굴서의 지경에 이르러 곧 수비선이 허물어지고 말았다.

[출전] 《당서(唐書)》, 〈장순전(張巡傳)〉

076 낙양지가 洛陽紙價

洛(강 이름 낙) 陽(볕 양) 紙(종이 지) 價(값 가)
낙양의 종이 값이 올라간다는 뜻으로, 저서가 불티나게 팔린다는 것을 의미.

[유래] 진나라 시대, 제나라에 시인 좌사左思가 있었다. 좌사는 뛰어난 재능을 가지고 태어났지만, 용모가 추한 데다 말을 더듬었기 때문에 사람들과 만나기를 싫어하고, 집에 틀어박혀 창작에 열중했다. 그런 그가 위나라의 도읍인 업을 노래한 《삼도지부三都之賦》를 지었는데 알아주는 이가 없었다. 그러다 장화張華라는 유명한 시인이 '삼도지부'를 읽고 격찬했다. 그러자 삼도지부는 낙양의 화제작이 되었고, 사람들이 이를 다투어 베껴 썼다. 그 바람에 '낙양의 종이 값이 올랐다〔洛陽紙價貴〕.'고 한다.

[예문] 작가로서 낙양지가를 경험한다는 건 일생의 영광이다.
[유의어] 낙양지귀洛陽紙貴, 낙양지가고洛陽紙價高
[출전] 《진서(晉書)》, 〈문원전(文苑傳)〉

077 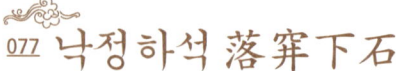 낙정하석 落穽下石

落(떨어질 락) 穽(우물 정) 下(아래 하) 石(돌 석)
우물 아래 돌을 떨어뜨린다는 뜻으로, 다른 사람이 재앙을 당했을 때 도와주기는커녕 더 큰 재앙이 닥치도록 하는 것을 말함.

[유래] 한유韓愈가 친구 유종원柳宗元의 죽음을 애도하며 지은 묘비명에 다음과 같은 구절이 있다.

"아! 선비는 곤궁할 적에 비로소 절개와 의리를 볼 수 있다. 평소에는 서로 앙모하고 우호하며, 술과 음식 차려 놓으며 서로 초대하고 왕래하면서, 허풍떨고 알랑거리며 억지로 웃는 얼굴로 말하고, 서로 자신을 낮추며, 폐와 간이라도 꺼내 보여줄 듯 손을 맞잡고, 하늘과 태양에 대고 눈물 흘리며 생사를 함께 해 배신하지 않을 것을 맹세하니, 진실로 믿을 수 있을 것 같아 보인다. 그러나 일단 작은 이해관계에 부딪히게 되면, 겨우 머리털에 견줄 작은 일이라도, 서로 모르는 것처럼 눈 돌려 외면한다. 함정에 빠지면 손을 뻗어 구하기는커녕, 도리어 밀쳐내고, 또 밑으로 돌을 던지는 것이, 모두 그러하다."

[예문] 궁지에 처한 친구를 모함하는 것은 낙정하석과 다름없다.
[유의어] 하정투석下穽投石
[출전] 《한유가 지은 묘비명》

078 난의포식 暖衣飽食

暖(따뜻할 난) 衣(옷 의) 飽(배부를 포) 食(먹을 식)
따뜻한 옷을 입고 배불리 먹는다는 뜻으로 근심 없는 평온한 상태를 이르는 말.

[유래] 묵자墨子의 영향을 받은 중농주의자 허행許行은 송나라로부터 등나라에 와서, 문공으로부터 살 집과 일굴 땅을 받아 자급자족하며 살았다.

허행과 같은 생활을 시작한 진상陳相이라는 사람이 맹자에게, "등나라 임금도 백성들과 마찬가지로 손수 농사를 지어서 먹어야 하지 않느냐!"고 했다.

그러자 맹자는 허행이 사용하는 농기구와 질그릇이 자기가 지은 농작물과 교환한 것이라는 사실을 확인한 다음, "인간의 생활이란 분업을 하는 것이지 원시적 자급자족이란 불가능하다."고 말하고, "허행도 농기구나 그릇 등을 물물교환해 쓰고 있지 않느냐"고 일깨웠다.

맹자는 말했다. "백성에게 농사를 가르쳐서 오곡을 심으며 번식케 하고, 오곡이 익어서 백성을 기르니, 사람에게 도가 있음에 먹는 것을 배불리 하며 입는 것을 따뜻하게 해 편안히 살면서 가르침이 없으면, 곧 짐승에 가까우므로 성인이 근심하시어 설로 하여금 사도를 삼아 가르치되 인륜으로써 하시니, 부자는 친함이 있으며, 군신은 의가 있으며, 부부는 분별이 있으며, 장유는 차례가 있으며, 붕우는 믿음이 있는 것이다."

[예문] 지도자는 백성을 난의포식하게 할 의무가 있다.
[유의어] 호의호식好衣好食, 금의옥식錦衣玉食
[출전] 《맹자(孟子)》

079 난형난제 難兄難弟

難(어려울 난) 兄(맏 형) 難(어려울 난) 弟(아우 제)
누구를 형이라 하고 누구를 아우라 하기 어렵다는 뜻으로, 두 사물이 엇비슷해서 서로 우열을 가리기 어렵다는 말.

[유래] 후한 말 진식陣寔은 그의 아들 진기陳紀와 진심陳諶과 아울러 '세 군자君子'라고 불리었다. 어느 날 손님이 진식의 집에서 머문 적이 있었다. 진식은 두 아들에게 밥을 지으라고 하고

서, 그 손님과 토론에 열중했다. 형제는 밥을 짓기 시작했는데, 아버지와 손님의 토론에 귀를 기울이느라 밥을 망쳐버리고 말았다. 진식이 "밥은 다 되었느냐?" 하고 묻자 형제는 무릎을 꿇고 그 사실을 말했다.

진식은 두 아들에게 들은 것을 외우고 있느냐 물었다. 놀랍게도 그 둘은 이야기의 요점을 정확히 짚어냈다. 후일 진기의 아들이 진심의 아들 진충陳忠과 놀다가 서로 자기 아버지가 낫다고 하여 결말을 짓지 못하였다. 그래서 할아버지인 진식에게 물으니, "형이 낫다고 하기도 어렵고 아우가 낫다고 하기도 어렵구나."라고 대답했다.

[예문] 그 두 사람은 바둑 두는 실력을 겨뤄보니 난형난제다.
[유의어] 막상막하莫上莫下, 백중지세伯仲之勢, 호각지세互角之勢, 우열난분優劣難分
[출전] 《세설신어(世說新語)》

080 남가일몽 南柯一夢

南(남녘 남) 柯(가지 가) 一(한 일) 夢(꿈 몽)
남쪽 나뭇가지에서의 꿈 한 자락이라는 뜻으로, 한때의 부귀영화나 인생의 허망함을 일컫는 말.

[유래] 당나라 광릉에 순우분淳于棼이라는 사람이 있었는데, 그의 집 남쪽에 큰 느티나무가 있었다. 어느 날 그가 술에 취해 그 나무 밑에서 잠이 들었는데 어떤 사람이 나타나 괴안국槐安

國으로 데려가 그곳에서 20년을 살았다. 그런데 깨고 보니 모든 게 꿈이었다.

[예문] 인생은 어차피 남가일몽에 불과하니 탐욕을 부려선 안 된다.
[유의어] 일장춘몽一場春夢, 한단지몽邯鄲之夢, 백일몽白日夢
[출전] 《남가기(南柯記)》

081 남귤북지 南橘北枳

南(남녘 남) 橘(귤나무 귤) 北(북녘 북) 枳(탱자나무 지)
남쪽의 귤을 강북에 옮겨 심으면 탱자로 변한다는 뜻으로, 사람은 환경에 따라 악하게도 되고 착하게도 된다는 말.

[유래] 춘추시대 말, 제나라에 안영晏嬰이란 유명한 재상이 있었다. 어느 해, 초나라 영왕靈王이 그를 초청했다. 영왕은 안영에게 창피를 톡톡히 주어 초나라 위세를 과시하고 싶어, 신하들과 상의하여 여러 가지 일을 꾸몄다. 안영이 키가 작은 것을 이용해 초나라 도읍 영성 동문에 작은 문을 만들고 안영을 그 문으로 들어오도록 했다. 그러나 안영은 "저것은 개구멍이지 사람이 출입할 곳이 못 된다. 개의 나라에 왔다면야 개구멍으로 들어가야 하겠지만, 사람이 사는 초나라에 왔다면 사람이 드나드는 문으로 들어가야 하지 않겠느냐?" 했다.

또 영왕은 안영을 위한 연회를 하는 도중 제나라 출신 죄인을 불러 들였다. 영왕은 "제나라 사람은 원래 도둑질을 잘 하오?" 하고 안영에게 모욕을 주었다. 그러나 안영은 초연한 태도로 말했다.

"강남에 귤橘이 있는데 그것을 강북에 옮겨 심으면 탱자枳가 되고 마는 것은 토질 때문입니다. 제나라 사람이 제나라에 있을 때는 원래 도둑질이 무엇인지도 모르고 자랐는데 그가 초나라에 와서 도둑질한 것을 보면, 역시 초나라의 풍토 때문인 줄 압니다." 그 기지와 태연함에 초왕은 안영에게 사과를 했다.

[예문] 그토록 성품이 고왔던 아이가 이사를 가고 나서 불량학생이 되다니 남귤북지다.
[유의어] 귤화위지橘化爲枳
[출전] 《안자춘추(晏子春秋)》

082 남부여대 男負女戴

男(남 남) **負**(질 부) **女**(계집 여) **戴**(일 대)
남자는 등짐을 지고, 여자는 머리에 짐을 인다는 뜻으로, 가난한 사람이나 재난을 당한 사람들이 살 곳을 찾아 이리저리 떠돌아다님을 일컫는 말.

[예문] 홍수로 집을 잃은 사람들이 남부여대의 난민이 되어 원조를 기다린다.
[유의어] 조진모초朝秦暮楚, 풍찬노숙風餐露宿

083 남풍불경 南風不競

南(남녘 남) 風(바람 풍) 不(아니 불) 競(다툴 경)
남쪽 지역의 풍악은 미약하고 생기가 없다는 뜻으로, 힘이나 세력을 떨치지 못함을 이르는 말.

[유래] 춘추시대 말 노나라 양공 18년 때 제후들은 진나라를 맹주로 하여 제나라를 멸하기 위해 포위망을 좁혀 가고 있었다. 그런데 정나라 자공子孔은 이 틈을 타서 진나라를 배반하고 초나라를 사주해 야망을 달성하려고 했다. 그래서 그는 초나라의 영윤令尹 자경子庚에게 사자를 보내 유혹했지만, 자경은 응하지 않았다. 그런데 이 소식을 들은 초나라 강왕康王이 자경에게 정나라를 공격하도록 했다.

자경이 이끄는 군대는 이틀 만에 물러서게 되었고 군대는 거의 전멸 상태에 이르렀다. 초나라 군대가 출동했다는 소문은 진나라에도 퍼졌다. 그러나 진나라의 악관으로 있던 사광이 말했다.

"대단치 않습니다. 저는 때때로 남방의 노래와 북방의 노래를 부르곤 합니다. 그런데 남방의 노랫가락은 미약하여 생기라고는 조금도 없습니다. 남풍은 강하지 않고 죽는 소리가 많습니다. 초나라 군대는 반드시 패할 것입니다."

[예문] 이번 월드컵에서 우리나라 축구팀은 남풍불경의 팀만 만나 연승가도를 달렸다.

[출전] 《춘추좌전(春秋左傳)》

084 낭자야심 狼子野心

狼(이리 낭) 子(아들 자) 野(들 야) 心(마음 심)
이리새끼는 흉포해서 길들이기 어렵다는 뜻으로, 흉포한 사람의 마음은 교화하기 어렵다는 의미.

[유래] 춘추시대, 투자문鬪子文과 자량子良 형제는 모두 초나라에서 벼슬을 했다. 어느 해, 사마 자량의 부인이 아들을 낳았는데, 그 이름을 자월子越이라 하였다. 자문은 자월을 보더니 동생 자량에게 말했다. "반드시 이 아이를 죽여라. 이 자식은 곰과 범의 형상을 하고 승냥이와 이리의 소리를 내니 죽이지 않으면 우리 가문이 망할 것이다. 속담에 '이리 새끼는 마음이 늘 들판에 가 있다〔狼子野心〕' 라고 하지 않느냐. 이리 새끼를 어찌 기를 수 있겠느냐?" 자량은 친자식을 차마 죽일 수 없어서 형의 말을 듣지 않고, 자월을 성인이 될 때까지 길렀다. 자문은 임종臨終에 이르러, 온 가족을 모아 놓고 이야기를 하였다. "장차 자월이 벼슬을 하게 되면, 너희들은 모두 초나라를 떠나야만 화禍를 면하게 된다." 자문이 죽은 후, 자월은 군대를 동원해 초나라 왕을 공격해 몇 차례의 전투를 벌였으나, 패배하여 온 가족이 몰살당하고 말았다.

[예문] 길에서 만난 아이에게서 낭자야심의 기운이 느껴져 불길하다.

[유의어] 인면수심人面獸心

[출전] 《춘추좌전(春秋左傳)》

085 낭중지추 囊中之錐

囊(주머니 낭) 中(가운데 중) 之(어조사 지) 錐(송곳 추)
주머니 속의 송곳이란 뜻으로, 재능이 뛰어난 사람은 숨어 있어도 남의 눈에 드러남의 비유한 말.

[유래] 전국 시대 말, 진나라의 공격을 받은 조나라 혜문왕惠文王은 동생 평원군平原君을 초나라에 보내어 구원군을 청했다. 수행원이 스무 명 필요한 평원군은 그의 식객 중에서 열아홉 명은 쉽게 뽑았으나 나머지 한 사람을 뽑지 못해 고심하고 있었다. 이때 모수毛遂라는 식객이 자기를 데려가 달라고 나섰다. 평원군은 이렇게 물었다.

"그대는 내 집에 온 지 얼마나 되었소?" "이제 3년이 됩니다." "재능이 뛰어난 사람은 숨어 있어도 마치 주머니 속의 송곳〔囊中之錐〕 끝이 밖으로 나오듯이 남의 눈에 드러나는 법이오. 그런데 내 집에 온 지 3년이나 되었다는 그대는 이제까지 단 한 번도 이름이 드러난 적이 없지 않소?"

"그건 나리께서 이제까지 저를 단 한 번도 주머니 속에 넣어주시지 않았기 때문이죠. 하지만 이번에 주머니 속에 넣어주시기만 한다면 끝뿐 아니라 자루柄까지 드러내 보이겠습니다." 이 재치 있는 답변에 만족한 평원군은 모수를 수행원으로 뽑았다.

[예문] 낭중지추라고 재능이 뛰어난 사람은 아무리 이를 감추려 해도 빛이 난다.

[유의어] 추처낭중錐處囊中

[출전] 《사기(史記)》

086 낭중취물 囊中取物

囊(주머니 낭) 中(가운데 중) 取(취할 취) 物(사물 물)
주머니 속에 지닌 물건을 꺼낸다는 뜻으로, 손쉽게 얻을 수 있음을 비유하는 말.

[유래] 유비劉備가 서주에서 조조曹操와 싸워 패하여 유비는 원소袁紹에게 의탁하고, 관우關羽는 조조에게 항복해서 지내고 있었다. 원소와 조조가 싸우게 되었는데, 원소의 상장군 안량이 조조 진영을 마구 휘저었다. 이때 관우가 나섰다. 이 싸움에서 관우가 큰 공을 세워 모든 장수들이 공로를 치하했다. 이때 관우는 겸손하게 답했다.

"저의 재주는 그리 칭찬할 만한 게 못됩니다. 제 아우 장익덕(장비)은 백만의 적진에서도 적장의 목 취하기를 제 주머니 속의 물건 꺼내듯〔囊中取物〕합니다."

[예문] 농구 선수가 골을 넣기를 낭중취물처럼 한다면 프로급이라 할 수 있다.

[유의어] 탐낭취물探囊取物

[출전] 《삼국연의(三國演義)》

087 내우외환 内憂外患

內(안 내) 憂(근심할 우) 外(밖 외) 患(근심 환)
내부에서 일어나는 근심과 외부로부터 받는 근심을 이르는 말.

[유래] 춘추시대, 제나라 환공桓公이 음식을 들지도 않으며 외전에서만 지내자, 궁녀들을 관장하는 여관女官이 말했다. "너희들은 외전에 나가서 임금을 모시도록 하여라. 곧 거동하실 것이다."

궁녀들이 환공에게 가자 환공은 화를 내며 말했다. "내가 곧 거동하리라는 소리를 누가 하더냐?" 궁녀들은 여관에게서 그런 분부를 들었다고 대답했다.

환공은 곧 그 여관을 불러 그 까닭을 물었다. 이에 여관은 다음 같이 대답했다. "저는 임금께서 내우內憂가 있거나 외환外患이 있으면 외전에서 주무시고 음식을 들지 않으신다고 들었습니다. 이제 임금께서 외전에서 주무시며 음식을 들지 않으시는 것은 다른 내우는 없으나, 필시 외환이 있기 때문일 것입니다〔君外舍而不鼎饋, 非有內憂, 必有外患〕. 그래서 저는 임금께서 곧 거동하시리라 생각하였던 것입니다." 이에 환공은 그 여관의 말을 귀히 여겼다.

[예문] 요즘 내우외환이 겹쳐 사소한 일에 신경 쓸 겨를이 없다.
[출전] 《국어(國語)》, 〈진어(晉語편)〉

088 내유외강 內柔外剛

內(안 내) 柔(부드러울 유) 外(밖 외) 剛(굳셀 강)
겉으로는 강해 보이지만 속은 여리다는 뜻.

[예문] 말과 행동이 거친 사람일수록 내유외강인 경우가 많다.
[유의어] 외강내유 外剛內柔

089 노마십가 駑馬十駕

駑(둔할 노) 馬(말 마) 十(열 십) 駕(멍에 가)
우둔한 말이 열흘 동안 수레를 끌고 다닌다는 뜻으로, 재주 없는 사람이라도 열심히 노력하면 훌륭한 사람에 미칠 수 있음을 비유한 말.

[유래] 노나라에 세 아들을 둔 사람이 있었는데, 첫째는 성품이 온순했으나 발을 절었고, 둘째는 기이한 성품에 몸이 온전했으며, 막내는 행동이 경박스러웠으나 몸이 날래고 용맹했다. 어느 날 이들 삼형제는 산에 올랐다. 둘째와 막내는 자신들의 재주만 믿고 이리저리 돌아다니다가 산 중턱에 겨우 당도했을 무렵 어둠이 내렸다. 그때 첫째는 쉬지 않고 걸어 정상에 올랐고 다음 날 새벽에는 일출 광경까지 보고 돌아왔다. 이들이 집에 돌아오자 아버지는 자식들로부터 자초지종을 듣고는 이렇게 말하였다. "자로의 용맹과 염구의 재주로도 끝내 공자의 경지에 이르지 못하였으나 노둔한 증자曾子는 마침내 이르렀으니, 너희들은 이 점을 기억해라."

[예문] 총명한 머리로도 노력하지 않으면 노마십가를 이길 수 없다.
[출전] 《순자(荀子)》

090 노마지지 老馬之智

老(늙을 노) 馬(말 마) 之(어조사 지) 智(슬기 지)
늙은 말의 지혜. 아무리 하찮은 것일지라도 장점을 지니고 있음을 뜻함.

[유래] 춘추시대 오패五霸의 한 사람이었던 제나라 환공桓公 때, 환공은 명재상 관중管仲과 대부 습붕隰朋을 데리고 고죽국孤竹國을 정벌하러 나섰다.

그런데 전쟁이 의외로 길어지는 바람에 그해 겨울에야 끝났다. 그래서 혹한 속에 지름길을 찾아 귀국하다가 길을 잃고 말았다. 진퇴양난進退兩難에 빠져 떨고 있을 때 관중이 말했다.

"이런 때 늙은 말의 지혜가 필요하다〔老馬之智可用也〕." 그러고는 즉시 늙은 말 한 마리를 풀어 놓았다. 그리고 전군이 그 뒤를 따라 행군한 지 얼마 안 되어 큰 길이 나타났다.

[예문] 유난히 조용해서 별로 재주가 없어 보이던 사람이 어느 날 노마지지를 발휘했다.
[유의어] 노마식도老馬識道, 노마지도老馬知道
[출전] 《한비자(韓非子)》, 〈세림(說林)〉

091 노심초사 勞心焦思

勞(일할 노) 心(마음 심) 焦(그을릴 초) 思(생각 사)
애를 쓰고 속을 태운다는 뜻.

[유래] 노심勞心은 '마음을 수고롭게 하다'라는 뜻으로, "어떤 사람은 마음을 수고로이 하며, 어떤 사람은 힘을 수고로이 하는 것이니, 마음을 수고롭게 하는 자는 사람을 다스리고, 힘을 수고롭게 하는 자는 사람에게 다스림을 받는다."는 맹자의 말에서 나왔고, 초사焦思는 '생각을 치열하게 하다'라는 뜻으로, 《사기》에 "오나라가 이미 월나라의 구천을 풀어주자 월왕 구천이 나라로 돌아와서 이에 몸을 수고롭게 하고 속을 태우면서 앉아 있는 자리 옆에 쓸개를 놓아두고 앉거나 누우면 쓸개를 바라보았으며 먹거나 마실 때 또한 쓸개를 맛보았다."라고 한 말에서 나왔다.

[예문] 결과는 하늘에 맡겨두고 너무 노심초사 하지 말자
[출전] 《맹자(孟子)》, 《사기(史記)》

092 노이무공 勞而無功

老(일할 노) 而(말 이을 이) 無(없을 무) 功(공 공)
수고는 하나 공이 없다는 뜻.

[유래] 《관자(管子)》에 다음과 같은 말이 있다.

"옳지 못한 것에 편들지 말라. 할 수 없는 것을 강제하지 말라. 알지 못하는 사람에게 이르지 말라. 이 같은 것을 가리켜 수고롭기만 하고 공은 없다고 하는 것[故曰:與不可, 強不能, 告不知,謂之勞而無功]이다."

[예문] 말귀를 못 알아듣는 사람 앞에서 긴 시간 설명하는 건 노이무공이다.

[유의어] 도로무익徒勞無益

[출전] 《관자(管子)》

093 논공행상 論功行賞

論(따질 론) 功(공 공) 行(행할 행) 賞(상줄 상)
공을 따져 알맞은 상을 주는 일을 뜻함.

[유래] 삼국시대 오나라의 고담은 명장 고옹顧雍의 손자였는데 손권은 가끔 그를 불러 그의 의견을 들었다. 어느 날 노나라 왕 손패孫覇가 오나라 태자 손화孫和와 같은 대우를 해주기를 손권에게 요구해 왔다. 고담은 역사상 형제간 싸움의 사례를 들어 손패의 요구를 억제하도록 손권에게 진언하였다.

손패는 역시 고담에게 악의를 품은 전기와 손을 잡고 고담을 실각시키기 위한 계략을 꾸몄다. 그 후 손권은 전종을 대장으로 삼아 위나라의 회남淮南으로 출병해 결전을 벌였으나 크게 패하여 10여 명의 장수를 잃었다.

당시 고담의 아우 고승顧承과 장휴張休의 두 부장部將은 수춘

壽春에서 작전 중이었는데, 패전 소식을 듣고 즉각 구하러 가서 위나라 왕릉의 군사를 저지했다. 전종의 두 조카 전서全緒와 전서全瑞도 오나라 군사의 부장으로서 종군하고 있었는데, 위나라 군사의 추격이 저지당했다는 것을 알고 반격했고 위나라 군사는 달아났다.

전투가 끝난 후 오나라 수도 건업建業에서 "공적을 조사하여 상을 주었는데 각각 차이를 두었다〔論功行賞 各有差〕." 위나라 군사를 저지한 공을 갑, 반격한 공을 을로 하였으므로, 고승과 장휴에게는 정장군正將軍의 칭호를, 두 전서에게는 편장偏將의 칭호를 내렸다.

[예문] 군주는 논공행상이 투명하고 정확해야 사람들이 믿고 따른다.

[출전] 《삼국지(三國志)》, 〈오서(吳書) 고담전(顧譚傳)〉

094 농와지경 弄瓦之慶

弄(가지고 놀 롱) 瓦(실패 와) 之(어조사 지) 慶(경사 경)
딸을 낳은 기쁨을 뜻함.

[유래] 옛날에 중국에서 딸을 낳으면 실패를 갖고 놀게 했다는 데서 유래했다.

[예문] 연이어 아들만 낳다가 이번에 겨우 농와지경을 맛보게 됐다.

[출전] 《시경(詩經)》

095 농장지희 弄璋之喜

弄(가지고 놀 롱) 璋(옥구슬 장) 之(어조사 지) 喜(기쁠 희)
아들을 낳은 기쁨을 뜻함.

[유래] 옛날에 중국에서는 아들을 낳으면 옥구슬을 선물한 데서 비롯된 고사.
[예문] 요즘은 농장지희가 예전처럼 크진 않다.
[출전] 《시경(詩經)》

096 눌언민행 訥言敏行

訥(말 더듬을 눌) 言(말씀 언) 敏(빠를 민) 行(행할 행)
말에는 더디고 행동에는 민첩함을 뜻함.

[유래] 공자는 "군자는, 언어에는 둔하여도 실천하는 데는 민첩해야 한다〔君子欲 訥於言 而敏行〕."라고 가르쳤으며, 수제자 안회顔回를 일컬어 "내가 안회와 종일토록 이야기를 하여도 어기지 않음이 못난이 같다〔吾與回言終日 不違如愚 오여회언종일 불위여우〕."고 했다.

[예문] 그 사람은 눌언민행한 진국이어서 선생이 여러 사람에게 좋게 소개한다.
[출전] 《논어(論語)》〈이인(里仁)〉

097 다기망양 多岐亡羊

多(많을 다) **岐**(갈림길 기) **亡**(잃을 망) **羊**(양 양)
길이 여러 갈래이면 양을 잃는다는 뜻으로, 학문의 길이 많아서 진리를 찾기가 어렵다는 의미.

[유래] 전국시대에 극단적인 개인주의를 주장했던 양자楊子가 살았다. 양자의 이웃집에서 양 한 마리가 달아났는데 양의 주인이 동네 사람들을 이끌고 양자의 하인까지 청하여 양을 쫓아가려 했다.

이에 양자가 "아! 한 마리 양을 찾는데 어찌 많은 사람들이 뒤쫓아 가는가?" 하고 물었다. 이웃집 사람이 말했다.

"도망간 쪽에는 갈림길이 많기 때문이오." 얼마 후 모두 지쳐서 돌아오자 양자가 다시 양을 찾았느냐 물었다.

이웃집 사람은 "갈림길이 하도 많아서 그냥 되돌아오고 말았습니다." 했다. 이어서 "예, 갈림길에 또 갈림길이 있는지라 양이 어디로 달아났는지 통 알 길이 없었습니다."라고 답했다. 양자는 그 말을 듣고 침통했다.

제자인 심도자心都子는 "단 한 마리의 양이라 할지라도, 갈림길에서 또 갈림길로 헤매어 들어가서 찾다가는 결국 양을 잃어버리고 만다. 학자는 다방면多方面으로 배우기 때문에 본성을 잃는다. 학문이란 원래 근본은 하나였는데 그 끝에 와서 이 같이 달라지고 말았다. 그러므로 하나인 근본으로 되돌아가면 얻는 것도 잃는 것도 없다'고 생각하시고 그렇지 못한 현실을 안타까워하시는 것이리라." 하고 스승 양자의 뜻을 헤아뢨다.

[예문] 다기망양인 까닭에 공부는 하면 할수록 어렵다.
[유의어] 망양지탄亡羊之歎
[출전] 《열자(列子)》, 〈설부편(說符篇)〉

098 다다익선 多多益善

多(많을 다) 多(많을 다) 益(얻을 익) 善(착할 선)
많으면 많을수록 좋다는 뜻.

[유래] 한나라 고조 유방劉邦은 천하 통일의 일등 공신인 초왕 한신韓信을 위험한 존재로 여겼다.
그래서 계략을 써 그를 포박한 후 회음후淮陰侯로 좌천시키고 도읍 장안長安을 벗어나지 못하게 했다.

어느 날, 고조는 한신과 여러 장군들의 능력에 대해서 이야기를 나누던 끝에 이렇게 물었다.

"내가 몇 만의 군사를 통솔할 수 있는 장수감이라고 생각하오?" "폐하께서는 한 10만쯤 거느릴 수 있으실 것으로 생각하나이다." "그렇다면 그대는 얼마나 거느릴 수 있을꼬?" "예, 신臣은 '다다익선'이옵니다." 고조는 한신의 답을 듣고 호탕하게 웃으며 물었다.

"다다익선이라는 그대가 어찌 10만을 거느릴 장수감에 불과한 과인의 포로가 되었는고?"

한신은 이렇게 대답했다.

"폐하께서는 병사의 장수가 아니오라 장수의 장수이시옵니다. 이것이 신이 폐하의 포로가 된 이유의 전부이옵니다."

[예문] 내 뜻을 알아주는 친구는 다다익선이다.
[유의어] 다다익판多多益辦
[출전] 《사기(史記)》

099 단사표음 簞食瓢飮

簞(도시락 단) 食(밥 사) 瓢(표주박 표) 飮(마실 음)
도시락에 담은 밥과 표주박 물을 뜻하며, 청빈하고 소박한 생활을 비유하여 이르는 말.

[유래] 공자가 그의 제자 안회를 일컬어 이렇게 칭찬했다.
"어질도다, 안회여. 한 소쿠리의 밥과 한 표주박의 물로 누추한 곳에 거처하며 산다면, 다른 사람은 그 근심을 견디어내지 못하거늘 안회는 즐거움을 잃지 않는구나. 어질도다 안회여〔賢哉回也 一簞食一瓢飮在陋巷 人不堪其憂 回也不改其樂 賢哉回也〕."

[예문] 오늘날 학문에 힘쓰며 단사표음하는 선생이 있다면 모두 존경해마지 않을 것이다.
[유의어] 일단사일표음一簞食一瓢飮, 단표누항簞瓢陋巷
[출전] 《논어(論語)》, 〈옹야편(雍也篇)〉

100 단순호치 丹脣皓齒

丹(붉을 단) **脣**(입술 순) **皓**(흴 호) **齒**(이 치)
붉은 입술과 흰 이로 미인의 얼굴을 비유함.

[유래] 하나라 말엽, 포향褒珦이 주유왕의 난폭함을 간하다가 옥에 갇혀 3년을 보내게 되었는데, 그 아들 호경鎬京이 포사를 사대에게 비단 300필을 주고 사서 주유왕에게 바치고 아버지를 구했다. 주유왕은 포사에게 흠뻑 빠져버렸는데 포사는 잘 웃지 않아 왕이 근심했다. 포사를 웃기려고 별별 일을 다해보아도 소용이 없었는데, 어느 날 실수로 거짓 봉화를 울려 사람들이 우왕좌왕하자 포사가 단순호치丹脣皓齒를 드러낸 모습으로 웃었다. 이를 주유왕이 보고는 그 후로 거짓 봉화를 여러 번 남발했다. 그러다 견융족이 침략했을 때 아무도 봉화를 믿지 않아 나라가 멸하고 말았다.

[예문] 요즘 소녀 가수 그룹이 나와 단순호치를 드러내니 뭇 사내들은 정신을 차리지 못한다.
[유의어] 경국지색 傾國之色

101 단장취의 斷章取義

斷(끊을 단) **章**(글 장) **取**(취할 취) **義**(옳을 의)
문장의 일부를 끊어서 자기 입장에 맞도록 본래의 뜻을 왜곡해 사용함을 뜻함.

[유래] 제나라의 대부 최저와 경봉은 공모해 제나라 장공莊公을 죽이고, 장공의 이복동생인 저구杵臼를 제나라 경공景公으로 세웠다. 장공에게는 노포계盧蒲癸와 왕하王何라는 충신이 있었는데, 그들은 장공이 변을 당하자 다른 나라로 피신하였다. 노포계는 피신하기 전에 동생 노포별을 불러 경봉의 신임을 얻어 후일 자신을 다시 불러달라고 당부했다.

경봉은 노포별을 총애하게 되었고 얼마 후, 경봉은 거의 모든 일을 아들 경사慶舍에게 맡긴 채 처첩妻妾들에게 빠져 살았다. 어느 날 경봉은, 나라에 죄를 짓고 다른 나라로 도망한 자들을 귀국하도록 명령을 내렸다. 노포별은 형 노포계에게 알려 그를 귀국하게 했다. 노포계는 귀국하여 경봉의 아들 경사의 부하가 되어 총애를 받고, 후에는 그의 사위가 되었다. 노포계의 아내 경강慶姜은 남편의 행동을 이상하게 생각해 무슨 연유로 그러는지 물었다.

노포계는 경慶 씨 일가를 멸하여 장고의 복수를 하겠다고 했다. 경강은 남편의 말을 듣고는 거사擧事를 돕겠노라 했다. 경강은 결국 노포계의 복수를 성사시켰다. 그 후, 사람들이 노포계에게 물었다.

"경씨와 노씨는 모두 강姜 씨의 후예인데, 그대는 어찌하여 경강을 아내로 삼았소?" 그러자 노포계는 말했다. "경사가 종씨를 피하지 않고 딸을 나에게 시집보냈는데, 내 어찌 피할 수 있겠소? 사람들이 시詩를 읊을 때 필요한 구절만 부르고 하니, 나도 필요한 것만 취하는 것뿐이지[賦詩斷章, 余取所求焉], 종씨 따위는 알 바 아니오."

[예문] 기사를 쓸 적에 정부에 아첨하는 내용만 단장취의하는 신문사는 언론의 기능을 할 수 없다.
[유의어] 인경거전 引經據典
[출전] 《춘추좌전(春秋左傳)》

102 당동벌이 黨同伐異

黨(무리 당) 同(한 가지 동) 伐(칠 벌) 異(다를 이)
옳고 그름을 가리지 않고 같은 사람은 편들고, 다른 파의 사람을 배격하는 것을 말함.

[유래] 후한 말, 황태후의 외척들과 환관, 유학자 집단이 서로 권력 다툼을 벌였는데, 이때 자기와 당파가 다른 사람들은 무조건 배척했다. 환관당은 외척 세력을 궤멸시키고, 지식인당에 대해서도 철저한 탄압을 가했다. 그 결과 정치를 맡아 보아야만 할 지식인 관료층이 황실을 저버리게 되어 후한 왕조는 자멸하게 되었다.
[예문] 오늘날 정치인들은 당동벌이에 여념이 없다.
[출전] 《후한서(後漢書)》, 〈당고전(黨錮傳)〉

103 당랑거철 螳螂拒轍

螳(사마귀 당) 螂(사마귀 랑) 拒(막을 거) 轍(수레바퀴 자국 철)
사마귀가 앞발을 들고 수레바퀴를 가로막는다는 뜻으로, 자기 분수도 모르고 강적에게 항거하거나 덤비는 무모한 행동을 비유하는 말.

[유래] 《장자莊子》의 〈천지편天地篇〉에 다음과 같은 이야기가 있다. 장여면將閭勉이 계철季徹에게 이렇게 말했다.

"노군魯君이 내게 가르침을 달라 청했습니다. 내가 아무리 사양했지만 들어 주지 않으므로 할 수 없이 일러 주었습니다. 그러나 그 말이 이치에 맞는지 안 맞는지 알 수 없어 이제 시험 삼아 당신에게 아뢰어 잘못된 곳을 바로잡고자 합니다. 나는 노왕에게 반드시 공손하고 검소하며, 공명하고 충성스러운 사람을 뽑아 쓰고 아첨하거나 욕심을 부리지 않으면 어느 백성이 화목하지 않겠는가 여쭸습니다."

이에 계철은 껄껄 웃으면서 말했다.

"그대의 말은 임금의 덕에 견주어 마치 사마귀가 팔뚝을 내두르면서 수레바퀴를 향해 달려드는 것과 같은 것이니[螳螂當車轍], 반드시 그 책임을 이겨내지 못할 것이오."

[예문] 하찮은 실력으로 내게 덤비다니 당랑거철이 따로 없구나.
[유의어] 당랑지부螳螂之斧, 당비당거螳臂當車, 당랑당거철螳螂當拒轍, 당랑지력螳螂之力
[출전] 《장자(莊子)》, 〈천지편(天地篇)〉

104 당랑포선 螳螂捕蟬

螳(사마귀 당) 螂(사마귀 랑) 捕(잡을 포) 蟬(매미 선)
사마귀가 매미를 잡으려 한다는 뜻으로, 눈앞의 이익만을 보고 위험을 고려하지 않음을 비유하는 말.

[유래] 춘추시대, 오나라 왕 수몽壽夢은 나라를 잘 다스려 국력이 강해지자, 초나라를 공격하고자 했다. 문무 대신들은 당시 상황이 오나라에 유리할 것이 없다고 판단해 전쟁을 막으려 했다.

그러나 오왕은 "나의 출병을 막는 자는 모두 사형에 처하겠노라" 하고 선포했다. 당시 오왕에게는 젊은 시종이 있었는데, 어느 날 아침 오왕 수몽은 이슬에 흠뻑 젖은 채 꼼짝 않고 나뭇가지만을 바라보고 있는 시종을 발견하고 물었다.

"이른 아침에 옷을 다 적시면서 여기에서 무엇을 하고 있느냐?" "아룁니다. 저는 방금 나무에서 울고 있는 매미 한 마리를 보았습니다. 그 매미는 사마귀가 몸을 웅크린 채 바로 그 뒤에 있는 것을 모르고 있었습니다. 그런데 그 사마귀의 뒤에는 또 참새가 목을 길게 빼고 사마귀를 노려보고 있었습니다〔螳螂捕蟬, 黃雀在後〕. 바로 이 순간 저는 활을 들어 참새를 겨누고 있었던 것입니다. 매미, 사마귀, 참새는 모두 눈앞의 먹이만을 생각했지 등 위의 위험을 알지 못했던 것입니다."

오왕은 이 이야기를 듣고 비로소 크게 깨닫고, 초나라를 공격하려던 생각을 포기했다.

[예문] 당장 이익을 따져 부실공사를 하면 당랑포선의 처지에 놓인다.

[유의어] 당랑재후螳螂在後, 소탐대실小貪大失

[출전] 《한시외전(韓詩外傳)》, 〈정간(正諫)〉

105 대기만성 大器晩成

大(큰 대) 器(그릇 기) 晩(늦을 만) 成(이룰 성)
큰 그릇은 늦게 이루어진다는 뜻으로, 큰 인물이 될 사람은 늦게 이루어짐을 비유하는 말.

[유래] 삼국시대, 위나라에 최염崔琰이란 유명한 장군이 있었다. 그런데 그의 사촌 동생인 최림崔林은 출세를 못하고, 일가친척들로 부터도 멸시를 당했다. 하지만 최염만은 그런 최림의 인물됨을 꿰뚫어보고 이렇게 말했다.

"큰 종鐘이나 솥은 그렇게 쉽사리 만들어지는 게 아니네. 큰 인물도 대성하기까지는 오랜 시간이 걸리지. 자네도 그처럼 대기만성 형이야. 틀림없이 큰 인물이 될 것이네." 그 말대로 최림은 후일 천자天子를 보좌하는 삼공三公이 되었다.

[예문] 그는 마흔이 넘어 입신한 대기만성 형이다.
[유의어] 대기난성大器難成, 대재만성大才晩成
[출전] 《삼국지(三國志)》, 〈위지(魏志)〉

106 대동소이 大同小異

大(클 대) 同(같을 동) 小(작을 소) 異(다를 이)
거의 같고 조금 다름을 뜻함.

[유래] 장자는 묵가墨家와 법가法家 등이 내세운 학설의 논점을

비판하고 도가사상을 내놓은 뒤 뒷부분에 친구인 혜시惠施의 논리학을 소개하고 자기 의견을 덧붙였다. 대동소이라는 말도 혜시의 말이다. 장자는 다음과 같이 말했다.

"혜시惠施의 저술은 다방면에 걸쳐 다섯 수레나 되는데 그의 도는 복잡하고, 그의 생각은 만물에 걸쳐 있다. 그는 말했다. '지극히 커서 밖이 없는 것을 대일大一이라 하고, 지극히 작아서 속이 없는 것을 소일小一이라 한다. 두께가 없는 것小一은 쌓아올릴 수가 없지만, 그 크기는 천리나 된다. 하늘은 땅과 더불어 낮고, 산은 못澤池과 같이 평평하다. 해는 장차 중천에 뜨지만 장차 기울고, 만물은 장차 태어나지만 또한 장차 죽는다. 크게 보면 같다가도 작게 보면 다르니〔大同而與小同異〕이것을 소동이小同異라 하고, 만물은 모두 같기도 하고 다르기도 하니〔萬物畢同畢異〕이것을 대동이大同異라 한다. 남쪽은 끝이 없음과 동시에 끝이 있고, 오늘 남쪽의 월나라로 간 것은 어제 월나라에서 온 것이다. 꿰어 있는 고리도 풀 수가 있다. 나는 천하의 중심을 알고 있다. 연燕나라의 북쪽이며 월나라의 남쪽이 그 곳이다. 만물을 넓게 차별 없이 사랑하면 천지天地도 하나가 된다.' 혜시는 자기가 천하를 달관한 자라고 자부하여, 이로써 여러 사람을 가르쳤다."

[예문] 한여름에 휴가를 떠나는 거나 집에서 쉬는 거나 덥기는 대동소이하다.
[유의어] 오십보백보五十步百步, 피차일반彼此一斑
[출전] 《장자(莊子)》, 〈천하편(天下片)〉

107 대우탄금 對牛彈琴

對(대할 대) 牛(소 우) 彈(튀길 탄) 琴(거문고 금)
소 앞에 대고 거문고를 탄다는 뜻으로, 어리석은 사람은 아무리 도리를 가르쳐도 알아듣지 못함을 이르는 말.

[예문] 말귀를 알아듣지 못하는 사람 앞에서 아무리 설명해봐야 대우탄금이다.

[유사] 마이동풍馬耳東風, 우이독경牛耳讀經

[출전] 《홍명집(弘明集)》, 〈이혹론(理惑論)〉

108 대의멸친 大義滅親

大(클 대) 義(옳을 의) 滅(멸할 멸) 親(친할, 육친 친)
대의를 위해서는 친족도 멸한다는 뜻으로, 국가나 사회의 대의를 위해서는 부모 형제의 정도 돌보지 않는다는 의미.

[유래] 춘추시대 주나라 환왕桓王 때의 일이다. 위나라에서는 공자 주우州吁가 이복형제인 환공桓公을 시해하고 군후의 자리에 올랐다. 오래 전부터 충신으로 이름난 대부 석작은 일찍이 주우가 반역을 꾀한다는 걸 알고 아들인 석후石厚에게 주우와 절교하라고 했으나 듣지 않았다. 반역은 성공했으나 백성들의 반응이 좋지 않자 주우가 석후에게 물었다.

"민심이 아직도 안정되지 않으니 어쩌면 좋겠는가?" 이에 석후는 답했다. "신의 아비 석작은 원래 백성들의 신임이 대단했으므로 백성을 쉽사리 복종시켰습니다. 신의 아비를 부르사, 나라 정사를 맡기면 주공의 임금 자리가 반드시 안정될 것입니다." 그러고는 아버지인 석후에게 가서 새로 오른 왕을 섬겨 달라고 청했다.

이에 석작은 "먼저 주 왕실과 각별한 사이인 진나라 진공을 통해서 청원하도록 해라. 그러면 진공께서 선처해 주실 것이다." 했다. 주우와 석후가 진나라로 떠나자 석작은 진공에게 밀사를 보내어 편지를 전했다.

그 편지는 석작의 혈서로 "바라옵건대, 주군主君을 시해한 주우와 석후를 잡아 죽여 대의를 바로잡아 주시 오소서."라고 적혀 있었다. 진나라에서는 그들 두 사람을 잡아 가둔 다음 위나라에서 파견한 입회관이 지켜보는 가운데 처형했다고 한다.

[예문] 정치인은 혈연과 지연을 끊고 대의멸친의 자세로 국정에 임해야 한다.

[출전] 《춘추좌씨전(春秋左氏傳)》

109 도견상부 道見桑婦

道(길 도) 見(볼 견) 桑(뽕나무 상) 婦(아녀자 부)
길에서 뽕을 따는 여자를 보고 사통한다는 뜻으로, 일시적인 이익을 구하려다가 결국에는 갖고 있던 것까지 모두 잃게 됨을 비유하는 말.

[유래] 춘추시대에 진나라 문공文公은 나라 밖으로 나가 제후들을 모아 위나라를 정벌하려고 했다. 그때 공자 서鋤가 하늘을

보며 크게 웃었다. 문공은 그 까닭을 물었다.

서가 말했다. "신이 웃는 것은, 이웃 사람 중에 그 아내가 친정 나들이를 가는 것을 배웅하는 자가 있었는데, 길에서 뽕나무를 잡고 어떤 여자를 보고 즐겁게 이야기하다가 자신의 아내를 돌아보니, 그 아내 역시 손짓하여 부르는 남자가 있었습니다. 신은 이 남자의 일을 생각하고 웃은 것입니다."

문공은 그 말의 깊은 뜻을 알아채고 위나라를 정벌하려는 계획을 멈추고 돌아왔다. 문공이 미처 돌아오지 못했을 때, 진나라의 북쪽을 침략하는 자가 있었던 것이다.

[예문] 자기 것도 제대로 챙기지 못하고 도견상부하지 말아라.
[출전] 《열자(列子)》, 〈설부(說符)〉

110 도방고리 道傍苦李

道(길 도) 傍(곁 방) 苦(쓸 고) 李(오얏 리)
길가에 있는 쓴 자두열매라는 뜻으로, 남에게 버림받음을 비유하는 말.

[유래] 진나라의 왕융王戎이 일곱 살 때 다른 아이들과 함께 놀고 있었다. 그때 길가의 오얏나무에 열매가 맺혀 있는 것을 보았다. 다른 아이들은 그것을 따려고 황급히 달려갔다. 그런데 왕융 혼자만은 움직이지 않았다.

그래서 지나가는 사람이 물었다. "왜 너는 따러 가지 않느냐?" 왕융은 대답했다. "길가에 있는데, 저렇게 열매가 많이 매달려 있는 것은 틀림없이 써서 먹지 못할 자두임이 분명합니다." 아이들이 자두를 따서 먹어 보니 과연 그의 말대로 먹을 수 없는 것이었다.

[예문] 떨이로 내놓는 상품은 도방고리가 아닌지 잘 봐야 한다.
[출전] 《진서(晉書)》, 《세설신어(世說新語)》

111 도원결의 桃園結義

桃(복숭아 도) 園(동산 원) 結(맺을 결) 義(뜻 의)
복숭아 동산에서 의형제를 맺는다는 뜻으로, 뜻이 맞는 사람끼리 목적을 향해 합심할 것을 결의한다는 의미.

[유래] 후한 말 황건적黃巾賊의 난이 일어나 나라가 시끄러울 때 유비劉備는 선조의 왕조를 되찾겠다는 큰 뜻을 품고 관우, 장비와 더불어 "도원에서 세 사람이 향을 피우고 두 번 절하며 맹세하여 말하기를 생각하건대 유비, 관우, 장비는 비록 성씨는 다르나 형제가 되었으니 마음을 같이하고 힘을 합쳐 곤궁함을 구제하고 위태로움을 부축하여 위로는 국가에 보답하고 아래로는 백성을 편안하게 하리라." 하고 맹세하고 의형제를 맺었다.

[예문] 우리는 힘겨운 시기에 만나 도원결의한 사이다.
[유의어] 결의형제 結義兄弟
[출전] 《삼국지연의(三國志演義)》

112 도역유도 盜亦有道

盜(훔칠 도) 亦(또 역) 有(있을 유) 道(길 도)
도둑에게도 도둑의 도리가 있다는 뜻으로, 모든 것에는 합당한 도리가 있음을 비유한 말.

[유래] 춘추시대 유명한 도둑의 무리의 두목 도척은 도둑에게도 도道가 있다는 말을 했다. "도둑질하러 들어가 재물이 어느 방에 있는지 알아맞히는 것이 성聖이요, 앞에 나서 침입하는 것은 용勇이요, 훔치고 나올 때 맨 뒤에 서는 것은 의義요, 도둑질의 성공 여부를 잘 아는 것은 지知요, 훔친 것을 공정하게 분배하는 것은 인仁이다. 이 다섯 가지 도리를 갖추지 못하고서 큰 도둑이 된 일은 일찍이 천하에 없었다."

[예문] 도역유도라는 말이 있거늘 하물며 공부를 함에 도를 따지지 않는 건 어불성설이다.

[출전] 《장자(莊子)》, 〈거협(胠篋)〉

113 도천지수 盜泉之水

盜(도둑 도) 泉(샘 천) 之(어조사 지) 水(물 수)
아무리 목이 말라도 도둑 도 자가 들어 있는 이름의 샘물은 마시지 않는다는 뜻으로, 아무리 형편이 어렵려워도 부정한 짓은 할 수 없다는 의미.

[유래] 진나라 육기陸機가 지은 〈맹호행猛虎行〉이라는 시에는 다

음과 같은 구절이 있다. "아무리 목말라도 도천의 물은 마시지 않고, 아무리 더워도 악나무 그늘에선 쉬지 않노라. 나쁜 나무엔들 가지가 없겠느냐마는 뜻 있는 선비는 고심이 많구나."

[예문] 비리 공무원은 도천지수라는 말을 마음속에 아로새기지 못한 것이다.
[출전] 《문선(文選)》, 《설원(說苑)》, 〈설총(說叢)〉

114 도청도설 道聽塗說

道(길 도) 聽(들을 청) 塗(진흙 도) 說(말씀 설)
길에서 듣고 길에서 말한다는 뜻으로, 길거리에 떠돌아다니는 뜬소문을 의미하는 말.

[유래] 공자가 말했다. "길에서 듣고 길에서 말하는 것[道聽塗說]은 덕을 버리는 것과 것이다."
[예문] 요즘은 인터넷에 도청도설이 난무한다.
[유의어] 가담항설街談巷說, 구이지학口耳之學, 유언비어流言蜚語
[출전] 《논어(論語)》

115 독당일면 獨當一面

獨(홀로 독) 當(당할 당) 一(한 일) 面(낯 면)
혈혈단신 독자적으로 어느 한 부분을 담당할 수 있다는 뜻.

[유래] 유방은 팽성에서 항우에게 크게 패하고, 하읍下邑으로 퇴각했을 때, 유방은 매우 분에 찬 목소리로 장량에게 말했다. "내 한을 풀어주는 이에게 내가 함곡관函谷關 동쪽을 떼어 상으로 주고자 하는데, 그대가 보기에 그럴 만한 인재는 누군가?" 장량은 유방의 의도를 알아차리고 말했다.

"구강왕九江王 경포는 용맹한 초나라의 장군이지만 항우와 사이가 좋지 않고, 팽월은 제나라 왕 전영과 함께 양梁 땅에서 반란을 일으켰으니 이 두 사람에게 사람을 보내 연락을 취해야 합니다. 그리고 대왕의 장수들 가운데 오직 한신만이 큰일을 맡기면 한 방면을 담당할 수 있습니다〔獨當一面〕. 만약 그 지역을 떼어내어 상으로 주고자 하신다면 이 세 사람에게 주어야만 초나라를 쳐부술 수 있습니다."

[예문] 그만 한 잔당들은 내가 독당일면으로 해치울 수 있다.

[출전] 《유후세가(留侯世家)》

116 동공이곡 同工異曲

同(같을 동) 工(장인 공) 異(다를 이) 曲(가락 곡)
같은 악공끼리라도 곡조를 달리한다는 뜻으로, 겉만 다를 뿐 내용은 똑같다는 의미.

[유래] 국자 선생 한유가 자문자답 형식으로 쓴 《진학해 進學解》에 나오는 말이다. 한유는 절세의 문장가이면서도 출세에는 뜻이 없어 늦게까지 사문박사라는 관직에 머물러 있었다.

진학해에서 제자가 스승 한유에게 이렇게 묻는다. "선생님께서는 학문에 두루 능통하시고 문장은 옛날 대문장가들과 견주어 부족함이 없으며, 인격도 출중하신데 왜 공적으로는 세상의 신임을 받지 못하십니까?" 이에 한유는 이렇게 답한다.

"공자, 맹자 같은 성인도 세상에 뜻을 얻지 못하고 불행하게 생애를 마쳤는데 나 같은 삶은 그런 성인에 비할 수 없지만, 그래도 죄는 짓지 않고 살아 나라의 녹을 먹고 있지 않은가."

원래 '동공이곡'은 이렇듯 상대를 칭찬하는 말이었는데 지금은 같은 내용의 것을 다른 것처럼 보이게 꾸민 경우에 경멸하듯 말할 때 쓰인다.

[예문] 요즘 작가들 소설을 보면 비슷한 구성에 문체만 조금 달리 한 동공이곡과 같은 작품을 많이 지어낸다.

[유의어] 동공이체同工異體, 대동소이大同小異

[출전] 한유의 〈진학해 進學解〉

117 동병상련 同病相憐

同(같을 동) 病(병 병) 相(서로 상) 憐(불쌍히 여길 련)
같은 병을 앓는 사람들이 서로 불쌍히 여긴다는 뜻으로, 어려운 처지에 놓인 사람끼리 서로 동정하는 것을 비유하는 말.

[유래] 오나라의 공자 광光은 오자서伍子胥가 천거한 전저라는 자객을 시켜 오나라의 왕 요僚를 죽이고 왕위를 거머쥐었다. 공자 광光은 훗날 오왕 합려闔閭가 된다. 오자서는 몇 해 전,

초나라의 태자소부太子小傅 비무기費無忌의 모함으로 아버지와 맏형이 처형당하자 복수를 결심하고 오나라로 피신해 와 있었던 것이다. 오자서는 합려를 적극 도와 대업을 이루었다.

어느 날 백비라는 자가 오나라로 망명해왔다. 합려는 백비가 귀순해 왔다는 말을 듣고, 그를 맞아 들여 연회를 베풀었다. 백비가 초나라에서 자신이 겪은 일들을 이야기하자, 오자서는 그를 동정했다. 이때, 함께 연회에 참석하고 있던 대부 피리被離가 오자서에게 물었다.

"백비의 눈길은 매와 같고 걸음걸이는 호랑이와 같으니〔鷹視虎步〕, 필시 살인을 저지를 나쁜 관상인데, 대부께서는 왜 그를 그처럼 믿어주십니까?" 이에 오자서가 대답했다.

"그와 내가 같은 원한을 지니고 있기 때문입니다. 그대는 〈하상가河上歌〉에서는 '같은 병을 앓으니 서로 불쌍히 여기고, 같은 걱정이 있으니 서로 구하네. 놀라서 날아오르는 새들은 서로 따르며 날아가고, 여울을 따라 흐르는 물은 그로 인하여 다시 함께 흐르네〔同病相憐, 同憂相救. 驚翔之鳥, 相隨而飛. 瀨下之水, 因復俱流〕'라고 하였습니다."

오자서는 백비를 경계하라는 피리의 충고를 듣지 않다가, 후일 월나라에 뇌물로 팔린 백비의 간계로 자살하게 되었다.

[예문] 굶주려본 사람은 가난하고 헐벗은 이들에게 동병상련을 느껴 돕게 된다.

[유의어] 오월동주吳越同舟, 유유상종類類相從, 동주공제同舟共濟

[출전] 《오월춘추(吳越春秋)》, 〈합려내전(闔閭內傳)〉

118 동산재기 東山再起

東(동녘 동) 山(뫼 산) 再(다시 재) 起(일어날 기)
동산에서 다시 일어난다는 뜻으로, 은퇴한 사람이나 벼슬을 그만둔 사람이 재기해 다시 세상에 나옴을 이르는 말.

[유래] 동진 때 진무제의 대신인 사안이라는 사람이 있었다. 그는 젊었을 때부터 탁월한 재능 덕에 조정에서 불렀으나 매번 사양하고 초야에 묻혀 살았다.

당시의 정치 상황이 출사出仕하기에 알맞지 않았기 때문이다. 양주자사揚州刺史 유영庾永이 그의 평판을 듣고 몇 번이고 출사를 청하자 마지못해 관직에 들어갔지만 한 달 여만에 사임하고 돌아와 버렸다.

주위 사람들이 서운하게 여기자 사안은 "지금의 상황으로는 관직에 그대로 머무는 것이 신상에 해로울 것 같다."고 답했다. 그러다가 나이 마흔에 이르러, 환온桓溫이 청하자, 마침내 그의 휘하에 들어가 이부상서吏部尙書의 요직에까지 진급해 여러 가지로 활약해 명망이 더 깊어졌다.

[예문] 은퇴한 가수의 동산재기를 환영하고자 수많은 관중이 모였다.

[유의어] 권토중래 捲土重來

[출전] 《진서(晉書)》, 〈사안전(謝安傳)〉

119 동호지필 董狐之筆

董(바로잡을 동) 狐(여우 호) 之(어조사 지) 筆(붓 필)
'동호의 곧은 붓'이라는 뜻으로, 권세를 두려워하지 않는 정직한 기록을 일컫는 말.

[유래] 춘추시대 진나라의 사관史官이었던 동호董狐가 무서운 왕 양공의 위세도 두려워하지 않고 사실을 그대로 직필한 점을 공자가 칭찬한 데서 유래한다.

[예문] 법정에서는 판사가 기록하지 말라는 말까지도 낱낱이 기록하는 동호지필이 필요하다.

[유의어] 태사지간太史之簡

[출전] 《춘추좌씨전(春秋左氏傳)》

120 득롱망촉 得隴望蜀

得(얻을 득) 隴(고개 이름 롱) 望(바랄 망) 蜀(나라 이름 촉)
농서지방을 얻고 나니 촉을 갖고 싶어진다는 뜻으로, 인간의 욕심은 끝이 없음을 비유한 말.

[유래] 후한을 세운 광무제 유수劉秀가 처음으로 낙양에 입성해 이를 도읍으로 삼았을 무렵, 잠팽은 군사를 거느리고 광무제를 따라다녔다. 광무제는 잠팽에게 편지를 보내 "성이 함락되거든 곧장 군사를 거느리고 남쪽으로 촉나라 오랑캐를 쳐

라. 사람은 만족할 줄 모르기에 고통스러운 것이다. 이미 농을 쳤는데 다시 촉을 바라게 되니 말이다. 군사를 한번 출정시킬 때마다 머리가 희어진다."고 명령과 함께 자신의 감회를 밝혔다.

[예문] 사람의 욕심이 끝도 없으니 득롱망촉이라 하지 않던가.

[유의어] 망촉지탄望蜀之歎, 거어지탄車魚之歎

[출전] 《후한서(後漢書)》, 〈잠팽전(岑彭傳)〉

121 마각노출 馬脚露出

馬(말 마) 脚(틈 각) 露(드러낼 노) 出(날 출)
말 다리를 드러내 보인다는 뜻으로 숨기고 있던 꾀가 드러남을 의미하는 말.

[유래] 원나라에는 '진주조미'라는 민속놀이가 크게 유행했었다. 진주조미는 두 사람이 말 모양의 자루와 탈을 뒤집어쓰고 동작을 맞추어 춤을 추는 놀이다. 어느 날, 한 고을 태수가 진주조미 놀이를 보고 싶어했다. 놀이패는 열심히 연습해 태수 앞에서 한바탕 놀이를 펼쳤다. 그런데 그만 한 사람이 실수를 하는 바람에 말의 다리가 아닌 사람 다리가 밖으로 드러났다. 이를 보던 태수가 외쳤다. "마각이 드러나고 말았구나."

[예문] 점잖아 보이던 그가 어느 날 마각을 드러내고 다가와 농을 걸었다.

[출전] 《후한서(後漢書)》

122 마고소양 麻姑搔痒

麻(삼 마) 姑(시어미 고) 搔(긁을 소) 痒(가려울 양)
마고가 가려운 데를 긁는다는 뜻으로, 일이 뜻대로 됨을 이르는 말.

[유래] 한나라 환제 때 마고麻姑라는 선녀가 있었는데, 하루는 채경蔡經의 집에 머물게 되었다. 마고의 손톱은 새 발톱처럼

길었다. 채경은 마고의 손톱을 보며 속으로 이렇게 생각했다. "만일 등이 가려우면 이 손톱으로 긁으면 좋겠다〔得此爪以爬背〕." 선녀 방평方坪은 채경의 마음을 알고, 사람들을 시켜 그를 끌어다 채찍질을 하고는 이렇게 말했다.

"마고는 선녀이다. 어찌 마고의 손톱으로 등을 긁을 수 있을 것이라는 생각을 했느냐?"

[예문] 노력 없이 성공하고자 하는 건 마고소양을 노리는 것과 같다.
[유의어] 마고파양麻姑爬痒
[출전] 《신선전(神仙傳)》, 〈마고(麻姑)〉

123 마부작침 磨斧作針

磨(갈 마) 斧(도끼 부) 作(만들 작) 針(바늘 침)
도끼를 갈아 바늘을 만든다는 뜻으로, 아무리 어려운 일이라도 끈기 있게 노력하면 된다는 의미.

[유래] 당나라 때 이백李白은 어린 시절을 촉에서 보냈다. 그리고 젊은 시절에는 사천성 각지의 산을 떠돌기도 하였다. 이때 이백이 공부에 싫증이 나 산에서 내려와 돌아오는 길에 한 노파가 냇가에서 바위에 도끼를 갈고 있는 모습을 보게 되었다. "할머니, 지금 무엇을 하고 계신 것입니까?" "바늘을 만들려고 한단다〔磨斧作針〕." 이 말을 들은 이백은 기가 막혀서 웃었다. 그러자 노파가 이백을 꾸짖으며 말했다. "비웃을 일이 아

니다. 중도에 그만두지만 않는다면 언젠가는 이 도끼로 바늘을 만들 수가 있단다."

이 말을 들은 이백은 크게 깨달아 그 후로는 한 눈 팔지 않고 공부를 열심히 해 대문장가가 됐다.

[예문] 마부작침의 자세로 하루하루 열심히 노력한다면 자기가 일하는 분야에서 최고가 될 수 있다.

[유의어] 마철저이성침 磨鐵杵而成針, 마철저 磨鐵杵, 철저성침 鐵杵成針, 우공이산 愚公移山, 수적석천 水滴石穿

[출전] 《방여승람(方輿勝覽)》, 《당서(唐書)》

124 마이동풍 馬耳東風

馬(말 마) 耳(귀 이) 東(동녘 동) 風(바람 풍)
말의 귀에 동풍을 불어봤자 느끼지 못한다는 뜻으로, 남의 비평을 조금도 귀담아 듣지 아니하고 흘려버림을 이르는 말.

[유래] 왕거일 王去一이 〈한야독작유회〉라는 시에 대해 이백이 〈답왕십이한독작유회〉를 읊어 답했다. "세상 사람들은 우리가 지은 시부를 들어도 모두 머리를 흔들 것이네. 마치 동풍이 말의 귀를 스치는 것 같이〔世人聞此皆掉頭. 有如東風射馬耳〕."

[예문] 빗나가는 소년을 꾸짖어봤지만 마이동풍이었다.

[유의어] 우이독경 牛耳讀經, 대우탄금 對牛彈琴

[속담] 쇠귀에 경 읽기. 말의 귀에 봄바람 부나마나.

[출전] 〈답왕십이한야독작유회(答王十二寒夜獨酌有懷)〉

125 마중지봉 麻中之蓬

麻(삼 마) 中(가운데 중) 之(어조사 지) 蓬(쑥 봉)
땅에서 자라는 쑥도 똑바로 뻗는 삼 속에서 나면 곧게 자라듯 사람도 환경이 중요함을 이르는 말.

[예문] 자식이 잘되길 바란다면 마중지봉이란 말을 가슴에 새겨 부모가 우선 본을 보여야 한다.
[유의어] 귤화위지橘化爲枳, 근묵자흑近墨者黑, 남귤북지南橘北枳
[출전] 《순자(荀子)》

126 막역지우 莫逆之友

莫(없을 막) 逆(거스를 역) 之(어조사 지) 友(벗 우)
서로의 뜻을 거스를 수 없을 만큼 친밀한 벗을 뜻하는 말.

[예문] 자사子祀, 자여子輿, 자려子犁, 자래子來 네 사람이 서로 이야기를 나누었다.
"누가 과연 능히 없는 것으로 머리로 여기고, 삶을 등뼈로 여기고, 죽음을 뒤꽁무니로 여길 수가 있겠는가? 또 누가 죽음과 삶(生死)과 있음과 없음(存亡)이 하나임을 알고 있을까? 나는 그런 사람과 벗이 되고 싶도다." 이렇게 말하고 나서 네 사람은 서로 마주보며 웃더니, 마음에 거슬림이 없어서 마침

내 서로 벗이 되었다.

[예문] 그 두 사람은 어려서부터 막역지우였다.
[유의어] 관포지교管鮑之交, 문경지교刎頸之交
[출전] 《장자(莊子)》, 〈대종사(大宗師)〉

127 만사휴의 萬事休矣

萬(일만 만) 事(일 사) 休(쉴 휴) 矣(어조사 의)
만 가지 일이 끝장이 라는 뜻으로, 모든 일이 전혀 가망 없는 절망과 체념 상태임을 이르는 말.

[유래] 당나라가 망하고 난 후 오대십국시대에 열 나라 중에는 형남과 같은 보잘것없는 작은 나라도 있었는데, 이 나라는 고계흥高季興이 세운 나라이다. 고계흥에게는 아들 종회從誨와 보욱保勖이 있었다. 종회는 보욱을 분별없이 사랑했고 보욱은 안하무인이었다. 그가 아직 어렸을 때 버릇없는 보욱을 보고 주위 사람이 그를 꾸짖으며 노한 눈으로 바라본 적이 있는데, 보욱은 그저 실실 웃기만 하는 것이었다. 이 사실을 안 백성들은 이렇게 생각했다. '모든 일이 끝장났다萬事休矣.' 고보욱은 왕위에 오르자 나라 일은 등한시하고 사치와 방탕에 빠져 지냈고 오래지 않아 형남은 멸망하고 말았다.

[예문] 리더가 마음을 바로 세우지 않으면 직원이 열심히 일해도 만사휴의를 면하기 어렵다.

[유의어] 능사필의能事畢矣, 도로무공徒勞無功

[출전] 《송사(宋史)》,〈형남고씨세가(荊南高氏世家)〉

128 만전지책 萬全之策

萬(일만 만) 全(온전할 전) 之(어조사 지) 策(꾀 책)
만전을 기하는 계책이란 뜻으로, 허점이 전혀 없는 완전한 대책을 이르는 말.

[유래] 후한 말기 위나라 조조의 군대와 북방의 원소가 대치하고 있었다. 이때 원소의 군대는 10만 명이나 되는 데 반해 조조의 군대는 3만 명밖에 안됐는데도 형세는 원소에 불리한 상황이었다. 그래서 형주 목사 유표에게 도움을 청했다. 유표는 말로는 도와주겠다고 하고는 팔짱을 끼고 관망만 하고 있었다. 보다 못한 유표의 측근인 하승과 유선이 진언했다. "조조는 반드시 원소군을 격파하고, 그 다음엔 우리를 공격해 올 것입니다. 우리가 아무 일도 하지 않은 채 관망만 하고 있으면 양쪽의 원한을 사게 됩니다. 그러므로 강력한 조조를 따르는 것이 현명한 만전지책萬全之策이 될 것입니다."

그러나 유표는 이 말을 듣지 않고 주춤거리다가 조조에게 화를 당하고 말았다.

[예문] 전 세계적인 불경기이므로 경제정책에 만전지책을 세워야 한다.

[출전] 《후한서(後漢書)》,〈유표전(劉表傳)〉

129 망국지음 亡國之音

亡(망할 망) 國(나라 국) 之(어조사 지) 音(소리 음)
나라를 망하게 하는 음악이란 뜻으로, 음란하고 사치한 음악과 애조를 띤 음악을 의미하는 말.

[유래] 《예기禮記》에 "음악은 사람의 마음에서 생겨나는 것이다. 마음이 움직이는 대로 소리로 나타나는 것이다. 소리를 글로 나타낸 것을 음악이라고 한다. 그런 까닭에 세상이 잘 다스려지고 있을 때는 화평하고 즐거운 음악이 생겨나니, 정치가 바로 행해지기 때문이다. 그러나 세상이 어지러울 때는 원망하고 분노에 찬 음악들이 생겨나니, 그것은 정치가 바르게 행해지지 않기 때문이다. 나라를 망치는 음악은 슬픈 마음이 일어나게 하니, 그 백성이 곤궁하기 때문이다."

[예문] 그 어떤 음악가도 자기 작품이 망국지음이라 일컬어지길 원치는 않을 것이다.

[유의어] 정위지음鄭衛之音

[출전] 《예기(禮記)》

130 망매해갈 望梅解渴

望(바랄 망) 梅(매화나무 매) 解(풀 해) 渴(목마를 갈)
매실은 시기 때문에 상상하는 것만으로도 침이 돌아 해갈이 된다는 뜻으로, ① 매실의 맛이 아주 심 ② 공상으로 마음의 위안을 얻음을 이르는 말.

[유래] 한여름에 위나라의 조조 군대가 행군을 하고 있었다. 병사들은 모두 지쳐 있었다. 갈증으로 목이 타는데 마실 물은 다 떨어지고 없었다. 이제는 한 발짝도 나아가지 못할 만큼 모두 지치고 목말라했는데 샘까지 다다르려면 한참을 더 걸어야만 했다.

이에 선두에 섰던 조조는 문득 계책을 하나 생각해내고는 큰 소리로 외쳤다. "모두들 힘을 내라. 조금만 더 참아라. 여기서 가까운 곳에 매화나무 숲이 있다. 거기엔 가지가 휘도록 매실이 주렁주렁 달려있다고 한다. 거기 가서 우리 모두 갈증을 풀어보자〔前有大梅林饒子 甘酸可以解渴〕."

매실 이야기를 듣자 병사들의 입 안에 침이 고였다. 기운을 되찾은 장병들은 무더위에 땀을 뻘뻘 흘리면서도 질서정연하게 진군을 할 수 있었다.

[예문] 망매해갈이라고는 하나 머릿속에 아무리 산해진미를 떠올려도 배불러지지는 않는다.

[유의어] 매림지갈梅林止渴

[출전] 《삼국지연의(三國志演義)》

131 망양보뢰 亡羊補牢

亡(달아날 망) 羊(양 양) 補(도울 보) 牢(우리 뢰)
양을 잃고 우리를 고친다는 뜻으로, 일을 그르친 후엔 뉘우쳐도 늦다는 말.

[유래] 전국시대, 초나라의 군주 경양왕頃襄王은 노는 것만 즐기

고 간신들을 중용하여 나라 꼴이 엉망이었다.

이에 장신莊辛은 경양왕에게 국정을 제대로 보살펴달라고 진언했는데 왕은 그런 그의 말을 무시하고 말았다. 그런 뒤 진나라가 초나라를 침략해 양왕은 성양으로 망명을 하게 되었다. 그제사 비로소 양왕은 장신의 말을 깨닫고는 즉각 사람을 보내 장신을 불러오게 했다.

"과인이 애당초 그대의 말을 들었다면 오늘 이 지경에 이르지는 않았으련만, 지금 후회를 해도 소용이 없겠으나 그래도 이제 과인이 어찌해야 좋을지 알려 줄 수 없겠소?" 이에 장신이 느긋이 대답을 했다. "토끼를 발견하고 머리를 돌이켜 사냥개를 시켜도 늦지 않은 것이고 양이 달아난 뒤 다시 우리를 고쳐도 늦질 않은 것입니다."

이 말은 처음에는 이렇듯 늦었어도 후에 조치를 취하면 괜찮다는 말에서 유래했으나 지금은 부정적인 의미로 쓰인다.

[예문] 도둑 들고서 자물쇠를 고치니 망양보뢰라 할 수 있다.
[유의어] 망우보뢰亡牛補牢
[속담] 소 잃고 외양간 고친다.
[출전] 《전국책(戰國策)》, 〈초책(楚策)〉

132 망양지탄 望洋之歎

望(바랄 망) 洋(바다 양) 之(어조사 지) 歎(탄식할 탄)
넓은 바다를 보고 탄식한다는 뜻으로, 힘이 미치지 못한 것이나 능력이 부족한 것을 개탄함을 비유한 말.

[유래] 하백河伯은 황하의 신으로 전설처럼 전해진다. 어느 날 하백은 바다를 보고 한숨 지으며 말했다.

"옛말에 '백쯤의 도를 듣고 천하에 저보다 나은 자가 없다고 생각한다'고 하더니, 바로 나를 두고 한 말인가 하오. 또한 나는 일찍 공자의 학문을 적게 여기고 백이伯夷의 절의節義를 가벼이 여기는 사람이 있다는 말을 듣고 처음에는 그 말을 믿지 않았더니, 이제 당신의 그 끝없음을 내 눈으로 보게 되니, 만일 내가 당신의 문 앞에 나오지 않았더라면, 길이 대방가(큰 도를 얻은 사람)의 웃음거리가 될 뻔했소."

[예문] 대통령의 실정에 불만을 터뜨려보지만 들을 생각을 하지 않으니 망양지탄이 되어버리고 만다.

[유의어] 망양흥탄望洋興歎

[출전] 《장자(莊子)》

133 망운지정 望雲之情

望(바라볼 망) **雲**(구름 운) **之**(어조사 지) **情**(뜻 정)
구름을 바라보는 정이라는 뜻으로, 자식이 객지에서 부모를 그리는 정을 말함.

[유래] 당나라에 적인걸狄仁傑이라는 사람이 있었는데 병주幷州의 법조참군으로 부임했다. 그때 부모는 하양河陽의 별장에 있었다. 어느 날 그가 태행산太行山 정상에 올라 뒤돌아보니 한 조각 흰 구름이 두둥실 떠 있었다. 그것을 본 그는 옆에 있는

사람을 보며 말했다. "우리 부모님은 저 구름 아래에 살고 계시겠지." 그는 흰 구름을 바라보면서 부모 생각에 잠시 비탄에 빠졌고 그 구름이 걷히자 그도 그곳을 떠났다.

[예문] 외국에 나가 유학하는 동안 망운지정에 마음이 아팠다.
[유의어] 백운고비白雲孤飛
[출전] 《당서(唐書)》

134 매사마골 買死馬骨

買(살 매) 死(죽을 사) 馬(말 마) 骨(뼈 골)
죽은 말의 뼈를 산다는 뜻으로, 귀중한 것을 손에 넣고자 먼저 공을 들이는 것을 의미하는 말.

[유래] 전국시대 연나라는 정승 자지子之가 왕위를 물려받았는데 백성들이 받아들이지 않았다. 설상가상으로 제나라가 연나라를 침략해 자지를 죽이고 국토를 유린했다. 이에 평平이 왕에 오르니 그가 바로 연소왕燕昭王이다.

연소왕은 제나라를 쳐서 원수를 갚겠다고 종묘에 맹세하고 정승 곽외에게 인재를 구해달라고 청했다. 이에 정승 곽외가 연소왕에게 대답했다.

"옛날에 어떤 나라의 왕이 천리마를 구하려고 모든 노력을 기울였으나, 아무런 소득도 얻지 못했습니다. 그때 어떤 자가 나타나 천리마를 꼭 구해 오겠다고 했습니다. 왕은 그의 말을 믿고 천리마가 당도하기만을 손꼽아 기다렸습니다. 과연 그자는 약속대로 오백 금을 주고 천리마를 구해왔는데 죽은 말이었습니다. 왕은 화를 내며 물었답니다. '왜 죽은 말을 샀느냐?' 이에 그자는 답했습니다.

'대왕, 천리마는 귀한 말이라 모두들 집에 숨겨 놓지 결코 내놓으려고 하지 않습니다. 그런데 대왕께서 오백 금에 샀다고 소문이 나 보십시오. 그것도 산 천리마가 아니라 죽은 천리마가 오백 금이라면 앞을 다투어 천리마를 갖고 올 것입니다. 조금만 기다리시면 천리마를 가지고 있는 사람들이 대왕 앞에 줄을 서게 될 것입니다.' 과연 이 소문이 전해지자 천리마를 가진 사람들이 하나둘 씩 나타났고, 왕은 천리마 세 마리를 쉽게 손에 넣을 수 있었다고 합니다."

[예문] 그는 값나가는 골동품을 사고자 매사마골의 심정으로 허섭스레기까지도 높은 값을 쳐서 샀다.

[출전] 《전국책(戰國策)》, 〈연책(燕策)〉

135 맥수지탄 麥秀之歎

麥(보리 맥) 秀(빼어날, 이삭 수) 之(어조사 지) 歎(탄식할 탄)
보리가 무성함을 탄식한다는 뜻으로, 고국의 멸망을 한탄한다는 의미.

[유래] 은나라의 주왕紂王이 음락淫樂에 빠져 폭정을 일삼자 이를 걱정하고 충고한 신하 중 삼인三人으로 불리던 미자微子, 기자箕子, 비간比干이 있었다. 미자는 누차 충언을 했으나 왕이 듣지 않자 국외로 망명했다. 기자는 은나라 현인으로 불리던

사람인데 왕의 이런 행태를 보고도 다른 곳으로 떠나지 않고 머리를 풀어 미친 척 행세하고 스스로 천민이 되었다. 그리고 비간은 끝까지 간하다가 결국 가슴을 찢기는 극형을 당하고 말았다.

주왕은 결국 주나라 무왕에게 주살당하고 은나라는 멸망했다. 기자가 조선에서 오다가 폐허가 된 은나라 도읍터를 지나면서 그 폐허에 보리가 자란 것을 보고 한탄하여 맥수의 노래를 지었는데 백성들이 듣고 모두 눈물을 흘렸다.

[예문] 오늘날 우리나라는 경제적으로 강대국의 속국이 되는 형편이니 맥수지탄이 끊이지 않는다.
[유의어] 망국지탄亡國之歎, 망국지한亡國之恨, 맥수서유麥秀黍油, 맥수지시麥秀之詩
[출전] 《사기(史記)》, 《시경(詩經)》

136 맹모단기 孟母斷機

孟(맏 맹) 母(어미 모) 斷(끊을 단) 機(베틀 기)
맹자의 어머니가 베틀에 건 실을 끊었다는 뜻으로, 학문을 중도에 그만두는 것은 짜고 있던 베의 실을 끊어 버리는 것과 같다는 의미.

[유래] 어린 시절에 집을 떠나 유학을 하던 맹자가 어느 날 갑자기 집으로 돌아왔다. 그때 맹자의 어머니는 베를 짜고 있다가 맹자에게 물었다. "네 공부는 어느 정도 나아갔느냐?" 이에 맹자는 대답했다. "아직 그대로입니다." 그러자 어머니는 짜

고 있던 베를 칼로 끊어버렸다. 맹자는 놀라서 그 이유를 물었다. 그러자 어머니는 이렇게 대답했다. "네가 학문을 그만두는 것은, 내가 짜던 베를 끊어버리는 것과 마찬가지이다."

[예문] 어머니께선 맹모단기를 가르치고자 스스로 본을 보였다.
[유의어] 단기지계斷機之戒, 단기계斷機戒, 맹모삼천지교孟母三遷之敎
[출전] 《열녀전(列女傳)》, 〈모의전(母儀傳)〉

137 맹모삼천 孟母三遷

孟(맏 맹) 母(어미 모) 三(석 삼) 遷(옮길 천)
맹자의 어머니가 세 번 이사했다는 뜻으로, 교육을 함에 환경의 중요함을 드러내는 말.

[유래] 맹자는 노나라에서 태어났으며 추鄒 땅에서 자랐다. 맹자의 어머니는 처음에 묘지 근처에 살았는데, 어린 맹자는 늘 구덩이를 파고 장사 지내는 일을 흉내 내며 놀기를 좋아했다. 그래서 맹자의 어머니가 시장 근처로 이사 했는데 이번에는 맹자가 장사하는 놀이를 하며 시장 바닥을 돌아다니기를 좋아했다. 맹모는 '여기도 아이가 자라기에 좋지 않은 곳이구나' 하고 생각하면서 글방 근처로 이사를 갔다. 그러자 맹자는 제구祭具를 늘어놓고 제사 지내는 놀이를 하고 예절놀이를 하며 놀았다. 맹자의 어머니는 이러한 맹자의 모습에 흡족해하며 그곳에서 눌러 살았다.

[예문] 좋은 학군을 찾아다니기보다는 자연과 더불어 사는 법을 가르치는 게 맹모삼천의 뜻에 더 부합한다.

[유의어] 삼천지교三遷之敎, 현모지교賢母之敎, 맹모단기지교孟母斷機之敎

[출전] 《열녀전(列女傳)》,〈모의전(母儀傳)〉

138 맹인모상 盲人摸象

盲(장님 맹) 人(사람 인) 摸(만질 모) 象(코끼리 상)
장님이 코끼리를 만진다는 뜻으로, 전체가 아닌, 자기가 체험한 부분만 가지고 다 아는 듯 고집을 부린다는 의미.

[유래] 옛날 인도의 어떤 왕이 신하에게 코끼리를 한 마리 몰고 오도록 했다. 그리고 장님 여섯 명을 불러 각자 손으로 코끼리를 만져 보고 자기가 알고 있는 코끼리에 대해 말해 보도록 시켰다.

이에 이빨을 만진 장님은 코끼리를 무같이 생겼다고 했고, 다리를 만진 장님은 절구공 같아 보인다고 했다. 이렇게 코끼리 등을 만진 이는 평상같이 생겼다고 우기고, 배를 만진 이는 코끼리가 장독같이 생겼다고 주장하며, 꼬리를 만진 이는 코끼리가 굵은 밧줄같이 생겼다고 외치는 등 아귀다툼을 벌였다. 이에 왕은 그들을 모두 물러가게 하고 신하들에게 말했다.

"보아라. 코끼리는 하나이거늘, 저 여섯 장님은 제각기 자기가 알고 있는 것만을 주장하면서 조금도 부끄러워하지 않는구나. 진리를 아는 것도 또한 이와 같은 것이니라."

[예문] 프랑스만 가보고 유럽을 논하는 건 맹인모상과 같다.
[출전] 《열반경(涅槃經)》

139 명경지수 明鏡止水

明(밝을 명) 鏡(거울 경) 止(그칠 지) 水(물 수)
맑은 거울처럼 잔잔한 물이라는 뜻으로 맑고 고요한 마음을 비유한 말.

[유래] 춘추시대, 노나라에 왕태라는 사람이 있었는데 그는 공자와 견줄 만큼 많은 제자들은 가르치고 있었다. 그래서 공자의 제자인 상계常季는 공자에게 물었다.

"선생님, 저 사람은 어째서 많은 사람들로부터 흠모를 받고 있는 것입니까?" 이에 공자가 대답했다.

"그것은 그분의 마음이 조용하기 때문이다. 사람들이 거울 대신 비쳐볼 수 있는 물은 흐르는 물이 아니라 가만히 정지靜止해 있는 물이니라."

또 〈덕충부〉에는 이런 글도 실려 있다.

"거울에 흐림이 없으면 먼지가 앉지 않으나 먼지가 묻으면 흐려진다. 그와 마찬가지로 인간도 오랫동안 현자와 함께 있으면 마음이 맑아져 허물이 없어진다."

명경지수란 본래 무위無爲의 경지를 가리켰으나 나중에는 그 뜻이 변해 순진무구하고 깨끗한 마음을 가리키게 되었다.

[예문] 명경지수와 같이 투명한 마음가짐을 지녀야만 사리 판단을 옳게 할 수 있다.

[유의어] 청심고지淸心高志, 평이담백平易淡白, 운심월성雲心月性
[출전] 《장자(莊子)》, 〈덕충부(德充符)〉

140 모수자천 毛遂自薦

毛(터럭 모) 遂(드디어 수) 自(스스로 자) 薦(천거할 천)
모수가 자기를 스스로 추천한다는 뜻으로, 서슴치 않고 자기가 스스로를 추천하는 경우를 말함.

[유래] 전국시대 말엽 조나라 혜문왕의 동생인 평원군 조승趙勝은 어진 성품이어서 그 집안에 식객이 수천에 이르렀다. 그가 초나라에 구원을 청할 일이 있어서 문무를 겸비한 인재를 뽑으려 할 때, 이때 모수毛遂라는 식객이 나서면서 자신을 추천했다는 데서 유래한다.

[예문] 반장 선거에서 모수자천을 하는 용감한 학생은 거의 없다.
[출전] 《사기(史記)》, 〈평원군열전(平原君列傳)〉

141 목불식정 目不識丁

目(눈 목) 不(아닐 불) 識(알 식) 丁(고무래 정)
고무래를 보고도 그것이 고무래 정(丁)자인 줄 모른다는 뜻으로, 까막눈임을 이르는 말.

[유래] 당나라 목종 때 장홍정張弘靖이란 사람은 못나고 무식하

며 행동 또한 오만했다. 그러나 아버지인 장연상張延賞이 공적이 많은 덕분에 그의 벼슬길은 매우 순탄했다. 그가 노룡盧龍의 절도사節度使로 부임했을 때 병사들의 어려움은 뒤로한 채 홀로 가마를 타고 즐기며 오히려 병사들을 괴롭혔다.

그리하여 병사들이 불만을 터뜨리자 "천하가 무사한데 무리들이 포와 활을 당기는 것은 丁자 하나만 아는 것 같다."라고 꾸짖었다.

이에 비분강개한 부하 관리들이 반란을 일으켜 장홍정을 잡아 가두자, 이 소식을 들은 황제는 장홍정의 직책을 박탈하고 이렇게 말했다. "그놈이야말로 목불식정이다."

[예문] 아무리 공부를 많이 해도 세상 돌아가는 이치를 깨닫지 못하면 목불식정이라는 비난을 면치 못할 것이다.
[유의어] 일자무식一字無識, 어로불변魚魯不辨, 목불지서目不之書
[속담] 낫 놓고 기역자도 모른다.
[출전] 《신당(新唐書)》, 〈장굉정(張宏靖)〉

142 목후이관 沐猴而冠

沐(목욕 목) 猴 (원숭이 후) 而(어조사 이) 冠(갓 관)
목욕한 원숭이가 갓을 썼다는 뜻으로, 겉은 근사하게 꾸몄지만 속은 사람답지 못함을 이르는 말.

[유래] 유방으로부터 진나라의 수도 함양을 넘겨받은 항우는 약탈과 방화로 함양을 폐허로 만들었다. 그리고 폐허가 된 함양

을 버리고 금의환향을 하고자 했다. 함양은 차지하고 있으면 천하를 얻을 수 있는 천혜의 요지였다. 그럼에도 항우가 천도를 고집하자, 간의대부諫議大夫 한생韓生이 이를 만류했다. 항우가 말을 듣지 않자 한생은 크게 탄식하며 물러나서는 혼잣말로 중얼거렸다.

"사람들 말이 초나라 사람은 원숭이를 목욕시켜 관을 씌운 것일 뿐이라고 하더니 과연 그렇구나." 그런데 이 말을 그만 항우가 듣고 말았다. 항우가 그 뜻을 묻자, 진평이 답하였다.

"세 가지 뜻이 있습니다. 원숭이는 관을 써도 사람이 되지 못한다는 것과 원숭이는 꾸준하지 못해 관을 쓰면 조바심을 낸다는 것, 그리고 원숭이는 사람이 아니므로 만지작거리다가 의관을 찢고 만다는 뜻입니다." 이 말을 듣고 격분한 항우는 한생을 붙잡아 끓는 가마솥에 던져 죽였다.

한생이 죽으면서 말했다. "나는 충언하다가 죽게 되었다. 그러나 두고 보아라. 백일 이내에 한왕漢王이 그대를 멸하리라. 역시 초나라 사람들은 원숭이와 같아 관을 씌워도 소용이 없구나."

결국 고향으로 천도를 감행한 항우는 관중을 유방에게 빼앗기고 마침내는 목숨을 끊고 말았다.

[예문] 그릇이 작은 사람을 큰 자리에 앉히면 목후이관 꼴이 된다.
[유의어] 호이관虎而冠
[출전] 《사기(史記)》

143 묘항현령 猫項懸鈴

猫(고양이 묘) 項(목 항) 懸(매달 현) 鈴(방울 령)
'고양이 목에 방울달기'라는 뜻으로, 실행할 수 없는 공론을 이르는 말.

[유래] 늘 고양이를 두려워하는 쥐들이 모여서 회의를 했다. "노적가리를 뚫고 쌀광 속에 깃들어 살면 살기가 윤택할 텐데 다만 두려운 것은 오직 고양이 뿐이로다." 이때 쥐 한 마리가 말했다. "고양이 목에 방울을 달면 고양이의 움직이는 소리를 듣고서 죽음을 피할 수 있을 것이다."

이 말을 듣고 쥐들은 모두 좋아했으나 늙은 쥐가 이렇게 말했다. "그 말이 옳기는 하나 고양이 목에 누가 방울을 달 수 있겠는가?"

[예문] 회사 대표에게 직원 복지를 생각해달라는 말을 하고자 모였지만 묘항현령이란 것을 깨달았다.
[유의어] 탁상공론卓上空論, 묘두현령猫頭懸鈴
[출전] 《순오지(旬五志)》

144 무릉도원 武陵桃源

武(호반 무) 陵(언덕 릉) 桃(복숭아 도) 源(근원 원)
세상과 동떨어진 별천지, 이상세계, 이상향을 뜻함.

[유래] 진나라 때 무릉이란 곳에 어부가 한 명 살았는데 하루는

시내를 따라 배를 저어 가다가 길을 잃고 복사꽃이 핀 수풀에 당도했다. 거기는 온통 복숭아꽃이 어지럽게 피어 있었고 향기로운 풀로 가득했다. 이를 의아하게 생각한 어부는 다시 배를 저어 그 끝까지 가보았다. 거기엔 작은 굴이 있어 들어갔더니 평화롭고 아름다운 광경이 펼쳐졌다.

[예문] 한여름, 찬물에 발 담그고 수박을 먹으니 무릉도원이 따로 없다.

[유의어] 도원경桃源境, 도화원桃花源, 호중천지壺中天地

[출전] 《도연명집(陶淵明集)》

145 무병자구 無病自灸

無(없을 무) 病(병 병) 自(스스로 자) 灸(뜸질할 구)
병도 없는데 스스로 뜸질을 한다는 뜻으로, 쓸데없는 일에 정력을 쏟아 화를 부른다는 의미.

[유래] 공자의 친구 유하계柳下季에게는 동생 도척이 있었다. 도척은 큰 도적으로 9,000명의 졸개를 거느리고 온갖 포악한 짓을 자행했다. 공자는 도척에게 악행을 저지르지 말도록 설득하려고 그를 만나러 갔다.

공자가 도척의 산채로 찾아가 만나기를 청하자, 도척은 공자의 위선을 비웃으며 만나기를 거절했다. 공자가 다시 간청을 하고서야 만나기를 허락한 도척은 공자를 보고, "네가 말하는 것이 내 뜻에 맞으면 살아남을 것이고 내 뜻에 거슬리면 죽음을 당할 것이다." 하며 소리를 질렀다.

공자는 도척의 기세에 눌려 오히려 도척을 치켜세웠지만, 도척은 그러한 공자더러 비굴하다며 꾸짖었다. 놀란 공자는 설득은커녕 오히려 목숨마저 위태롭게 되어 한달음에 그곳을 빠져나왔다. 그는 수레에 올랐지만 세 번이나 고삐를 놓치고, 눈은 멍했으며, 얼굴은 잿빛이 되었다. 공자는 돌아오자마자 유하계를 만났다. 유하계가 "요즘 볼 수가 없더군. 거마車馬를 보니 여행을 갔다온 모양인데, 혹 도척을 만나고 온 것은 아닌가?" 하고 묻자, 공자는 탄식하며 말했다. "맞네. 나는 이른바 병도 없이 스스로 뜸질을 한 격이네〔丘所謂無病而自灸也〕. 호랑이 머리를 쓰다듬고 호랑이 수염을 가지고 놀다가 하마터면 호랑이 주둥이를 벗어나지 못할 뻔했네."

[예문] 가만있으면 중간이라도 갈 걸 괜히 나섰다가 무병자구 꼴이 됐다.
[속담] 긁어 부스럼.
[출전] 《장자(莊子)》

146 무용지용 無用之用

無(없을 무) 用(쓸 용) 之(어조사 지) 用(쓸 용)
쓸모가 없는 것이 도리어 크게 쓰인다는 뜻.

[유래] 장자는 이런 말을 했다. "산의 나무는 제 스스로를 해치고 있다. 기름불에 기름은 제 스스로 태우고 있다. 계피는 먹

을 수 있는 것이기 때문에 사람들이 그 나무를 벤다. 옻은 칠로 쓰기 때문에 사람들이 칼로 쪼갠다. 사람들은 모두 쓸모 있는 것의 쓸모만을 알고 쓸모없는 것의 쓸모는 모른다."

[예문] 아무리 보잘 것 없어 보이는 물건이라도 무용지용이 될 수 있다.

[출전] 《장자(莊子)》

147 묵자비염 墨子悲染

墨(먹 묵) 子(놈 자) 悲(슬플 비) 染(물들일 염)
묵자가 물들이는 것을 슬퍼한다는 뜻으로, 사람은 습관에 따라 그 성품의 좋고 나쁨이 결정된다는 뜻.

[유래] 어느 날 묵자가 실을 물들이는 사람을 보고 탄식하여 말하였다. "파랑으로 물들이면 파란색, 노랑으로 물들이면 노란색, 이렇게 물감의 차이에 따라 빛깔도 변하여 다섯 번 들어가면 다섯 가지 색이 되니 물들이는 일이란 참으로 조심해야 할 일이다." 그리고 이어서 각기 좋은 현인에게 물들어 태평천하를 일궈낸 성군과 간신에게 물들어 폭군이 된 왕들을 예로 들었다.

[예문] 묵자비염이라는 말처럼 사람은 누구를 곁에 두느냐가 중요하다.

[출전] 《묵자(墨子)》

148 묵적지수 墨翟之守

墨(먹 묵) 翟(꿩 적) 之(어조사 지) 守(지킬 수)
묵적이 성을 지켰다는 뜻으로, 자기 의견이나 주장을 굽히지 않고 끝까지 지킴을 의미함.

[유래] 공수반公輸盤은 초나라를 위해 송나라를 치기로 했다. 공수반은 기계를 만드는 데 비상한 재주가 있어 여러 무기를 만들 수 있었다. 이 소문을 들은 묵자墨子가 찾아가 만류를 했고 답변을 하기 궁했던 공수반은 묵자를 초왕에게 데려갔다. 묵자가 왜 제나라를 치려 드느냐고 묻자 초왕은 공수반의 운제계를 시험해보려 했을 뿐이라 대답했다.

이에 묵자는 공수반公輸盤의 재주를 알아보려고 허리끈을 풀어 성책같이 하고 나뭇조각으로 방패 대용 기계를 만들었다. 공수반은 모형 운제계로 아홉 번 공격했다. 그러나 묵자는 아홉 번 다 굳게 지켜냈다. 그러나 공수반은 패배를 인정하면서도 묵자만 없애면 문제가 없다고 생각했다. 이를 눈치 챈 묵자는 "나를 죽이면 송나라를 공격할 수 있다고 생각할지 모르나 그것은 큰 착각입니다. 설사 내가 죽더라도 이미 송나라에는 나의 제자 300명이 내가 만든 기계와 똑같은 것을 가지고 철저하게 대비하고 있을 것입니다."고 말해 초나라의 공격을 방지했다.

[예문] 묵적지수의 태도는 급변하는 요즘 시대에는 낡고 고루하다며 비판을 받기도 한다.

[유의어] 교주고슬膠柱鼓瑟
[출전] 《묵자(墨子)》

149 문경지교 刎頸之交

刎(목맬 문) 頸(목 경) 之(어조사 지) 交(사귈 교)
목을 베어 줄 수 있을 정도로 절친한 사귐. 또는 그런 벗.

[유래] 전국 시대, 인상여藺相如라는 사람이 있었다. 그가 공을 세워 높은 벼슬에 오르자 조나라의 명장 염파廉頗는 분개하며 인상여에게 망신을 주리라 벼르고 있었다. 이 말을 전해들은 인상여는 염파를 피했다. 그는 아프다는 핑계를 대고 조정에도 나가지 않았으며, 길에서도 염파가 보이면 옆길로 돌아가곤 했다. 이 같은 인상여의 비겁한 행동에 실망한 부하가 그를 떠나겠다고 인사하러 왔다. 그러자 인상여는 그를 만류하며 이렇게 말했다.

"나는 그 소양왕도 두려워하지 않고 많은 신하들 앞에서 혼내준 사람일세. 그런 내가 어찌 염파 장군을 두려워하겠는가? 하지만 진나라가 쳐들어오지 않는 것은 염파 장군과 내가 버티고 있기 때문일세. 이 두 호랑이가 싸우면 결국 모두 죽게 돼. 그래서 나라의 위기를 생각하고 염파장군을 피하는 거야." 이를 전해들은 염파는 부끄러워하며 태형에 쓰이는 형장을 짊어지고 인상여를 찾아가 섬돌 아래 무릎을 꿇었다. "내가 대감의 높은 뜻을 미처 헤아리지 못했소. 어서 나에게 벌을 주시오." 그날부터 두 사람은 문경지교를 맺었다고 한다.

[예문] 문경지교를 맺은 친구 한 사람만 있어도 성공한 삶이다.
[유의어] 금란지교金蘭之交, 관포지교管鮑之交, 단금지계斷金之契, 막역지우莫逆之友
[출전] 《사기(史記)》

150 문일지십 聞一知十

聞(들을 문) 一(한 일) 知(알 지) 十(열 십)
하나를 듣고 열 가지를 미루어 안다는 뜻으로, 지극히 총명함을 이르는 말.

[유래] 공자가 자공에게 "너와 회回 가운데 누가 더 나은가?"라고 묻자 "제가 어찌 감히 안회와 비교하겠습니까? 회는 하나를 들으면 열을 알고 저는 하나를 들으면 둘을 알뿐입니다."라고 대답했다. 그러자 공자는 "그렇다. 그만 못하다. 나와 너는 그만 못하다."고 말했다.

[예문] 선생은 문일지십하는 제자를 만나면 기쁘다.
[반대어] 득일망십得一忘十
[출전] 《논어(論語)》

151 문전성시 門前成市

門(문 문) 前(앞 전) 成(이룰 성) 市(저잣거리 시)
문 앞이 시장처럼 번잡하다는 말로, 권세가나 부자가 되어 집 앞이 방문객으로 가득함을 비유하는 말.

[유래] 전한 황제인 애제哀帝는 미소년에게 현혹되어 국정을 돌보지 않았다. 이때 충신 정숭鄭崇은 애제를 받들고 정치를 바로잡으려고 애썼다.

그 무렵 조창趙昌은 정숭을 시기하여 모함할 기회만 노리고 있다가 어느 날 애제에게 정숭이 종친과 내통해 왕래가 잦다고 거짓으로 고했다. 애제는 즉시 정숭을 불러 "경의 문전이 저자와 같다고 하던데 그러면서도 나로 하여금 하지 말라, 끊으라는 말을 할 수 있는가?" 하고 물었다.

이에 정숭은 "신의 집 문 앞이 저자와 같을지라도 신의 마음은 물과 같습니다." 했다.

[예문] 바겐세일로 백화점은 문전성시를 이뤘다.
[유의어] 문전여시門前如市, 문정여시門庭如市
[반대어] 문전작라門前雀羅
[출전] 《한서(漢書)》, 〈손보전(孫寶傳)〉, 〈정숭전(鄭崇傳)〉

152 문질빈빈 文質彬彬

文(무늬 문) 質(바탕 질) 彬(빛날 빈) 彬(빛날 빈)
외견과 내면이 잘 조화를 이뤄야만 좋다는 뜻.

[유래] 공자는 이렇게 말했다. "본바탕이 교양을 능가하면 야비하게 되고, 교양이 본바탕을 능가하면 가식적이게 된다. 본바

탕과 교양이 조화를 이룬 후에야 비로소 군자가 된다〔文質彬彬, 然後君子〕."

[예문] 인성교육은 하지 않은 채 너무 공부만 시키다 보면 문질빈빈이 될 수 없다.

[출전] 《논어(論語)》, 〈옹야(雍也)〉

153 미생지신 尾生之信

尾(꼬리 미) 生(날 생) 之(어조사 지) 信(믿을 신)
미생이라는 사람의 믿음이라 뜻으로, 너무 고지식해 융통성이 없는 신의를 의미하는 말.

[유래] 춘추시대, 노나라에 미생尾生이란 사람이 있었는데, 그는 어떤 일이 있더라도 약속을 꼭 지키는 선비였다. 어느 날 미생은 애인과 다리 밑에서 만나기로 약속했다. 그는 시간에 맞춰 약속 장소에 나갔으나 그녀는 나타나지 않았다. 미생이 계속 애인을 기다리고 있는데 갑자기 장대비가 쏟아져 개울물이 불어나기 시작했다. 그러나 미생은 약속 장소를 떠나지 않고 기다리다가 결국 다리를 끌어안은 채 익사하고 말았다.

[예문] 미생지신같이 융통성이 없는 것도 문제지만 약속을 헌신짝처럼 저버리는 건 더 나쁘다.

[유의어] 포주지신 抱柱之信

[출전] 《사기(史記)》, 《장자(莊子)》

154 반근착절 盤根錯節

盤(소반 반) **根**(뿌리 근) **錯**(섞일 착) **節**(마디 절)
구부러진 뿌리와 울퉁불퉁한 마디란 뜻으로, 세력이 뿌리 깊어 이를 제거하기 어려울 때 쓰는 말.

[유래] 동한시대, 우후虞詡라는 선비가 있었다. 그는 어려서 고아가 되어 할머니 손에 자랐다. 할머니가 90세로 세상을 떠나자, 그는 낭중郎中이라는 벼슬을 하였다. 당시, 서쪽의 강족羌族과 흉노족이 침입하여, 북방 지역이 위협을 받고 있었다.

대장군 등즐은 군대를 둘로 나누어 병력을 약화시키느니, 차라리 양주를 포기하고 병주에 군대를 집결시키어 수비를 강화하는 편이 더 낫겠다고 주장했는데, 우후는 많은 사람들의 의견에 반대했다. 이에 등즐은 원한을 품었고, 후일 조가에서 민란이 발생하자, 구실을 만들어 우후를 조가의 현령을 임명하여 부임하게 하였다. 우후의 친구들은 이 소식을 듣고 그를 위로했으나 우후는 웃음을 지어 보이며 말했다.

"포부를 가지고 뜻을 품은 사람은 절대로 어려운 일을 피하거나 쉬운 일만을 찾아 하지 않는다네. 이것은 우리가 나무를 벨 때와 같은 것이네. 만약 단단하게 얽히어 있는 뿌리와 줄기를 만나지 못한다면, 어떻게 도끼의 날카로움을 드러내 보일 수 있겠나? 그러니 내가 조가의 현령으로 가는데 두려울 게 뭐가 있겠나?"

[예문] 집권당은 반근착절로 얽혀 그 세력이 날로 강해지고 있다.

[유의어] 반근착절槃根錯節, 반착盤錯

[출전] 《후한서(後漢書)》, 〈우후전(虞后傳)〉

155 반면교사 反面教師

反(거꾸로 반) 面(얼굴 면) 教(가르칠 교) 師(스승 사)
다른 사람이나 사물의 부정적인 측면에서 가르침을 얻는다는 뜻.

[유래] 1960년대 중국 문화대혁명 때 마오쩌둥이 처음 사용한 말이다. 마오쩌둥은 부정적인 것(당시 제국주의자, 반동파, 수정주의자)을 보고 긍정적으로 개선할 때, 그 부정적인 것을 '반면교사反面教師'라고 했다.

[예문] 범죄 보도를 보고서 반면교사 삼아야지 모방 범죄를 노리면 안 된다.

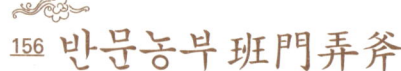
156 반문농부 班門弄斧

班(나눌 반) 門(문 문) 弄(희롱할 롱) 斧(도끼 부)
재주가 뛰어난 사람 앞에서 함부로 잘난척을 한다는 뜻.

[유래] 명나라 매지환梅之渙은 이태백의 묘를 찾아오는 사람들의 모습을 묘사해 〈제이백묘시題李白墓詩〉라는 시를 썼다. 이태백이 채석강에서 익사했다는 소문이 떠돌자 채석강 부근에는 이백의 묘를 비롯한 적선루, 착월정 등의 많은 명승이 생기게

되었는데, 이에 문인들도 이곳에서 남다른 시심을 느꼈다. 그러다 보니 시를 잘 모르는 사람들까지도 저마다 한 수씩 읊어대게 되었다. 시인 매지환은 나무 공예, 즉 목장木匠의 시조라는 노반魯班의 고사를 인용해 이러한 사람들을 다음과 같이 풍자했다. "채석강변에 한 무더기 흙, 이백의 이름 천고에 높은데, 오고 가는 사람마다 시 한 수씩 읊조리니, 노반의 문앞에서 도끼 자랑하는 도다〔來來往往一首詩, 魯班門前弄大斧〕."

[예문] 가수 앞에서 노래를 잘 한다 자랑을 했으니 반문농부가 따로 없다.

[출전] 〈제이백묘시(題李白墓詩)〉

157 반식재상伴食宰相

伴(짝 반) 食(먹을 식) 宰(재상 재) 相(서로 상)
곁에 모시고 밥을 먹는 재상이라는 뜻으로, 자리만 차지하고 있는 무능한 재상을 비꼬아 이르는 말.

[유래] 당나라 황제 현종玄宗은 태평공주측천무후의 딸와 그 일파를 제거하고 연호도 개원開元이라 바꾸고 과감한 개혁을 실시하였다. 이와 같은 현종의 치세가 성공할 수 있던 것은 요숭姚崇과 송경宋璟의 충실한 보좌 덕분이었다. 노회신은 청렴결백하고 근면한 사람이었으나 휴가 중인 요숭의 직무를 10여 일간 대행할 때 요숭처럼 신속히 재결하지 못해서 정무를 크게 정체시키고 말았다. 이때 자신이 요숭에게 크게 미치지 못한

다는 것을 체험한 노회신은 매사를 요숭에게 상의한 다음에야 처리하곤 했다. 그래서 사람들은 노회신을 가리켜 "자리만 차지하고 있는 무능한 재상(伴食宰相)"이라고 빈정거렸다.

[예문] 노력하지 않고 순간적인 인기에 영합해 정치인이 된 사람 중에는 반식재상이 무척 많다.
[유의어] 시위소찬尸位素餐. 녹도인祿盜人. 의관지도衣冠之盜
[출전] 《구당서(舊唐書)》

158 발본색원 拔本塞源

拔(뺄 발) 本(근본 본) 塞(막을 색) 源(근원 원)
나무를 뿌리째 뽑고 물의 근원을 없앤다는 뜻으로, 폐단을 아주 없애 버림을 뜻함.

[유래] 주나라가 진나라와 땅을 가지고 다툴 적에 주나라 왕이 이렇게 말했다. "내게 큰아버지가 계신 것은 마치 옷에 갓이 있는 것과 같다. 나무와 물에 근원이 있어야 하듯 백성들에게 지혜로운 임금이 있어야 한다. 백부께서 만약 갓을 찢어버리고 뿌리를 뽑고 근원을 막으며(拔本塞源), 오로지 지혜로움을 버린다면 비록 오랑캐들이라도 나라는 사람을 어떻게 볼 것인가." 따라서 본디 발본색원(拔本塞源)은 '근본을 망치는 행위'를 뜻했었는데, 지금은 폐단의 근원을 제거한다는 뜻으로 쓰인다.

[예문] 부패의 근원을 파헤쳐 발본색원해야 한다.

[출전] 《춘추좌씨전(春秋左氏傳)》

159 발분망식 發憤忘食

發(일어날 발) 憤(성낼 분) 忘(잊을 망) 食(먹을 식)
끼니까지도 잊을 정도로 어떤 일에 열중하여 노력함을 뜻하는 말.

[유래] 초나라 섭공이 하루는 공자의 제자 자로에게 물어 보았다. "그대의 스승 공자라는 사람은 도대체 어떤 인물인가?" 자로는 이 질문에 대해 확실한 대답을 하지 않았다. 스승 공자가 인품이 너무 탁월한 인물이기 때문에 어떻게 대답해야 할지 적당한 말이 떠오르지 않았던 것이다. 이 소식을 들은 공자가 자로에게 말했다. "너는 어찌 '그 사람됨이, 무엇을 알려고 애쓸 때에는 먹는 것도 잊고, 알고 나면 즐거워서 근심을 잊으며, 늙어가는 것도 모른다〔發憤忘食 樂以忘憂 不知老之將至〕.'고 말하지 않았느냐."

[예문] 그는 학자로서 발분망식했기에 위대한 업적을 남겼다.

[출전] 《논어(論語)》

160 방약무인 傍若無人

傍(의지할 방) 若(같을 약) 無(없을 무) 人(사람 인)
곁에 사람이 없는 것 같이 여긴다는 뜻으로, 주위 사람을 전혀 의식하지 않은 채 제멋대로 마구 행동한다는 말.

[유래] 전국시대 말엽 진왕秦王 정政이 천하를 통일하기 전에 진왕을 암살하려다 실패한 형가荊軻라는 자객이 있다. 그는 독서와 검술을 좋아했으며, 개백정과 축筑의 명수인 고점리高漸離라고 하는 자와 어울려 지냈다. 형가가 술에 취하면 고점리가 축을 울리고 형가가 거기 맞추어 노래를 불러 여러 사람들과 함께 즐기는가 하면, 나중엔 함께 울며 옆에 사람이 없는 듯이 행동했다〔傍若無人〕.

[예문] 그는 어른들이 모인 자리에서 방약무인한 태도를 보여 노여움을 샀다.

[유의어] 안하무인眼下無人, 경거망동輕擧妄動, 오만무례傲慢無禮

[출전] 《사기(史記)》, 〈자객열전(刺客列傳)〉

161 방예원조 方枘圓鑿

方(모 방) 枘(장부 예) 圓(둥글 원) 鑿(구멍 조)
양쪽 의견이 일치하지 않아 서로 어울리지 않는 것을 이르는 말.

[유래] 전국시대, 진나라는 장의張儀의 연횡책을 채용하여 소진蘇秦의 합종책으로 대항하는 6국을 상대했다. 천하를 통일하기 위해, 진나라는 종종 6국을 침범하고 남쪽 대국인 초나라에 위협을 가했다. 초나라에서 굴원屈原은 동쪽의 제나라와 연합하여 진나라의 공격에 대항하자고 주장하였으나, 초 회왕의 어린 자식과 총희 등이 이를 방해했다.

게다가 굴원은 관직마저 박탈당한 채 멀리 유배당하게 되었다. 굴원의 제자인 송옥宋玉은 스승이 당하는 모습에 비분강개했다. 송옥은 자신의 억울한 마음을 〈구변九辯〉이라는 시로 그려냈는데, 이 시에 "둥근 구멍에 네모난 자루"라는 대목이 있다. 굴원의 원대한 정치적 이상이 간신배들의 어두운 눈과 달라서 서로 맞지 않음을 비유한 것이다.

[예문] 사람마다 그릇이 달라서 방예원조의 상황에 처할 수 있다.
[출전] 〈구변(九辯)〉

162 방촌이란 方寸已亂

方(모 방) 寸(마디 촌) 已(이미 이) 亂(어지러울 란)
마음이 몹시 어지러움을 뜻하는 말. 방촌은 본시 사방 한 치의 크기를 뜻하며, 심장이나 마음을 비유한 말.

[유래] 삼국시대, 조조, 손권, 유비가 널리 인재를 모으고 있었다. 당시 뛰어난 지략으로 유명한 인물로 서서徐庶가 있었다. 서서는 유비의 청을 받아들여 그의 군사軍師가 되었다. 그러나 조조는 서서를 자기편으로 만들고 싶었다. 조조는 서서의 어머니를 속여 데려와 연금하여 놓고, 서서 어머니의 필체를 모방해 서서에게 편지를 보내, 그를 되도록 빨리 허창으로 오라고 하였다. 서서는 어머니에게 효성이 지극한 터라, 편지를 받자마자 그것을 사실로 믿고 유비에게 이별을 알리고 자신의 가슴을 가리키며 말했다.

"제가 본래 장군과 함께 패업을 도모하려고 했던 것은 이

일촌 사방의 장소였습니다. 지금 벌써 노모를 잃어 마음은 혼란스럽습니다. 당신의 사업에 이익이 없습니다. 이로부터 헤어지기를 청합니다." 출발하기 전, 서서는 유비에게 자신보다 더 뛰어난 재능을 가진 제갈량을 추천했다.

[예문] 큰 시합을 앞둔 선수는 방촌이란이 되어선 안 된다.
[유의어] 심란여마心亂如麻
[반대어] 방촌불란方寸不亂
[출전] 《삼국지(三國志)》, 〈제갈량전(諸葛亮傳)〉

163 배반낭자 杯盤狼藉

杯(잔 배) 盤(쟁반 반) 狼(어지러울 낭) 藉(어지러울 자)
잔과 쟁반이 어지럽게 흩어져 있다는 말로, 술을 마시며 흥겹게 노는 모습이나 연회가 끝난 후 술잔과 접시가 어지럽게 흩어져 있는 모습을 뜻하는 말.

[유래] 초나라가 군대를 일으켜 제나라를 침입했을 때, 위왕은 순우곤을 사자로 삼아 조나라로 가서 구원병을 청하게 하였고, 조나라 왕은 정예 병사 10만 명과 전차 천 승을 주었다. 초나라는 이 말을 듣고 밤에 군대를 이끌고 가 버렸다. 위왕은 크게 기뻐하며 술자리를 마련하고 순우곤을 불러서 술을 내렸다. 그러고는 순우곤에게 물었다. "당신은 얼마나 술을 마셔야 취할 수 있소?"

이에 순우곤이 말했다. "대왕이 계신 앞에서 술을 내려 주신다면 두려운 나머지 엎드려서 마시게 되니 한 말도 못 마시고 취합니다. 만약 어버이에게 귀한 손님이 계셔, 제가 옷깃을 바르게 하고 꿇어앉아 모시고 술을 대접하면, 두 말을 못 마시고 곧 취하게 됩니다. 만약 사귀던 벗과 오래 보지 못하다가 갑자기 만나게 되면 대여섯 말을 마실 수가 있습니다. 만약 남녀가 섞여 앉아 서로 상대방에게 술을 돌리면, 저는 이런 것을 좋아하여 여덟 말 정도를 마실 수 있습니다. 또 날이 저물어 술자리가 파하게 되어 술통을 모으고 자리를 좁혀서 남녀가 동석하고, 신발이 서로 뒤섞이며, 술잔과 그릇이 어지럽게 흩어지고 마루 위의 촛불이 꺼지고 주인이 저만을 머물게 하고 다른 손님들을 배웅하면 저의 마음이 가장 기뻐지며, 한 섬은 마실 수 있을 것입니다. 그러므로 술이 극도에 이르면 어지럽고, 즐거움이 극도에 이르면 슬퍼진다고 하는 것인데, 모든 일이 모두 이와 같은 것입니다."

순우곤의 이 말은 사물이란 극도에 이르면 안 되며, 극도에 이르면 반드시 쇠한다는 것을 풍자한 것이다.

[예문] 술도 적당히 마셔야지 배반낭자할 정도라면 병이 된다.
[출전] 《사기(史記)》

164 배수지진 背水之陣

背(등 배) 水(물 수) 之(어조사 지) 陣(진칠 진)
물을 등지고 진을 친다는 뜻으로, 더이상 물러설 수 없이 목숨을 걸고 싸우게 하는 전법.

[유래] 한나라 한신이 조나라와 싸울 때 강을 등지고 진을 쳐서 병사들이 물러서지 못하도록 만들어 이겼다. 여러 장수가 한신에게 묻기를, "병법에 오른쪽으로 산과 구릉을 등지고, 물과 못을 앞이나 왼편에 두라 하였는데, 장군께서 물을 등지고 진을 치게 하시어 이긴 것은 어찌된 것입니까?" 하자 한신이 말하기를, "이것이 병법에 있으나 모두들 눈여겨 살피지 않은 것이다. 병법에 '죽을 땅에 빠진 뒤에 살고, 망할 땅에 놓인 뒤에 보존된다'고 하지 않았던가. 살 땅을 준다면 모두 달아날 것 아니겠는가?"하니, 여러 장수가 모두 탄복하였다.

[예문] 그 감독은 경기를 치를 때 차선을 마련해두지 않고 배수지진을 치는 것으로 유명하다.

[유의어] 배수진背水陣, 사량침주捨量沈舟, 제하분주濟河焚舟, 파부침주破釜沈舟

[출전] 《사기(史記)》, 〈회음후열전(淮陰侯列傳)〉, 《십팔사략(十八史略)》

165 백년하청 百年河淸

百(백 백) 年(해 년) 河(물 하) 淸(맑을 청)
물이 맑아지기를 백 년 기다린다는 뜻으로, 아무리 기다려도 이루어지기 힘든 일이나 기대할 수 없는 일을 비유하는 말.

[유래] 춘추시대 중반에, 정나라는 위기에 빠졌다. 정나라가 초나라의 속국인 채나라를 침공해 공자 섭燮을 포로로 잡아가자 초나라는 이를 자신에 대한 도전으로 간주해 보복 공격을

해온 것이다. 이때 대부인 자사子駟가 말하기를, "주나라의 시에 이런 말이 있습니다. '황하의 물이 맑기를 기다린다는 것은 사람 수명으로는 맞지 않다. 여러 가지를 놓고 점을 치면 그물에 얽힌 듯 갈피를 못 잡는다.' 그러니 우선 초나라와 강화를 하고 백성들을 위험에서 구한 다음 진나라를 따르는 것이 좋을 것입니다."라고 했다.

이 말은 진나라의 구원병을 기다리는 것은 황하가 맑아지기를 기다리는 것과 같다는 의미로 사용한 것이다.

[예문] 마음 떠난 애인에게서 연락이 오기를 기다리는 것은 백년하청이다.

[유의어] 천년하청千年河淸, 부지하세월不知何歲月

[출전] 《춘추좌씨전(春秋左氏傳)》, 〈양공8년조(襄公八年條)〉

166 백두여신 白頭如新

白(흰 백) 頭(머리 두) 如(같을 여) 新(새로울 신)
머리가 파뿌리처럼 샐 때까지 교제하더라도 서로 마음이 안통하면 새로 사귀기 시작한 사람과 같다는 뜻.

[유래] 전한前漢 초기에 추양鄒陽이란 사람이 있었다. 그는 양나라에서 무고한 죄로 사형을 선고받았는데, 옥중에서 양나라의 왕에게 글월을 올려 억울함을 호소했다.

"형가荊軻는 연나라 태자 단丹의 의협심을 존경하여, 그를 위해 진나라 시황제를 암살하러 갔었습니다. 그러나 태자 단

도가 형가를 겁쟁이라고 의심한 일이 한 번 있었습니다. 또 변화卞和는 보옥의 원석을 발견하여 초나라 왕에게 바쳤는데, 왕이 신용하지 않았습니다. 오히려 임금을 기만하는 자라 하여 옥에 가두었을 뿐만 아니라 발을 베는 형에 처했습니다. 이사李斯는 전력을 기울여 진나라 시황제를 위해 활동하고 진나라를 부강하게 했으나 황제로부터 극형에 처해졌습니다. 실로 백두여신白頭如新이라 할 수 있습니다. 아무리 오랫동안 교제하더라도 서로 이해하지 못한다면 새로 사귄 벗이나 같습니다." 양나라 왕은 이 글을 읽고 감동하여 그를 석방했을 뿐만 아니라, 상객으로 맞이해 후히 대접했다.

[예문] 다른 사람 말만 믿고 나를 의심했다니 10년 사귄 친구도 백두여신이구나.

[출전] 《사기(史記)》

167 백락일고 伯樂一顧

伯(맏 백) 樂(즐거울 락) 一(한 일) 顧(돌아볼 고)
명마도 백락을 만나야 세상에 알려진다는 뜻으로, 재능 있는 사람도 그 재주를 알아보는 사람을 만나야 빛을 발한다는 말.

[유래] 주나라 때 백락은 세상이 알아주는 말 감정가였다. 어느 날 말 장수가 백락에게 찾아와 자기에게 훌륭한 말 한 필이 있는데 아무도 사려고 하지 않으니 말 가치를 감정해 달라고 부탁했다. 백락은 시장에 가서 말의 주위를 여러 차례 돌면서 요

모조모 살펴보았다. 다리, 허리, 엉덩이, 목덜미, 털의 색깔 등을 감탄하는 눈길로 그냥 쳐다보기만 했다. 그러고는 별 말 없이 갔다가는 다시 돌아와서 세상에 이런 명마는 처음 본다는 듯이 또 보곤 했다.

백락이 찬찬히 살피는 것을 보자 이를 지켜 본 사람들은 구하기 힘든 준마駿馬라고 여겨 앞 다투어 서로 사려고 해 말의 값은 순식간에 뛰었다.

[예문] 성공하려면 자신의 능력을 알아봐주는 백락일고의 인연을 만나야 한다.

[유의어] 백락상마伯樂相馬

[출전] 《전국책(戰國策)》

168 백면서생 白面書生

白(흰 백) 面(얼굴 면) 書(글 서) 生(날 생)
글만 읽어 얼굴이 하얀 선비라는 뜻으로, 오로지 글만 읽고 세상일에 경험이 없는 사람을 이르는 말.

[유래] 남북조 시대, 송나라에 심경지沈慶之라는 사람이 있었다. 그는 어릴 때부터 무예를 닦아 그 기량이 뛰어났고, 그의 나이 마흔에 이민족의 반란을 진압한 공로로 장군에 임명되었다.

문제에 이어 즉위한 효무제 때는 도읍을 지키는 방위 책임자로 승격했다. 어느 날 효무제는 심경지가 배석한 자리에 문신들을 불러 놓고 숙적인 북위北魏를 치기 위한 출병을 논의했다. 먼저 심경지는 북벌北伐 실패의 전례를 들어 출병을 반대하고 이렇게 말했다.

"폐하, 밭갈이는 농부에게 맡기고 바느질은 아낙에게 맡겨야 하옵니다. 하온데 폐하께서는 어찌 북벌 출병을 '백면서생'과 논의하려 하시나이까?"

[예문] 요즘은 백면서생보다는 다방면에 팔방미인인 활동형 인간이 인기 있다.
[유의어] 백면랑白面郞
[출전] 《송서(宋書)》, 〈심경지전(沈慶之傳)〉

169 백발백중 百發百中

百(일백 백) 發(쏠 발) 百(일백 백) 中(맞힐 중)
백 번 쏘아 백 번 모두 맞힌다는 뜻으로, 일이 계획한 대로 들어맞거나 하는 일마다 실패 없이 잘 된다는 말.

[유래] 주나라 난왕 때 진나라의 장군 백기白起는 한나라를 격파하고 양나라마저 공격하려고 했다. 이에 주나라의 신하 소려는 만일 양이 진나라의 수중에 떨어지면 주나라도 위험하다고 판단해 난왕에게 백기를 설득할 것을 권하면서 이런 말을 했다.

"초나라에 활을 매우 잘 쏘는 양유기養由基라는 사람이 있었습니다. 그는 백 보나 떨어진 곳에서 버드나무 잎을 쏘아도 백발백중이었으므로 이를 지켜본 수천 명이 활을 잘 쏜다고 하였습니다. 이때 어떤 자가 양유기의 옆에 가서 '잘한다. 활을 가르쳐 줄만하다' 라고 하였습니다."

[예문] 우리나라 양궁 선수들은 백발백중이어서 신궁이라고 불린다.
[출전] 《사기(史記)》,〈주본기(周本紀)〉

170 백아절현 伯牙絶絃

伯(맏 백) 牙(어금니 아) 絶(끊을 절) 絃(악기 줄 현)
백아가 거문고 줄을 끊었다는 뜻으로, 마음이 통하는 절친한 벗의 죽음을 이르는 말.

[유래] 춘추시대, 거문고의 명수 백아伯牙에게는 그 소리를 누구보다 잘 알아주는 친구 종자기鍾子期가 있었다. 백아가 거문고를 타며 높은 산과 큰 강의 분위기를 그려내려고 하면 옆에서 귀를 기울이고 있던 종자기는 감탄했다. "멋지다. 하늘 높이 우뚝 솟은 그 느낌은 마치 태산 같구나." "넘칠 듯이 흘러가는 그 느낌은 마치 황하 같구나." 그런데 불행히도 종자기는 병으로 죽고 말았다. 그러자 백아는 절망한 나머지 거문고의 줄을 끊고 다시는 연주하지 않았다고 한다.

[예문] 이름난 화가라도 자기 그림의 가치를 알아주는 친구를 잃으면 백아절현하고 싶어진다.
[유의어] 백아파금伯牙破琴, 지음知音, 고산유수高山流水
[출전] 《열자(列子)》

171 백의종군 白衣從軍

白(흰 백) 衣(옷 의) 從(따를 종) 軍(군사 군)
흰옷을 입고 군대를 따라 전장에 나선다는 뜻으로, 벼슬 없이 전쟁터에 나간다는 의미.

[유래] 백의白衣란 흰옷, 또는 흰옷을 입은 사람을 뜻하는데, 옛날에는 벼슬이나 직위가 없는 사람들이 무늬와 색깔이 없는 흰옷을 입었다. 《송서宋書》 안사백전에는 "유양진이 백의 객의 몸으로 주사의를 쳤다."는 기록이 있다.

[예문] 국회에서 날치기 입법이 되자 야당 지도자들은 사의를 표하며 백의종군하겠다고 선언했다.
[출전] 《송서宋書》

172 백전백승 百戰百勝

百(일백 백) 戰(싸울 전) 百(일백 백) 勝(이길 승)
백 번 싸워 백 번 이긴다는 뜻으로, 싸우면 곧 승리한다는 의미.

[유래] 춘추전국시대의 제나라 사람 손자孫子는 병법에 일가견이 있었다. 〈모공편〉에는 백전백승에 대한 다음과 같은 기록이 있다.
 "승리하는 방법에는 두 가지가 있다. 첫째는 적과 싸우지 않고 승리하는 것이요, 둘째는 적과 싸워 승리하는 것이다. 전

자가 가장 좋고 현명한 방법이고, 후자가 차선책이다. 비록 백 번 싸워 백 번 모두 이겼을지라도百戰百勝 그것은 최상의 승리가 아니다. 싸우지 않고 승리하는 것이야말로 최상의 승리라고 할 수 있다. 가장 좋은 방법은 적의 의표를 간파하여 미리 방어하는 것이다. 그 다음으로 좋은 방법은 적과 동맹 관계를 맺고 있는 나라와의 관계를 단절하여 고립시키는 것이다. 세 번째 방법은 적과 결전을 치르는 것이고, 가장 좋지 않은 방법은 온갖 수단을 동원하여 공격하는 것이다."

[예문] 상대방의 강점과 약점을 알고서 싸우면 백전백승이다.
[유의어] 연전연승連戰連勝
[반대어] 백전백패百戰百敗
[출전] 《손자(孫子)》의 〈모공편(謀攻篇)〉

173 백중지세 伯仲之勢

伯(맏 백) 仲(버금 중) 之(어조사 지) 勢(형세 세)
첫 번째 아니면 두 번째 형세라는 뜻으로, 세력이 엇비슷해 우열을 가릴 수 없음을 일컫는 말.

[유래] 서로의 문재文才가 엇비슷해 누구를 형이라 하고 누구를 아우라 할 수 없는 경우를 나타내는 말로 쓰였다.

위나라의 조비는 한나라의 대문장가인 부의傅儀와 반고班固 두 사람의 문장 실력에 대해 우열을 가릴 수 없다면서 "문인들이 서로 가볍게 여기는 것은 옛날부터 그러했다. 부의와 반고에 있어서는 백중지간일 뿐이다〔文人相輕 自古而然 傅儀之於班固 伯仲之間耳〕."라고 했다.

[예문] 금메달을 두고 다툰 두 사람의 수영 실력은 비슷비슷해서 백중지세라 할 수 있었다.
[유의어] 춘란추국春蘭秋菊, 난형난제難兄難弟, 막상막하莫上莫下
[출전] 《조비曹操》, 〈전론典論〉

174 백척간두 百尺竿頭

百(일백 백) 尺(자 척) 竿(대줄기 간) 頭(머리 두)
백 자나 되는 장대 끝이라는 뜻으로, 매우 위태롭고 위험한 지경을 비유한 말.

[유래] 백척간두진일보〔百尺竿頭進一步〕라 하여, 어떤 목적에 도달했어도 거기서 멈추지 않고 더욱 노력한다는 뜻이다.
  송나라의 도원이 저술한 불교 서적 《경덕전등록景德傳燈錄》에 쓰여 있으며, 자신의 나태함을 경계하고 스스로 극한상태에 올려 긴장을 늦추지 말라는 뜻이다.

[예문] 국가 경쟁력이 높아졌다고는 하나 언제 허물어질지 모르는 백척간두에 섰다는 점을 잊어선 안 된다.
[유의어] 누란지위累卵之危, 여리박빙如履薄氷, 풍전등화風前燈火
[출전] 《경덕전등록(景德傳燈錄)》

175 병문졸속 兵聞拙速

兵(병사 병) 聞(들을 문) 拙(못날 졸) 速(빠를 속)
전쟁은 졸렬하게라도 빨리 끝내야 한다는 뜻.

[유래] 춘추전국시대의 병법가 손자는, 전쟁은 속전속결로 결판을 내야 한다고 주장했다.

"지금 전쟁을 한다고 가정하자. 전쟁을 수행하기 위해 수레 천 대, 수송차 천 대, 병사 십만 명으로 천 리나 떨어진 먼 곳까지 식량을 수송하려고 한다. 이처럼 큰 규모의 전쟁을 하려면 조정 안팎의 경비, 외교 사절의 접대, 군수 물자, 무기 보충 등 하루 천금이나 되는 막대한 비용이 소용될 것이다. 그렇게 해서 싸움에서 이길지라도 장기간의 전쟁은 군사들을 피폐하게 만들 뿐만 아니라 사기도 저하시킬 것이다. 또한 공격에 실패하면 국력이 소모된 틈을 타고 다른 나라가 침략해 올 것이다. 그리고 나면 아무리 지혜로운 자가 나와도 사태를 수습할 수 없다. 그래서 전투를 할 때는 졸렬해도 빠른 것이 좋다〔兵聞拙速〕."

[예문] 병문졸속의 지혜를 무시하고 장기전을 벌이면 결국 국민들 삶이 피폐해질 따름이다.

[출전] 《손자(孫子)》 〈작전편(作戰篇)〉

176 병입고황 病入膏肓

病(병 병) 入(들 입) 膏(살찔 고) 肓(명치끝 황)
고칠 수 없이 깊이 든 병을 뜻하는 말로, 나쁜 버릇이나 폐단이 손댈 수 없는 지경에 이름을 이르는 말.

[유래] 진나라 경공景公이 어느 날 귀신이 나오는 해괴한 꿈을 꾸었다. 경공은 곧 병이 들어 위독한 상태가 되었고 나라 안의 많은 의원들을 불러 치료하게 하였으나, 전혀 효과가 없었다. 이에 명의 완을 불러 고치고자 했는데 완이 도착하기 전에, 경공은 또 괴이한 꿈을 꾸었다. 두 동자가 나와서 "그 사람은 용한 의원이어서 우리들을 괴롭힐 것 같은데, 우리는 어디로 도망치지?" "흉부의 횡격막의 위쪽과 심장의 아래에 가 있으면 우리를 어떻게 하겠어?" 하는 말을 주고받는 것이다.

얼마 후, 명의 완이 도착해 경공을 진맥하더니 이렇게 말했다. "이 병은 다스릴 수가 없습니다. 병의 근원이 흉부 횡격막의 위쪽과 심장의 아래에 있어서 손을 쓸 수가 없습니다. 침을 놓아도 이르지 못하고, 약을 써도 약 기운은 그곳에 가지 못하니 치료할 수가 없습니다."

[예문] 고위 정치인들의 부패는 이미 병입고황의 지경에 이르렀다.
[유의어] 병입골수病入骨髓
[출전] 《춘추좌전(春秋左傳)》

177 보우지탄 鴇羽之嘆

鴇(능에 보) 羽(깃 우) 之(어조사 지) 嘆(탄식할 탄)
너새 깃의 탄식이라는 뜻으로, 백성이 전쟁과 노역에 종사하느라 부모를 보살피지 못하는 것을 탄식하는 말.

[유래] 진나라는 소공昭公 이후 정사가 어지러워졌다. 그리하여 전쟁터로 출정 가는 일이 잦았는데, 이때 병사들이 부모님을 봉양하지 못함을 구슬퍼하면서 자신의 처지를 기러기와 비슷한 너새를 비유해 노래를 불렀다.

[예문] 외국에 나가 공부하는 아이들은 보우지탄을 하기는커녕 되돌아오고 싶어하지 않는다고 한다.

[유의어] 보우지차保羽之嗟

[출전] 《시경(詩經)》

178 복수불수覆水不收

覆(엎을 복) 水(물 수) 不(아니 불) 收(거둘 수)
엎질러진 물은 다시 담지 못한다는 뜻으로, 다시 어떻게 수습할 수 없을 만큼 일이 그릇됨을 비유하는 말.

[유래] 태공망은 끼니조차 제대로 잇지 못하던 가난한 서생이었다. 그래서 결혼 초부터 굶기를 밥 먹듯 하던 아내 마씨는 그만 도망가고 말았다. 훗날 태공망이 입신출세하자 마씨가 그

를 찾아와서 이렇게 말했다. "전엔 끼니를 잇지 못해 떠났지만 이젠 그런 걱정 안 해도 될 것 같아 돌아왔어요."

그러자 태공망 여상은 잠자코 곁에 있는 물그릇을 들어 마당에 엎지른 다음 마씨에게 말했다.

"저 물을 주워서 그릇에 담으시오." 그러자 마씨는 진흙만 약간 주워 담았을 뿐이었다. 그러자 태공망은 조용히 말했다. "그대는 이별했다가 다시 결합할 수 있다고 생각하겠지만 이미 엎질러진 물은 다시 담을 수 없다오."

[유의어] 복수불반분覆水不返盆, 복배지수覆杯之水, 복수불수覆水不收, 낙화불반지落花不返枝, 파경부조破鏡不照, 파경지탄破鏡之歎.
[속담] 쏘아 놓은 화살이요, 엎지른 물이다. 깨진 거울이다.
[출전] 《습유기(拾遺記)》

179 복주복야 卜晝卜夜

卜(점 복) 晝(낮 주) 卜(점 복) 夜(밤 야)
밤낮으로 길흉을 점친다는 뜻으로, 시간 가는 줄 모르고 밤낮으로 놀기만 하는 사람을 비유하는 말.

[유래] 춘추시대, 진나라 공자 완경중完敬仲은 진나라 선공宣公과 형제였다. 진 선공은 총희가 낳은 아들 관款을 태자로 삼기 위해, 원래 태자인 큰아들 어구御寇를 죽였다. 어구를 지지하던 완경중은 전손과 함께 제나라로 도망쳤다. 전손은 또 제나라에서 노나라로 도망해 왔다. 환공은 그를 받아들여 경卿으로

삼으려고 했으나 경중은 사양했다.

어느 날, 환공은 경중의 집에 찾아갔고 경중은 술을 대접했다. 환공은 기분이 몹시 좋아서 등불을 밝히고 밤까지 술을 마시자고 하였다. 그러자 경중은 정중하게 사양하며 말했다.

"신臣은 낮에 모시는 일만 점을 쳤지만 밤까지 모실 것은 점을 치지 않았으니, 감이 명을 받들 수 없습니다."

[유의어] 배반낭자杯盤狼藉

[출전] 《춘추좌씨전(春秋左氏傳)》

180 봉모인각 鳳毛麟角

鳳(봉황 봉) 毛(털 모) 麟(기린 인) 角(뿔 각)
봉황의 털과 기린의 뿔이라는 뜻으로, 매우 뛰어나고 훌륭한 인재를 이르는 말.

[유래] 남북조시대 산수 시인 사령운謝靈運의 손자인 사초종은 신안왕의 어머니가 죽었을 때 살아 있는 동안의 어질고 착한 행실을 기리는 글을 지었다. 이 글을 읽은 효무제가 "초종에게는 봉모가 있어 뛰어난데 사령운이 다시 나왔다〔招宗殊有鳳毛靈運復出〕."라고 탄복했다. 이렇듯 '봉모鳳毛'는 조상보다 글재주가 뛰어난 후손을 의미한다. '인각麟角'은 당나라의 학자 이연수가 편찬한 《북사北史》〈문원전文苑傳〉에 나오는 "배우는 사람은 소의 털만큼 많지만 성공하는 사람은 기린의 뿔같이 드물다〔學者如牛毛 成者如麟角〕."라는 말에서 유래했다.

[예문] 봉모인각을 가려내는 혜안을 지닌 사람만이 훌륭한 지도자가 된다.

출전] 《남사(南史)》, 〈사초종전(謝招宗傳)〉. 《북사(北史)》, 〈문원전(文苑傳)〉

181 부복장주 剖腹臟珠

剖(가를 부) 腹(배 복) 臟(감출 장) 珠(구슬 주)
배를 갈라 구슬을 감춘다는 뜻으로, 재물에 눈이 어두워 몸이 망가지는 것을 모르는 어리석음을 비유한 말.

[유래] 어느 날 당 태종이 신하들에게 이렇게 말을 했다.

"내가 들은 바로는 서역에 어떤 장사꾼이 귀중한 보물을 얻고 어디에 감출지를 몰라 망설이다가 자신의 배를 가르고 그 속에 감췄다고 한다. 이런 일이 일어날 수 있는가?"

신하들은 "네에, 있을 수 있는 일입니다." 했다. 그러자 당 태종은 "이 장사꾼이 재물 때문에 목숨을 잃은 것을 두고 모두들 황당한 일이라 여기지만, 어떤 벼슬아치들은 욕심이 많아 목숨을 잃기도 하고 어떤 황제들은 향락을 추구하여 나라를 잃기까지 하니 서역의 장사꾼과 마찬가지가 아닌가!"라고 했다.

[예문] 입신양명에 집착해 건강을 해치는 일은 부복장주와 같이 어리석다.

[유의어] 부신장주 剖身臟珠

출전] 《자치통감(資治通鑑)》

182 부족회선 不足回旋

不(아닐 불) 足(족할 족) 回(돌릴 회) 旋(돌릴 선)
처지가 어려워 몸을 돌리기조차 어렵다는 뜻.

[유래] 한 경제는 어느 날 각지에 분봉을 받은 왕들을 불러모았다. 그리고 성대한 잔치를 벌려 여러 왕들이 춤추며 즐겁게 놀게 했다. 모든 왕들이 춤추며 흥겹게 놀았다. 그런데 이때 장사의 정왕定王만은 손과 발을 놀리지 않고 가만히 있었다. 황제는 이상하게 여겨 그 까닭을 물었다. 이에 정왕은 답했다. "신은 나라가 작아서 몸 돌리기도 어렵습니다." 경제는 그 뜻을 알아채고 그의 영토를 넓혀주었다.

[예문] 부족회선인 이 땅에서 남북, 좌우로 갈라서 싸우는 건 비극적이다.

[반대어] 회선여지 回旋餘地

[출전] 《한서(漢書)》

183 부형청죄 負荊請罪

負(질 부) 荊(모형나무 형) 請(청할 청) 罪(죄 죄)
가시나무를 등에 지고 때려 주기를 바란다는 뜻으로, 자기 잘못을 인정하고 형벌을 자청한다는 의미.

[예문] 염파는 인상여의 사람됨을 알아보지 못했다는 점을 반성

하고 부형청죄를 했다.

[출전] 《사기(史記)》

184 부화뇌동 附和雷同

附(붙을 부) 和(화할 화) 雷(우뢰 뇌) 同(같을 동)
우레 소리에 맞춰 함께한다는 뜻으로, 자신의 뚜렷한 소신 없이 남이 하는 대로 따라가는 것을 의미하는 말.

[유래] 《예기禮記》에서는 손윗사람에 대한 예절을 이렇게 설명했다. "너의 용모를 바르게 하고 말씀을 들을 때는 반드시 공손히 하라. 다른 사람의 주장을 취하여 자기의 주장인 것처럼 말하지 말고, 다른 사람의 말을 듣고 자기의 생각 없이 무조건 따라 하지 말라. 반드시 옛 것을 본받고 선왕의 일을 본 받아라."

'뇌동雷同'이란 우뢰가 치면 만물이 이에 응하여 울리는 것처럼, 다른 사람이 말하는 것을 듣고, 그것이 옳고 그른지를 생각해 보지도 않고서, 경솔하게 그 말에 부화공명附和共鳴하는 것을 말한다.

《논어論語》의 〈자로편子路篇〉에 다음과 같은 말이 있다. "공자가 말하기를 군자는 화합하지만 부화뇌동하지 않고, 소인은 부화뇌동하지만 화합하지 않는다〔子曰 君子和而不同 小人同而不和〕."

[유의어] 뇌동부화雷同附和, 부부뇌동附付雷同, 경거망동輕擧妄動, 만

장일치滿場一致, 아부뇌동阿附雷同

[출전] 《예기(禮記)》, 《논어(論語)》, 〈자로편(子路篇)〉

185 분서갱유 焚書坑儒

焚(불사를 분) 書(책 서) 坑(구덩이 갱) 儒(선비 유)
책을 불사르고 선비들을 산 채로 구덩이에 묻어 죽임을 뜻하며, 진시황제가 행한 유생 탄압 사건.

[유래] 진시황제 34년 전국의 유생들이 진나라에서 실시하는 중앙집권적 군현제를 반대하고 봉건제 부활을 주장했다. 시황제는 이를 조정의 공론에 붙였는데, 승상 이사李斯는 선비들의 그런 태도는 임금의 권위에 위협적이라는 것이기에 일절 금해야 한다고 주장했다. 또 그에 반대하는 데 그치지 않고, 차제에 사적인 학문으로 정치를 비판하는 일체의 행동을 본원적으로 봉쇄하기 위하여 진나라 이외의 모든 책은 불태우고, 《시》《서》 백가어를 소장한 자는 30일 이내에 모두 관에 신고하여 불태우게 했다. 이듬해 불로장생약을 구해 오겠다던 노생盧生과 후생侯生이라는 자가 많은 재물을 사취한 뒤 시황제의 부덕不德을 비난하며 도망을 치자, 시황제는 함양에 있는 유생을 체포하여 결국 460여 명이 구덩이에 매장되는 형을 받았다.

[예문] 지식인의 정치적 발언을 탄압하는 것은 분서갱유나 다름없다.

[출전] 《사기(史記)》

186 불치하문 不恥下問

不(아닐 불) 恥(부끄러워할 치) 下(아래 하) 問(물을 문)
손아랫사람이나 지위나 학식이 자기만 못한 사람에게 모르는 것을 묻는 일을 부끄러워하지 않는다는 뜻.

[유래] 공자의 제자인 자공子貢은, 공어孔圉가 사람들이 말하는 것만큼 그렇게 훌륭하지 않으며, 또한 그렇게 높은 평가를 받아서는 안 된다고 생각했다. 그는 이에 대하여 스승인 공자에게 물었다.
"공어에게는 무엇에 근거해서 '문文'이라는 시호를 내린 것입니까?" 공자는 "그는 일을 민첩하게 처리하고 공부하기를 좋아하며, 누구에게나 묻고 가르침을 청했기 때문에 '문文'이라고 시호를 내린 것이다."라고 대답했다.

[예문] 공부는 아무리 해도 끝이 없기 때문에 불치하문해야 한다.
[출전] 《논어(論語)》

187 불구심해 不求甚解

不(아닐 불) 求(구할 구) 甚(심할 심) 解(풀 해)
독서할 때 어렵고 의문이 많은 부분의 뜻을 무리하게 밝히려고 하지 않음을 이르는 말.

[유래] 도연명陶淵明의 《오류선생전五柳先生傳》에 다음 구절이 있

다. "선생은 어디쯤의 사람인지 알지 못하고, 그 성명과 자(字)도 자세하지 않다. 집 주변에 버드나무 다섯 그루가 있었으니, 그것으로 호(號)를 삼았다. 한가롭고 조용하여 말이 적었으며, 명예나 실리를 바라지 않았다. 책 읽기를 좋아했지만, 깊이 이해하려 하지 않았다〔好讀書 不求甚解〕."

[예문] 책도 여러 가지여서 정독할 책이 있고 불구심해할 책이 있다.

[출전] 《도연명(陶淵明)》, 〈오류선생전(五柳先生傳)〉

188 불문곡직 不問曲直

不(아니 불) 問(물을 문) 曲(굽을 곡) 直(곧을 직)
굽음과 곧음을 묻지 않는다는 뜻으로, 옳고 그름을 따지지 않음을 일컫는 말.

[유래] 초나라 사람 이사(李斯)는 진(秦)나라에서 벼슬을 하고 있었다. 어느 날 종실 사람들과 대신들이 진나라 사람을 제외한 다른 제후국의 신하들은 믿을 수가 없으니 쫓아내야 한다는 '축객(逐客)'의 상소를 진시황에게 올렸다. 이사는 자신도 그 명단에 포함된 사실을 알고 진시황에게 상소문을 올렸고 그 글에는 다음 같은 말이 있다.

"폐하께선 뜻을 흔쾌하게 하는 것을 앞에 놓고 보시기만 하면 되는 것입니다. 지금 사람을 쓰는 것은 그렇지 않아서, 가부를 묻거나 곡직을 가리지도 않고서 진나라 사람이 아닌 자는 떠나가게 하고 손님들은 내쫓으시려 하시니, 이는 천하를 통치하고 제후를 다스리는 방책이 아닙니다."

[예문] 자기 죄를 스스로 뉘우쳤으니 이 일은 불문곡직하겠다.
[유사] 불문가부不問可否, 불론가부不論可否, 불문시비不問是非.
[출전] 《사기(史記)》

189 불원천리 不遠千里

不(아니 불) 遠(멀 원) 千(일천 천) 里(마을 리)
천 리 길도 멀다 하지 않는다는 뜻으로, 먼 길인데도 개의치 않고 열심히 달려감을 이르는 말.

[유래] 맹자가 양나라 혜왕을 찾아가는 왕은 이렇게 말하며 반겼다. "장로長老께서 천 리를 멀다 않고 오셨으니, 역시 장차 내 나라를 이롭게 함이 있겠습니까?" 이에 맹자는 "왕께서는 하필 이로움을 말씀하십니까? 오직 인과 의가 있을 따름입니다."

[예문] 좋아하는 가수의 콘서트를 보고자 불원천리하고 찾아온 사람들로 장사진을 이뤘다.
[유의어] 불원만리不遠萬里
[출전] 《맹자(孟子)》, 〈양혜왕(梁惠王)〉

190 붕정만리 鵬程萬里

鵬(붕새 붕) 程(길 정) 萬(일만 만) 里(거리 리)
붕새가 날아갈 길이 만 리라는 뜻으로, 머나먼 노정이나 개인과 사회, 국가의 앞날이 밝고 창창함을 일컫는 말.

[유래] 《장자莊子》의 〈소요유逍遙遊〉 앞부분에 이런 말이 나온다. "북쪽 바다에 고기가 있으니, 그 이름을 곤鯤이라 한다. 곤의 큰 것은 그 길이가 몇 천 리나 되는지 알지 못한다. 변해서 새가 되었는데, 그 이름을 붕鵬이라 한다. 붕새의 등덜미는 그 길이가 몇 천 리인지 알지 못한다. 그놈이 성내어 날면 그 날개는 하늘에 드리운 구름과 같다. 이 새는 바다의 기운으로 장차 남쪽 바다로 옮겨 가려고 하는데 남쪽 바다는 곧 천지天池이다."

[출전] 《장자(莊子)》, 〈소요유(逍遙遊)〉

191 비익연리 比翼連理

比(견줄 비) 翼(날개 익) 連(이을 연) 理(다스릴 리)
중국 전설에 나오는 비익조比翼鳥와 연리지連理枝로 정이 깊은 연인 사이를 일컫는 말.

[유래] 비익조는 상상의 새로, 암컷과 수컷의 눈과 날개가 하나씩이어서 언제나 깃을 가지런히 하여 하늘을 날아다닌다고 하

며, 연리지는 두 나무의 가지가 맞닿아서 결이 서로 통한 것이다. 백거이白居易는 《장한가長恨歌》에서 현종과 양귀비의 사랑을 빗대어 "하늘에서는 비익의 새가 되고 땅에서는 연리의 가지가 되리라."고 노래하였다.

[예문] 비익연리의 인연으로 만난 두 사람의 사랑은 어느 누구도 갈라놓을 수 없었다.
[출전] 《장한가(長恨歌)》

192 빙탄지간 氷炭之間

氷(얼음 빙) 炭(숯 탄) 之(어조사 지) 間(사이 간)
얼음과 숯 사이란 뜻으로, 서로 화합할 수 없는 사이를 일컫는 말.

[유래] 한나라 무제의 신하 동방삭은 초나라의 굴원이 간신들의 모함을 받고 고향을 떠나 귀양을 간 심정을 시로 읊었다. 시에서는 나라를 생각하는 굴원과 굴원을 모함한 간신을 얼음과 숯불에 비유하여 굴원의 절개를 부각했다. "얼음과 숯은 서로 나란히 할 수가 없다〔氷炭不可以相竝兮〕." 곧 충성스러움과 아첨은 같이 있을 수 없다는 비유이다.

[유의어] 빙탄불상용氷炭不相容
[출전] 《초사(楚辭)》, 〈칠간 자비(七諫 自悲)〉

人

193 사가망처 徙家忘妻

徙(옮길 사) 家(집 가) 忘(잊을 망) 妻(아내 처)
이사하면서 아내를 잊고 간다는 뜻으로, 중요한 일을 놓쳐버리는 얼빠진 사람을 비유해 이르는 말.

[유래] 노나라의 왕 애공哀公은 '이사를 할 경우 아내를 잊어버리는徙家忘妻' 사람도 있다고 한 공자의 말처럼 그만큼 얼빠진 사람이 있는지 물어보았다. 이에 공자는 "하왕조의 마지막 왕인 걸왕과 은나라 마지막 왕인 주왕은 음탕한 짓을 함부로 하고 부도덕하였으며 백성들의 생활과 국가의 중대한 일을 돌보지 않고 악독한 행위를 일삼았습니다. 그리고 백성들을 억압하였으며 현자들의 간언을 듣지 않고 그들을 추방하였습니다. 폭군이었던 걸왕과 주왕은 계속 악행을 저질러 나라를 망치고 나라와 백성, 자기 자신도 잊어버렸습니다." 하고 대답했다.

[예문] 시험장에 수험표를 놓고 가다니 사가망처가 따로 없구나.
[유의어] 사택망처 徙宅忘妻
[출전] 《공자가어(孔子家語)》, 〈현군편(賢君篇)〉

194 사면초가 四面楚歌

四(넉 사) 面(낯 면) 楚(초나라 초) 歌(노래 가)
사방이 초나라 노랫소리로 가득하다는 뜻으로, 사면이 적으로 둘러싸인 고립무원孤立無援의 상태를 말함.

[유래] 초나라 항우가 유방에 패하여 해하에 주둔하고 있었으나 이미 병사들의 사기는 땅에 떨어지고 식량도 바닥이 나 있었다. 더구나 성 주위는 한군에 의해 겹겹이 포위당해 있었다. 그 밤에 한나라 군대 진영에서는 사방으로 초나라의 슬픈 노랫소리가 들렸다. 항왕은 크게 놀라 말했다.

"한나라가 이미 초나라를 점령했다는 말인가. 어째서 초나라 사람이 이토록 많은가." 이는 한나라 고조가 꾸며낸 심리 작전이었다.

[예문] 장기판에서 사면초가에 놓이면 깨끗이 패배를 인정해야 한다.

[출전] 《사기(史記)》, 〈항우본기(項羽本紀)〉

195 사반공배 事半功倍

事(일 사) 半(반 반) 功(공 공) 倍(곱 배)
들인 노력은 적고 얻은 성과는 크다는 뜻.

[유래] 맹자는 제나라 출신 제자 공손추公孫丑와 천하 통일에 관한 대화를 나누었다. "지금 백성들이 폭정에 시달리는 것은 그 어느 때보다 정도가 심하다. 주린 사람들은 먹을거리만 있으면 족하고, 목마른 사람들은 물만 있으면 된다. 그러므로 일은 옛 성인들보다 절반만 하고서도 얻는 효과는 몇 배가 될 것이니, 지금이 바로 그럴 때다."

[예문] 아무도 노력하지 않을 때 한 걸음 나아가면 사반공배의 효과를 거둘 수 있다.
[반대어] 사배공반事倍功半
[출전] 《맹자孟子》

196 사불급설 駟不及舌

駟(네 마리 말 사) 不(아닐 불) 及(미칠 급) 舌(혀 설)
네 마리 말이 끄는 빠른 수레도 사람의 혀에는 미치지 못한다는 뜻으로, 한 번 내뱉은 말은 되돌릴 수 없다는 의미.

[유래] 위나라 대부인 극자성棘子成이 자공子貢에게 물었다. "군자는 질박하기만 하면 된다. 교양으로 무엇을 할 것인가?" 이에 자공이 말했다.

"안타깝도다. 한 마디 말이 이미 나오면 네 마리 말로도 따라가기 어렵다. 교양이 질과 같고 질박함이 바로 교양이라고 말하는 것은, 호랑이나 표범의 가죽이 개나 양의 가죽과 같다는 것이다."

[예문] 사불급설이라고, 공인의 말 한 마디는 돌보다 더 무거워야 한다.
[유의어] 사마난추駟馬難追, 복수난수覆水難水
[출전] 《논어論語》

197 사필귀정 事必歸正

事(일 사) 必(반드시 필) 歸(돌아갈 귀) 正(바를 정)
무슨 일이든 결국 옳은 이치대로 돌아간다는 뜻.

[유래] '사事'는 '모든 일'을 뜻하고, '정正'은 '올바른 법칙'을 뜻한다. 사필귀정은 좋은 일을 하면 반드시 복을 받고 나쁜 일을 하면 반드시 벌을 받는 식으로 올바른 법칙의 적용을 받게 된다는 말이다.

[예문] 남을 속이려 하다 제 꾀에 제가 넘어가다니 사필귀정이다.
[유의어] 인과응보因果應報, 종두득두種豆得豆

198 삼고초려 三顧草廬

三(석 삼) 顧(돌아볼 고) 草(풀 초) 廬(오두막집 려)
초가집을 세 번 찾아간다는 뜻으로, 인재를 맞아들이기 위하여 참을성 있게 노력한다는 말.

[유래] 삼국시대, 유현덕劉玄德이 와룡강에 숨어 사는 제갈공명을 불러내기 위해 세 번이나 그를 찾아가 정성을 다해 보임으로써 마침내 그를 세상 밖으로 끌어낼 수 있었다는 데서 유래한다.

[예문] 훌륭한 감독은 좋은 선수를 기용하기 위해 삼고초려를

마다 않는다.

[유의어] 초려삼고草廬三顧, 삼고지례三顧之禮, 삼고지우三顧知遇, 토포악발吐哺握髮

[출전] 《삼국지(三國志)》, 〈제갈량전(諸葛亮傳)〉

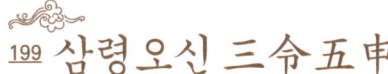
199 삼령오신 三令五申

| 三(석 삼) 令(영 령) 五(다섯 오) 申(아홉째 지지 신)
| 여러 번 명령하고 되풀이하여 경계한다는 뜻

[유래] 춘추시대, 오왕 합려闔閭는 《손자병법》을 읽고 손무를 존경하게 되었다. 그는 손무를 불러 실제로 군대를 훈련시키는 것을 보여 달라고 청했다. 그리고 108명의 궁녀를 골라 손무에게 훈련을 맡겼다.

손무는 그들을 두 부대로 나누어 편성한 다음, 왕이 총애하는 두 궁녀를 각각 대장으로 삼았다. 그런 후 그들에게 창을 들게 하고 명령을 내렸다. 그러나 궁녀들은 크게 웃을 뿐 움직이지 않았다. 손무는 군령의 전달이 철저하지 못한 것은 장수의 책임이라고 말하면서, 다시 세 번 군령을 들려주고 다섯 번 설명을 한 다음, 북을 힘껏 치고 다시 명령을 내렸다.

이번에도 궁녀들은 웃기만 할 뿐 전혀 움직이지 않았다. 손무는 군령이 제대로 전달되지 않은 것은 장수의 죄이나, 병졸들이 전달된 명령을 따르지 않는 것은 대장의 책임이라면서, 두 부대의 대장 궁녀들을 참수했다. 손무는 다시 두 명의 대장을 임명하고 훈련을 시작했다. 두 대장 궁녀의 목을 베어 본을 보이자, 궁녀들은 일사불란하게 움직였다.

[예문] 삼령오신을 했는데도 일사분란하게 움직이지 않는다면 전혀 가망이 없는 군대다.

[출전] 《사기(史記)》,〈손자오기열전(孫子吳起列傳)〉

200 삼시도하 三豕渡河

三(석 삼) 豕(돼지 시) 渡(건널 도) 河(강 이름 하)
세 마리 돼지가 강을 건넜다는 뜻이나, 글자를 오독誤讀하거나 오용誤用함을 이르는 말. 기해도하己亥渡河를 삼시도하라고 읽었다는 옛일에서 온 말임.

[유래] 자하子夏는 공자의 제자이다. 그는 위나라 사람인데 그렇게 존경을 받는 인물은 아니었다. 그가 공자를 떠나 일찍이 고국인 위에 돌아와서 위나라 역사를 읽다가 '진사벌진 삼시도하〔晉師伐秦, 三豕渡河〕' 라는 구절을 보고 "삼시三豕는 기해己亥를 잘못 쓴 것이다."라고 말했다. 그 후 역사 기록하는 사람이 진나라의 역사를 살펴보니 자하의 말이 맞았다. 이후 위나라 사람들은 자하를 성인이라 부르며 존경했다.

[예문] 요즘 언론사는 기업에서 보낸 홍보물을 그대로 실어 삼시도하의 실수를 하는 경우가 많다.

[출전] 《공자가어(孔子家語)》

201 삼인성호 三人成虎

三(석 삼) 人(사람 인) 成(이룰 성) 虎(범 호)
세 사람이 호랑이를 만들어 낸다는 뜻으로, 한 사람이 나타났다고 하면 믿지 않지만 세 사람이 말하면 믿게 되듯, 아무리 근거 없는 말도 여러 사람이 말하면 믿게 된다는 의미.

[유래] 전국시대, 위나라 혜왕惠王 때 위나라 태자와 중신 방총이 볼모로 조나라의 도읍 한단에 가게 되었다. 출발을 며칠 앞둔 어느 날, 방총이 심각한 얼굴로 혜왕에게 이렇게 물었다.
"전하, 지금 누가 저잣거리에 호랑이가 나타났다고 한다면 믿으십니까?" "믿지 않는다." "하오면, 두 사람이 똑같이 저잣거리에 호랑이가 나타났다고 한다면 믿으십니까?" "역시 안 믿지." "만약, 세 사람이 똑같이 아뢴다면 그땐 믿으시겠나이까?" "그땐 혹시 믿을지도 모르지." 그러자 방총이 말했다.
"전하, 시장에 호랑이가 나타날 수 없다는 것은 명백한 사실이옵니다. 하오나 세 사람이 똑같이 아뢴다면 사실로 믿게 되옵니다. 신은 이제 한단으로 가게 되었사온데, 한단은 위나라에서 저잣거리보다 아주 멀리 떨어져 있사옵니다. 게다가 신이 떠난 뒤 신에 대해서 비방하는 자가 세 사람만은 아닐 것이옵니다. 이에 지혜롭게 살펴주시길 바라옵니다."
그런데 방총이 한단으로 떠나자마자 혜왕에게 그를 비방하는 자가 있었다. 수년 후 볼모에서 풀려난 태자는 귀국했으나 혜왕에게 의심을 받은 방총은 끝내 귀국할 수 없었다고 한다.

[예문] 귀가 얇은 사람은 삼인성호에 넘어가는 일이 비일비재하다.
[유의어] 시유호市有虎, 시호삼전市虎三傳, 삼인언이성호三人言而成虎, 증삼살인曾參殺人
[출전] 《한비자(韓非子)》

202 삼종지도 三從之道

三(석 삼) 從(따를 종) 之(어조사 지) 道(이치 도)
세 가지 따라야 할 도리라는 뜻으로, 여자가 어려서는 아버지를 따르고 시집을 가면 남편을 따르며 남편이 죽으면 자식을 따르라는 말.

[유래] 《의례》에 "여자에게는 세 가지 따라야 할 길이 있으니 함부로 행동해서는 안 된다."고 나와 있다. "시집가기 전에는 아버지를 따르고, 시집을 갔으면 남편을 따르고, 지아비가 죽었으면 아들을 따라야 한다."는 것이다.

[예문] 옛날과 달리 삼종지도가 낡은 사고방식으로 여겨진다.
[유의어] 삼종지의三從之義, 삼종의탁三從依託, 삼종지덕三從之德
[출전] 《의례(儀禮)》, 〈상복전(喪服傳)〉

203 상가지구 喪家之狗

喪(초상 상) 家(집 가) 之(어조사 지) 狗(개 구)
상갓집 개라는 뜻으로, 초라한 모습으로 떠돌아다니며 천대받는 사람을 비유한 말.

[유래] 춘추전국시대 말 공자는 노나라 정공定公 때 대사구라는 높은 직책을 맡았지만 왕족 삼환三桓에게 배척당해 노나라를 떠났다. 그 후 공자는 십수 년 동안 여러 나라를 돌아다녔지만 어떤 군주도 그를 받아 주지 않았다. 공자가 56세에 정나라로 갔을 때 제자들과 길이 어긋나 동문에서 제자들이 찾아오기만을 막연히 기다리고 있었다.

이때 스승을 찾아다니는 자공子貢에게 어떤 사람이 자신이 본 공자의 모습을 말했다. "이마는 요 임금과 같고, 목은 순·우 임금 때의 명 재상 고요皋陶와 같으며, 어깨는 자산子産과 같았소이다. 그러나 허리 밑으로는 우 임금보다 세 치나 짧았고, 그 초췌한 모습은 마치 상갓집 개와 같소이다." 자공은 스승임을 알아차리고 다른 제자들과 함께 공자가 있는 곳으로 달려갔다. 자신이 들은 이야기를 공자에게 들려주니 공자는 웃으면서 "외모는 그런 훌륭한 사람들에게 미치지 못하지만 상갓집 개와 같다는 말은 맞다 맞어."라고 말했다.

[예문] 하늘을 나는 새도 떨어뜨릴 정도로 위세가 있던 사람도 힘을 잃으면 상가지구 꼴이 될 수 있다.

[출전] 《사기(史記)》,《공자가어(孔子家語)》

204  상궁지조 傷弓之鳥

傷(상할 상) 弓(활 궁) 之(어조사 지) 鳥(새 조)
활에 다친 새라는 뜻으로, 화살을 한번 맞아 혼이 난 새처럼 한번 놀란 일로 그 뒤에 사소한 일에도 경계하는 것을 이르는 말.

[유래] 전국시대 말엽 초·조·연·제·한·위 등 여섯 나라가 합종책으로 최강국인 진과 대치하고 있을 때의 일이다. 조나라 왕은 위가魏加라는 신하를 초나라에 보내 초나라 승상 춘신군春申君과 군사 문제에 대한 협의를 하게 했다. 춘신군을 만난 위가는 이렇게 물어보았다.

"군께서는 쓸 만한 장군이 있습니까?" "있고말고요. 우리는 임무군臨武君을 총지휘관으로 삼으려 합니다." 이 말을 들은 위가는 화살 없이 활시위만을 당겨 기러기를 달아나게 했다. 그러고 나서 "이 기러기는 지난 날 제가 쏜 화살에 맞아 다친 적이 있는 기러기입니다. 그러다 보니 활의 시위만 당겼는데 그 소리에 놀라 높이 날아가려고 하다가 땅에 떨어졌습니다."라고 말했다. 그러면서 "진나라와 싸워서 졌던 임무군을 장군으로 임명하는 일은 타당하지 않습니다." 했다.

[예문] 어려운 일을 당하더라도 마음을 굳세게 먹어 상궁지조를 피해야 한다.
[유의어] 경궁지조驚弓之鳥, 경현지조驚弦之鳥
[속담] 자라보고 놀란 가슴 솥뚜껑보고 놀란다.
[출전] 《전국책(戰國策)》

205 상루담제 上樓擔梯

上(위 상) 樓(다락 루) 擔(멜 담) 梯(사닥다리 제)
다락에 올라가게 하고는 사닥다리를 치워 버린다는 뜻으로, 남을 속여서 궁지에 몰아넣는 것을 일컫는 말.

[유래] 진나라 간문제簡文帝 때의 일이다. 촉 땅을 평정하고 돌아온 환온의 세력이 날로 커지자 간문제는 환온을 견제하고자 은호殷浩를 건무장군에 임명했다. 은호가 벼슬길에 나아가는 그날부터 두 사람은 정적이 되어 반목했다. 그 무렵, 오호 십육국 중 하나인 후조의 왕 석계룡石季龍이 죽고 호족 사이에 내분이 일어나자 진나라에서는 이 기회에 중원 땅을 회복하기 위해 은호를 중원장군에 임명했다. 은호는 군사를 이끌고 출병했으나 도중에 말에서 떨어지는 바람에 제대로 싸우지도 못하고 결국 대패하고 돌아왔다. 환온은 이 틈을 노려 은호를 규탄하는 상소를 올려 그를 변방으로 귀양 보냈다. 이에 은호가 간문제를 원망하며 말하기를 "사람을 백 척 다락에 올라가게 해놓고 사다리를 치워 버리는구나."라고 했다.

[예문] 계약 조건을 제대로 알려주지 않고 사기를 치다니 상루담제를 당했다.

[유의어] 권상요목勸上搖木, 등루거제登樓去梯, 상수발제上樹拔梯

[출전] 《세설신어(世說新語)》

206 상전벽해 桑田碧海

桑(뽕나무 상) 田(밭 전) 碧(푸를 벽) 海(바다 해)
뽕나무밭이 푸른 바다로 변했다는 뜻으로, 세상이 몰라볼 정도로 바뀜을 말함.

[유래] 어느 날 선녀 마고가 왕방평王方平에게 "제가 신선님을

모신 지가 어느 새 뽕나무 밭이 세 번이나 푸른 바다로 변할 정도에 이르렀습니다〔桑田碧海〕. 이번에 봉래蓬萊에 갔더니 바다가 다시 얕아져 이전의 반 정도로 줄어 있었습니다. 또 육지가 되려는 것일까요."

이에 왕방평이 말하기를, "동해가 다시 흙먼지를 일으킬 뿐이다." 했다.

[유의어] 창해상전 滄海桑田, 창상지변 滄桑之變, 상창지변 桑滄之變, 능곡지변 陵谷之變, 고안심곡 高岸深谷

[예문] 머나먼 타국 땅에 있다 20년 만에 돌아와 본 고국은 상전벽해였다.

[출전] 《갈홍(葛洪)》, 〈신선전(神仙傳)〉

207 새옹지마 塞翁之馬

塞(변방 새) 翁(늙은이 옹) 之(어조사 지) 馬(말 마)
새옹이란 노인의 말이란 뜻으로, 인생에서 좋은 일이 나쁜 일이 되고 나쁜 일이 좋은 일이 된다는 뜻.

[유래] 북쪽 변방에 노인이 살고 있었는데 어느 날 노인이 기르던 말이 국경 너머로 도망쳐 버렸다. 이에 마을 사람들이 위로했다. 그러자 노인은 말했다. "이것이 무슨 복이 되는지 알 수 있겠소"

몇 달이 지난 후 도망갔던 말이 좋은 말을 끌고 돌아왔다. 마을 사람들은 이것을 축하했다. 그러자 노인은 "그것이 무슨 화가 되는지 알 수 있겠소." 하였다. 집에 좋은 말이 생기자 노인의 아들이 그 말을 타고 달리다가 말에서 떨어져 다리가 부러졌다. 마을 사람들이 이를 위로했다. 노인은 또 "이것이 혹시 복이 될는지 누가 알 수 있겠소" 했다.

그 후 전쟁이 나자 장정들이 활을 들고 싸움터에 나갔는데 대다수가 전사하였다. 노인의 아들은 다리를 절었기에 부자가 모두 무사할 수 있었다.

[예문] 새옹지마라더니 넘어진 자리에서 보석을 발견했다.
[유의어] 새옹득실塞翁得失, 새옹화복塞翁禍福, 화복규목禍福糾목, 화복규승禍福糾繩, 전화위복轉禍爲福
[출전] 《회남자(淮南子)》, 〈인생훈(人生訓)〉, 《전국책(戰國策)》

208 서시빈목 西施嚬目

西(서녘 서) 施(베풀 시) 嚬(찡그릴 빈) 目(눈 목)
눈살을 찌푸리는 것을 흉내 낸다는 뜻으로, 쓸데없이 남의 흉내를 내어 세상의 웃음거리가 됨을 비유하여 이르는 말.

[유래] 월나라에 미인인 서시西施가 있었다. 서시는 언짢은 일이 있어 눈을 찌푸렸더니 이를 본 마을의 못난 여자들이 너도나도 눈을 찌푸리면 아름다워지는 줄 알고 이를 따라 했다. 이를 본 마을 부자들은 문을 굳게 닫고 나오지 않았고, 마을의 가난한 사람들은 처자를 거느리고 마을을 떠났다고 한다.

[예문] 연예인이 입고 다니는 값비싼 옷을 무리하게 사 입는 건 서시빈목이라 하겠다.

[출전] 《장자(莊子)》, 〈천운편(天運篇)〉

209 석불가난 席不暇暖

席(자리 석) 不(아닐 불) 暇(겨를 가) 暖(따뜻할 난)
자주 드나들어 방이 따뜻할 겨를이 없다는 뜻으로, 자리나 집을 자주 옮기거나 매우 바쁘게 돌아다님을 일컫는 말.

[유래] 한나라 때 진중거陳仲擧라는 관리가 있었다. 그는 예장豫章 태수로 좌천되어 그곳에 도착하자, 군청에는 가지 않고 제일 먼저 예장의 유명한 선비인 서유자徐孺子라는 사람을 만나 보려 하였다. 그러자 그의 주부비서가 말했다.
"모두들 태수께서 군청에 먼저 납시기를 바라고 있습니다."
그러자 진중거는 다음과 같이 말했다. "옛날 주나라 무왕은 주왕을 멸한 후 상용商容을 찾아다니느라 자리가 따뜻해질 틈이 없었는데, 내가 먼저 현자를 찾아뵙는 것이 왜 안 된단 말이오?"

[예문] 부지런하게 움직여 석불가난해야만 자기가 하는 일에 성과를 빛낼 수 있는 세상이다.

[출전] 《세설신어(世說新語)》

210 선공후사 先公後私

先(먼저 선) 公(공변될 공) 後(뒤 후) 私(사사로울 사)
사사로운 이익보다는 공적인 일을 우선시한다는 말.

[유래] 춘추전국시대 조나라에 인상여蘭相如라는 사람이 있었는데, 그는 환관 우두머리인 무현繆賢의 사인舍人이었다. 이때 조나라 혜문왕이 화씨벽和氏璧을 손에 넣었는데, 진나라 소공이 이를 알고 진 나라 성 열다섯 개와 바꾸자고 요청했다. 화씨벽을 주자니 진나라 성을 받지 못할 것 같고, 화씨벽을 안 주자니 진나라가 쳐들어올까 걱정이었다. 그런데 인상여가 이를 해결하였으며, 진 소왕과 조 혜문왕과의 회담에서도 진 소왕의 코를 납작하게 만들었다. 이에 귀국하여 혜문왕이 인상여에게 높은 직책을 주니 그 지위가 명장군인 염파廉頗보다 높았다. 그러자 염파는 앙심을 품었다. 그러나 인상여는 "내가 염파 장군을 피하는 까닭은 나라의 위급함을 먼저 생각하고 사사로운 원망을 뒤로하기 때문이오." 하면서 그와 싸움을 피하려 했고 나중에 둘은 막역지우가 되었다.

[예문] 선생님은 집안일이 급한데도 선공후사의 마음가짐으로 끝까지 학생들 곁을 지켰다.
[유의어] 멸사봉공滅私奉公
[출전] 《사기(史記)》

211 선우후락 先憂後樂

先(먼저 선) 憂(근심 우) 後(나중 후) 樂(즐거울 락)
다른 사람보다 먼저 세상사를 걱정하고, 다른 사람보다 나중에 즐거움을 누린다는 말.

[유래] 주자朱子가 지은 〈악양루기岳陽樓記〉에 이런 구절이 있다. "슬프다, 내가 일찍이 옛 어진 사람의 마음을 찾건대, 부처와 노자가 다른 점이 무엇이겠는가. 물건으로 기뻐하지 않고 자기로 인해 슬퍼하지 않는다. 백성을 걱정하고 임금을 걱정한다. 이것은 나아가도 걱정이요, 물러나도 걱정이다. 그러면 어느 때 즐거워하는가. 그것은 필히 천하의 근심을 먼저 걱정하고 천하의 낙을 뒤에 즐긴다고 할 수 있다."

[예문] 예수, 공자, 부처 등 예부터 성인이라 칭송되는 사람은 모두 선우후락했다.
[출전] 《악양루기(岳陽樓記)》

212 설상가상 雪上加霜

雪(눈 설) 上(위 상) 加(더할 가) 霜(서리 상)
눈 위에 서리가 덮인 격이라는 뜻으로, 어려운 일이 연거푸 일어남을 비유한 말.

[예문] 다리도 다치고 위장병까지 났으니 설상가상이라 하겠다.

[유의어] 병상첨병 病上添病

[반대어] 금상첨화 錦上添花

[속담] 엎친 데 겹친 격, 갈수록 태산.

213 성동격서 聲東擊西

聲(소리 성) 東(동녘 동) 擊(칠 격) 西(서녘 서)
동쪽에서 소리를 지르고 서쪽을 친다는 뜻으로, 한쪽을 공격할 듯하면서 약삭빠르게 상대편을 속여서 방비가 허술한 틈을 타 다른 쪽으로 쳐들어가 적을 물리치는 것을 비유하는 말.

[유래] 중국 한나라의 유방과 초나라의 항우가 천하를 두고 다투던 중 위나라의 왕 표豹가 항우에게 항복하였다. 유방은 항우와 표가 양쪽에서 쳐들어오는 위험에 처하자 한신에게 적을 공격하게 하였다.

한신은 포판을 쳐들어가기가 쉽지 않을 것으로 판단했다. 이에 병사들에게 낮에는 큰 소리로 훈련하도록 하고 밤에는 불을 밝혀 적극적으로 공격하는 표시를 나타내게 하였다.

백직은 이러한 한나라 군대의 작전을 보고 어리석다며 비웃었으나, 한신은 비밀리에 한나라 군대를 이끌고 하양에 다다라 뗏목으로 황허강을 건너서 매우 빠르게 전진하여 위나라 왕 표의 후방 본거지인 안이를 점령하고 표를 사로잡았다.

[출전] 《통전(通典)》, 〈병전(兵典)〉

214 성하지맹 城下之盟

城(성 성) 下(아래 하) 之(어조사 지) 盟(맹세할 맹)
성 아래서 맹세를 한다는 뜻으로, 압력에 의한 굴욕적으로 맺은 조약이나 협약을 비유한 말.

[유래] 춘추시대, 초나라 군대가 교나라를 침공하여 도성 남대문에 이르렀다. 교나라 군사들은 성지를 지키며 문을 굳게 닫고 밖으로 나오지 않았다.

초나라 군대는 몇 차례 공격을 시도하였지만 모두 실패하였다. 초나라의 장군 굴하屈瑕는 이러한 상황을 초나라 무왕武王에게 보고하면서 말했다.

"교나라는 국토가 작고 사람들이 경박하니, 경박하면 지모가 부족합니다. 그러니 나무하는 사역병에게 호위병을 붙이지 말고 내보내어 저들을 유인하소서."

이 계략은 먹혀들어 초나라 군사들은 교나라 도성의 북문을 포위하며, 위장한 나무꾼들을 잡으러 산에 오른 교나라 병사들을 공격하는 한편 총공세에 돌입하여 교나라를 크게 쳐부수고, 도성 아래에서 맹약을 맺었다.

[예문] 우리나라는 역사적으로 강대국의 압제에 이기지 못해 성하지맹을 맺은 일이 많다.

[출전] 《춘추좌씨전(春秋左氏傳)》

215 세구구반 洗垢求瘢

洗(씻을 세) 垢(때 구) 求(구할 구) 瘢(흉터 반)
때를 씻어 내어 남의 잘못을 찾아낸다는 뜻으로, 일부러 남의 결점을 드러내려 하는 경우를 빗대어 이르는 말.

[유래] 조일趙壹은 동한 때의 유명한 문장가였다. 그는 멋있는 용모에 재능이 뛰어났으나, 성품이 몹시 거만하였기 때문에 고을 사람들로부터 늘 외면당했다. 훗날 그는 여러 차례 어려움을 겪게 되었는데, 친구들의 도움이 없었다면 벌써 감옥에서 죽었을 상황이었다.

당시 권력은 대부분 권문세가들에 의해 좌지우지되고, 정치는 크게 부패해 있었다. 조일은 〈자세질사부刺世疾邪賦〉라는 문장을 지어 자신의 울분을 토로하였다.

"지금은 폐단이 너무나 많다. 아부하는 잘못된 기풍은 날로 심해지고 있으며, 바르고 곧은 기풍은 점차 없어지고 있다. 이러한 폐단의 근원을 따져보면, 이는 곧 정치하는 사람들이 어리석어 환관들이 바른 길을 막고 있기 때문이다. 자신들이 좋아하는 사람들이라면, 너덜거리는 껍데기일지라도 아름다운 깃털이 자라날 수 있다고 말하지만, 만약 자신들이 싫어하는 사람이라면 모든 때를 씻어내더라도, 목숨을 걸고 그 흉터를 찾으려 한다."

훗날, 원봉과 양척이라는 대관大官이 조일의 능력을 높이 평가하여 그를 천거하였다.

[예문] 자기 재능에 자신이 없는 사람일수록 세구구반을 하며 남을 깎아내려 자기를 드높이고자 노력한다.
[유의어] 세구색반洗垢索瘢, 취모구하吹毛求疵, 취모구하吹毛求瑕, 취모멱자吹毛覓疵
[출전] 《후한서(後漢書)》

216 소리장도 笑裏藏刀

笑(웃을 소) 裏(속 리) 藏(감출 장) 刀(칼 도)
웃음 속에 칼을 감추고 있다는 뜻으로, 겉으로는 웃으면서 속으로는 음험한 생각을 품음을 비유하는 말.

[유래] 당 태종 때, 요양에 감찰어사 이의부李義府라는 사람이 있었다. 그는 아부하는 재주가 있어서 황제의 환심을 산 덕분에, 벼슬이 계속 높아졌다. 이의부는 겉으로는 온화하고 겸손하며, 예의 바른 사람으로서 사람들과 이야기할 때면 항상 얼굴에 미소를 머금었으나, 성격이 음험해 사람을 해칠 생각을 품고 있었다.

어느 날, 순우淳于라는 성姓을 가진 여자가 죄를 범하여 감옥살이를 하게 되었다. 이의보는 그 여자의 생김새가 매우 뛰어나다는 소리를 듣고, 옥리를 찾아가 감언이설로 그 여자를 석방해주도록 부탁하고, 그 여자가 풀려 나오자 자신이 차지하였다. 후에 어떤 사람이 옥리를 고발하자, 이의부는 이 일을 모르는 체하며 몹시 화를 냈다.

옥리는 이의부의 압력에 견디다 못해 자살하였고, 그를 고

발한 것으로 알려진 왕의방王義方이라는 관리는 관직을 잃고 변방으로 유배되었다.

당시 사람들은 이 일을 두고 "이의부의 웃음 속에는 칼이 들어 있다."라고 말하였다.

[예문] 소리장도는 《십팔사략》에도 나와 있는 계책이지만 일상생활에서는 쓰지 말아야 할 악덕이다.
[유의어] 소중유도笑中有刀, 소중도笑中刀, 구밀복검口蜜腹劍
[출전] 《구당서(舊唐書)》

217 속수지례 束脩之禮

束(묶을 속) 脩(육포 수) 之(어조사 지) 禮(예 례)
제자가 되려고 스승을 처음 뵐 때에 드리는 예물.

[유래] 공자가 말하기를, "속수束脩를 행한 자에서부터 그 이상은 내 일찍이 가르쳐 주지 않은 적이 없었다."고 했다. '속束'은 다발로 열 개를 말하며, '수脩'는 말린 육포를 뜻한다. 즉, 속수束脩는 열 조각의 마른 고기로, 예물 가운데 가장 약소한 것이다. 공자는 모든 가르침은 예禮에서 시작한다고 보아서 제자들에게 속수 이상의 예물을 가지고 오도록 한 것이다.

[예문] 요즘 선생들에게 하는 선물은 속수지례라기보다는 자기 아이를 특별히 여겨달라는 뇌물에 가깝다.
[출전] 《논어(論語)》

218 수구초심 首丘初心

首(머리 수) 丘(언덕 구) 初(처음 초) 心(마음 심)
여우는 죽을 때 자기가 살던 언덕에 머리를 둔다는 뜻으로, 고향을 잊지 않음을 이르는 말.

[유래] 강태공姜太公이 제나라 영구에 봉해져 계속해서 살았으나 5대에 이르기까지 고향인 주나라에 와서 장례를 지냈다. 이에 당시 사람들은 "옛사람의 말에 이르되 여우가 죽을 때 언덕에 머리를 바르게 하는 것은 인仁이다."라고 하였다.

[예문] 자기 근본을 잊지 않고 수구초심하는 마음을 가져야 한다.
[유의어] 호사수구狐死首丘, 구수丘首
[출전] 《예기(禮記)》

219 수락석출 水落石出

水(물 수) 落(떨어질 락) 石(돌 석) 出(날 출)
물이 빠져 밑바닥의 돌이 드러난다는 뜻으로, 물가의 겨울 경치를 일컫는 말. 사건의 진상이 낱낱이 밝혀짐을 이르는 말로도 쓰임.

[유래] 송나라 신종 때 왕안석의 신법新法이 시행되자, 구법당舊法黨에 속한 소동파는 호북성 황주로 좌천되었다. 그는 틈나는 대로 주변 명승지를 찾아 다녔는데, 적벽을 찾아 두 수의 부賦를 지었다. 이 적벽은 삼국시대의 적벽대전으로 알려진 곳이

아니라 이름만 같은 곳이었지만, 소동파는 적벽대전을 생각하며 〈적벽부〉를 지었다. 늦가을이 되어 다시 찾은 적벽의 경관은 이전과는 또 달랐다. 그리하여 소동파는 "흐르는 강물 소리, 깎아지른 천 길 절벽. 우뚝 솟은 산과 작은 달, 물이 빠져 드러난 바위. 해와 달이 몇 번이나 바뀌었다고 이리도 강산을 알아볼 수 없단 말인가."라고 묘사하였다.

[예문] 명탐정의 기지로 사건의 전말은 수락석출처럼 만천하에 드러났다.

[출전] 소동파(蘇東坡)의 《후적벽부(後赤壁賦)》

220 수석침류 漱石枕流

漱(양치질 수) 石(돌 석) 枕(베개 침) 流(흐를 류)
돌로 양치질하고 흐르는 물을 베개 삼는다는 뜻으로, 실패를 인정하려 들지 않고 억지를 쓰거나 남에게 지기 싫어 억지를 쓰는 것을 비유하는 말.

[유래] 진나라 초엽, 풍익 태수를 지낸 손초孫楚가 벼슬길에 나가기 전의 일이다. 손초는 죽림칠현竹林七賢처럼 속세를 떠나 산림에 은거하기로 작정하고 어느 날, 친구인 왕제王濟에게 그런 속내를 털어놓았다. 이때 그는 "돌을 베개 삼아 눕고, 흐르는 물로 양치질하는 생활을 하고 싶다枕流漱石"고 해야 할 것을, 반대로 "돌로 양치질하고, 흐르는 물을 베개로 삼겠다漱石枕流."고 잘못 말했다. 왕제가 웃으며 실언임을 지적하자 자존심이 강한 손초는 서슴없이 이렇게 강변했다. "흐르는 물을 베개로 삼겠다는 것은 옛 스승인 허유許由와 같이 쓸데없는 말

을 들었을 때 귀를 씻기 위해서이고, 돌로 양치질한다는 것은 이를 강하게 만들기 위해서라네."

[예문] 말실수를 하면 바로 인정해야지 수석침류 식으로 자기변명을 늘어놓다 보면 더 추해진다.
[유의어] 견강부회牽强附會, 아전인수我田引水, 추주어륙推舟於陸, 궤변詭辯, 침류수석枕流漱石
[출전] 《진서(晉書)》,〈손초전(孫楚專)〉

221 수어지교 水魚之交

水(물 수) 魚(물고기 어) 之(어조사 지) 交(사귈 교)
원래 물과 고기의 사귐이란 뜻으로, 고기가 물을 떠나서는 잠시도 살 수 없는 것과 같이 떨어져 지낼 수 없는 사이를 이르는 말.

[유래] 유비는 제갈량의 도움으로 촉한蜀漢을 건국하여, 조조, 손권과 삼국정립三國鼎立의 국면을 일궜다. 유비와 결의형제를 맺은 관우와 장비는 유비의 제갈량에 대한 신의가 지나치다고 생각하였다. 이에 유비는 그들에게 다음과 같이 말하였다. "내가 제갈량을 얻게 된 것은 물고기가 물을 얻은 것과 같으니, 자네들은 다시 이런 말을 하지 않도록 하게."

[예문] 영화감독과 배우는 서로 수어지교라 할 수 있다.
[유의어] 어수지친魚水之親, 어수지락魚水之樂, 여어득수如魚得水
[출전] 《삼국지(三國志)》

222 수주대토 守株待兎

守(지킬 수) 株(그루 주) 待(기다릴 대) 兎(토끼 토)
그루터기에서 토끼를 기다린다는 뜻으로, 고지식하고 융통성이 없어 한 가지만 고집하는 것을 비유하는 말.

[유래] 한비자韓非子는 요순堯舜의 이상적인 왕도정치를 시대에 뒤떨어진 구태의연한 사상이라고 주장하며 그를 반대하는 사람들에게 이런 이야기를 하였다.

춘추시대, 송나라에 한 농부가 있었다. 하루는 밭에서 일을 하는데, 갑자기 토끼 한 마리가 급히 달려오더니 나무 그루터기에 부딪혀서 목이 부러져 죽었다.

이 농부는 토끼를 거저 얻게 되자 기분이 몹시 좋았다. 그날부터 농부는 쟁기를 풀어놓고 하루 종일 나무 그루터기 옆에서 다시 토끼가 달려와 나무에 부딪혀 죽기만을 기다렸다〔冀復得兎〕.

하지만 며칠이 지나도록 나무에 부딪혀 죽는 토끼는 한 마리도 없었다. 그가 농사를 지었던 땅은 황폐해졌고, 나라 안의 사람들은 그의 어리석음을 비웃었다.

[예문] 21세기에 들어선 지도 꽤 시간이 흘렀건만, 근대적 사고에 머물러 수주대토의 우를 범해서는 안 된다.

[출전] 《한비자(韓非子)》

223 순망치한 脣亡齒寒

脣(입술 순) 亡(잃을 망) 齒(이 치) 寒(찰 한)
입술이 없으면 이가 시리다는 뜻으로, 서로 떨어질 수 없는 밀접한 관계를 이르는 말.

[유래] 진나라 헌공은 괵나라를 공격하고자 우나라 우공에게 길을 터줄 것을 청했다. 우의 현인 궁지기는 헌공의 속셈을 간파하고 우왕에게 이렇게 간언했다. "괵과 우는 한 몸이나 다름없는 관계입니다. 그러니 괵이 망하면 우도 망할 것입니다. 옛말에도 수레의 짐받이 판자와 수레는 서로 의지하고, 입술이 없어지면 이가 시리다고 했는데 바로 괵과 우도 이같이 운명을 함께하는 관계이옵니다."

[예문] 검찰이 무능하면 판결도 제 기능을 발휘하지 못하니 공권력은 서로서로 순망치한이라 할 수 있다.

[유의어] 조지양익 鳥之兩翼, 거지양륜 車之兩輪

[출전] 《춘추좌씨전(春秋左氏傳)》

224 술이부작 述而不作

述(지을 술) 而(말 이을 이) 不(아닐 불) 作(지을 작)
성인의 말을 전하되 지어내어 말하지 않는 것을 뜻하는 말.

[유래] 공자가 말하기를 "전해 말하고 새것을 만들지 않으며,

믿어 옛것을 좇는 것을, 가만히 우리 노팽에게 비교해본다."
했다. 노팽이란 사람은 은나라의 어진 대신이었다.

[예문] 겸손한 사람은 술이부작하지만 교만한 사람은 옛말은 무시하거나 자기 뜻대로 해석하고 개작해버린다.

[출전] 《논어(論語) 술이편(述而篇)》

225 시불가실 時不可失

時(때 시) 不(아닐 불) 可(옳을 가) 失(잃을 실)
한 번 지난 때는 두 번 다시 오지 아니하므로, 좋은 시기를 놓쳐선 안 된다는 말.

[유래] 중국 은나라의 주왕은 원래 총명한 인물이었으나, 애첩 달기의 미색에 빠진 뒤로는 국정을 돌보지 않음으로써 백성들의 삶이 황폐해졌다. 이에 희발姬發이 군사를 일으켜 주왕을 물리치고 새로 주나라를 세웠으니, 그가 바로 무왕武王이다.

은나라 정벌에 나선 무왕은 승리를 눈앞에 둔 상황에서 군사들을 모아 놓고 연설을 했다. "소인은 새벽부터 밤까지 공경하고 두려워하여 돌아가신 아버지 문왕의 명을 받았으니 하늘에 제를 지내고 땅에도 제를 지냈으며, 그대 무리를 거느리고 하늘의 벌하심을 이루려는 것이오. 그대들은 나를 도와 영원히 온 세상을 맑게 하시오. 때가 되었으니 잃어선 안 될 것이오!"

[예문] 시불가실이라 했으니, 고양이가 쥐를 노리듯 유리한 기회를 엿봐 실행해야 한다.

[유의어] 물실호기勿失好機

[출전] 《주서(周書)》

226 시우지화 時雨之化

時(때 시) 雨(비 우) 之(어조사 지) 化(될 화)
철 맞추어 내리는 비로 초목(草木)이 자란다는 뜻으로, 제때에 교육이 이루어지거나 임금의 은혜가 천하에 두루 미치는 것을 의미하는 말.

[유래] 어느 날 맹자가 말했다. "군자가 남을 가르치는 방법에는 다섯 가지가 있다. 제때에 내리는 비가 초목을 저절로 자라게 하는 것과 같이 하는 것이다. 덕을 이룩하게 해주는 것이 있다. 재능을 발달시켜 주는 것이 있다. 물음에 대답해주는 것이 있다. 혼자서 덕을 잘 닦아 나가도록 해주는 것이 있다. 이 다섯 가지는 군자가 가르치는 방법이다."

[예문] 한창 공부할 나이에 뒷바라지를 하는 것은 시우지화에 비유할 수 있다.

[출전] 《맹자(孟子)》

227 시위소찬 尸位素餐

尸(주검 시) 位(자리 위) 素(흴 소) 餐(먹을 찬)
시동의 공짜 밥이란 뜻으로, 벼슬아치가 책임을 다하지 않으며, 자리만 차지하고 국록國祿만 받아먹음을 비유한 말.

[유래] 시위尸位의 시尸는 시동尸童을 뜻한다. 옛날 중국에서는 제사 지낼 때 조상의 혈통을 이은 어린아이를 시동이라고 하여 조상의 신위에 앉혀놓고 맛없는 반찬소찬素餐을 차려놓는 풍습이 있었다. 이에 분수에 맞지 않는 높은 자리에 앉아 아무 하는 일 없이 공으로 녹祿만 받아먹는 것을 이르는 말이다.

[예문] 시위소찬을 하는 공무원들이 많으면 세금 내기가 아까워진다.
[출전] 《한서(漢書)》, 〈주운전(朱雲傳)〉

228 식자우환 識字憂患

識(알 식) 字(글자 자) 憂(근심 우) 患(근심 환)
글자를 아는 것이 오히려 근심이 된다는 뜻으로, 알긴 알되 똑바로 잘 알지 못하기 때문에 그 지식이 오히려 걱정거리가 되거나, 차라리 모르는 편이 나을 때를 이름.

[유래] 유비가 제갈량을 얻기 전에는 서서徐庶가 군사軍師로 있으면서 조조曹操를 괴롭혔다. 조조는 어떻게든 서서를 자기 사

람으로 만들고 싶어, 그가 효자라는 사실을 알고 한 가지 계획을 꾸몄다. 서서의 어머니가 조조의 영역인 위魏나라에 있는 것을 이용해 그를 불러들이려는 것이었다.

조조는 서서의 어머니 위부인의 필체를 흉내 내어 급히 위나라로 돌아오라는 편지를 서서에게 보냈다. 부랴부랴 집으로 돌아온 아들을 보고 위부인은 깜짝 놀라 까닭을 물었다.

아들의 말을 듣고 나서야 그것이 자신의 필체를 본뜬 가짜 편지 때문이었음을 알고는 한숨을 내쉬며 이렇게 말했다. 여자가 글자를 아는 게 근심거리를 부르는 원인이 되는구나女子識字憂患"

[예문] 아는 것이 힘이 될 때도 있지만, 식자우환이라고 모르는 게 약일 때도 있다.

[출전] 《삼국지(三國志)》

229 신출귀몰 神出鬼沒

神(귀신 신) 出(날 출) 鬼(귀신 귀) 沒(가라앉을 몰)
아무도 모르게 귀신처럼 나타났다 사라진다는 뜻으로, 행동이 신속하고 그 변화가 심하여 헤아릴 수 없음을 비유한 말.

[유래] 《회남자淮南子》에 다음과 같은 말이 있다. "교묘한 자의 움직임은 신처럼 나타나고 귀신처럼 행하며〔善者之動也, 神出而鬼行〕, 별이 빛나고 하늘이 운행하는 것 같아, 진퇴 굴신의 조짐도 나타나지 않고 한계도 없어, 난조鸞鳥가 일어나듯, 기린이

떨치고 일어나듯, 봉황새가 날 듯, 용이 오르듯, 추풍과 같이 출발하여 놀란 용과 같이 빠르다."

[예문] 일지매는 신출귀몰한 솜씨로 부잣집 양반의 집을 털었다.

[출전] 《회남자(淮南子)》

230 실사구시 實事求是

實(열매 실) **事**(일 사) **求**(구할 구) **是**(옳을 시)
사실에 근거해 진리를 탐구하려는 태도. 조선시대 실학파의 학문에 큰 영향을 주었다.

[유래] 한나라의 경제景帝에게는 유덕劉德이라는 아들이 있었다. 유덕은 고서古書를 수집하여 정리하기를 좋아하였다. 진시황이 모든 책을 태워버린 이후, 고서적은 찾아보기 어려웠기 때문에 적지 않은 책들은 비싼 값을 치르고 사오기도 하였다. 그들은 선조들이 물려준 진나라 이전의 옛 책들을 그에게 헌상하였으며, 일부 학자들은 직접 하간왕과 함께 연구하고 정리하기도 하였다.

한무제가 즉위하자, 유덕은 경성으로 올라왔다. 그는 한무제를 비롯한 여러 학자들과 고대의 학술에 대해 토론하고, 공동으로 학문을 연구하여 많은 사람들로부터 칭송을 받았다. 모든 사람들은 그를 가리켜 다음과 같이 말했다.

"하간왕은 학문 탐구를 즐길 뿐만 아니라 옛날 책을 좋아하며, 항상 사실로부터 옳은 결론을 얻어낸다修學好古, 實事求是."

[예문] 허무맹랑하고 추상적이어서 혹세무민하는 이야기보다 실사구시가 필요한 시기가 있다.
[반대어] 고롱현허 故弄玄虛
[출전] 《한서(漢書)》

231  십시일반 十匙一飯

十(열 십) 匙(수저 시) 一(한 일) 飯(밥 반)
밥 열 술이 한 그릇이 된다는 뜻으로, 여러 사람이 조금씩 힘을 합하면 한 사람을 도울 수 있다는 의미.

[예문] 학급 아이들이 조금씩 힘을 모으면 점심을 굶는 친구를 도울 수 있다.
[유의어] 수적성천 水滴成川

232 아궁불열 我躬不閱

我(나 아) 躬(몸 궁) 不(아니 불) 閱(검열할 열)
내 몸도 돌보지 못하는 형편이라는 뜻으로, 자기 후손이나 친척 또는 다른 일을 걱정할 여지가 없다는 말.

[유래] 이 성어는 주유왕周幽王의 태자의 마음을 노래한 〈소반小弁〉이라는 시에서 유래한다. 주선왕 말년에 무리한 대외 원정의 실패로 인하여 민심이 흉흉해지자 이를 안정시켜 보려고 시행한 조치들이 오히려 부작용을 일으켜 민심을 더욱 악화시키게 되었다. 기원전 782년에 주선왕이 죽고 그 아들인 태자 궁열宮湼이 즉위했다.

이가 주유왕周幽王이다. 주유왕에게 죄를 지어서 옥에 갇힌 성주城主 아들인 홍덕洪德이 자기 부친을 감옥에서 구해내기 위해 포사를 찾아내어 주유왕에게 바쳤다.

이후로 유왕은 정사를 팽개치고 포사에 빠졌다. 포사가 유왕의 총애를 독차지하게 되고 이어서 아들을 낳아 백복이라 했다. 유왕은 태자 의구와 신후申后를 폐하고 백복을 대신 세웠다.

[예문] 아궁불열이라고 내 코가 석 자여서 남을 돌볼 겨를이 없다.
[출전] 〈소반(小弁)〉

233 아비규환 阿鼻叫喚

阿(언덕 아) 鼻(코 비) 叫(부르짖을 규) 喚(부를 환)
아비지옥과 규환지옥이라는 뜻으로, 여러 사람이 비참한 지경에 처하여 그 고통에서 벗어나려고 울부짖는 모습을 비유하는 말.

[유래] '아비阿鼻'는 범어 Avici의 음역으로 '아'는 무無, '비'는 구救로서 '전혀 구제받을 수 없다'는 뜻이다.

아비지옥은 불교에서 말하는 8대 지옥 중 가장 아래에 있는 지옥으로 '잠시도 고통이 쉴 날이 없다' 하여 무간지옥無間地獄이라고도 한다.

이곳에서는 하루에 수 천 번씩 죽고 되살아나는 고통을 받으며 잠시도 평온을 누릴 수 없다. 고통은 죄의 대가를 다 치른 후에야 끝난다.

'규환叫喚'은 범어 raurava에서 유래한 말로 8대 지옥 중 네 번째 지옥이다. '누갈'이라 음역하며 고통에 울부짖는다 하여 '규환'으로 의역한다. 이곳에는 전생에 살생·질투·절도·음탕·음주를 일삼은 자들이 떨어지게 된다.

이들은 물이 펄펄 끓는 가마솥에 빠지거나 불이 훨훨 타오르는 쇠로 된 방에 들어가 뜨거운 열기의 고통을 받게 된다. 너무 고통스러워 울부짖으므로 '규환지옥'이라고도 한다.

[예문] 쓰나미 현장을 가보니 아비규환이 따로 없었다.
[유의어] 아비초열지옥阿鼻焦熱地獄
[출전] 《법화경(法華經)》

234 아전인수 我田引水

我(나 아) 田(밭 전) 引(끌 인) 水(물 수)
자기 밭에 물을 댄다는 뜻으로, 자신에게 이익이 되도록 처리하고 행동함을 비유하는 말.

[예문] 그들은 서로들 아전인수 격으로 각기 딴생각으로 일을 해석했다.

235 안자지어 晏子之御

晏(늦을 안) 子(놈 자) 之(어조사 지) 御(마부 어)
안자의 마부라는 뜻으로, 변변치 못한 지위에 앉아 우쭐대는 사람을 일컫는 말.

[유래] 안영은 춘추시대 제나라의 명신이었다. 그의 기량이 뛰어나기에 사람들은 그를 안자晏子라고 높여 부르며 추앙했다. 안영의 마차를 끄는 마부는 사람들이 그 마차를 우러러보자 우쭐해져서는 하는 꼴이 아주 가관이었다. 그의 아내는 이런 남편을 부끄러워하여 같이 살고 싶지 않다고 했다. 이에 마부는 마음을 고쳐 먹어 달라졌다.

[예문] 덕망 있는 학자를 모시는 제자가 거만하다면 안자지어라는 비웃음을 면치 못할 것이다.

[출전] 《사기(史記)》

236 안중지정 眼中之釘

眼(눈 안) 中(가운데 중) 之(어조사 지) 釘(못 정)
눈에 박힌 못이라는 뜻으로, 거추장스럽거나 눈에 거슬리는 존재를 의미하는 말.

[유래] 당나라 말, 조재례라는 탐관오리가 있었다. 그는 고관들에게 뇌물을 상납해서 출셋길에 올랐고, 그 후 오랫동안 절도사에 역임했다. 그가 송주에서 실컷 폭정을 일삼은 후 영흥 절도사로 옮겨 간다고 하자 송주 백성들은 이 소식을 듣고 "놈이 우리 송주를 떠난다니 마치 눈에 박힌 못을 뺀 것처럼 시원하구나" 하며 어깨춤을 췄다.

[예문] 괴롭히던 상사가 전근을 가자 부하직원들은 안중지정이 빠져나갔다며 기뻐했다.
[속담] 눈엣가시
[출전] 《신오대사(新五代史)》

237 암전상인 暗箭傷人

暗(어두울 암) 箭(화살 전) 傷(상처 상) 人(사람 인)
몰래 활을 쏘아 사람을 다치게 하다라는 뜻으로, 남몰래 사람을 해치거나 다치게 함을 비유한 말.

[유래] 춘추시대, 노나라 은공隱公이 정나라 장공莊公과 허나라

를 토벌하기 위해 모였다. 이에 장공은 직접 부대와 전차들을 점검하였다. 그런데 마침 늙은 장수 영고숙潁考叔과 젊은 장수 공손자도公孫子都가 전차를 가지고 다투고 있었다.

영고숙이 수레의 멍에를 옆에 끼고 달아나자, 공손자도가 창을 빼들고 뒤를 쫓아 큰길까지 뛰어 갔으나, 영고숙의 모습은 이미 보이지 않았다. 공손도자는 분함을 참으며 다시 포기하고 말았다.

가을에 은공이 정장공과 연합하여 허나라를 토벌하였다. 정나라 군대가 허나라의 도읍을 압박해 들어갈 때, 영고숙이 무호 군기軍旗를 들고 제일 먼저 성으로 기어오르려고 하였다. 마침 이를 바라보던 공손도자는 영고숙이 공을 세우게 될까 시기심이 생겨, 화살을 꺼내 영고숙을 향해 쏘았다. 그 순간 늙은 장군은 화살에 맞아 굴러 떨어져 죽고 말았다.

그러자 하숙영瑕叔盈이 다시 무호기를 가지고 성으로 올라가서 사방으로 깃발을 휘두르며 "임금께서 성에 오르셨다."고 고함을 치니, 정나라 군대가 모두 성으로 올라갔다. 정나라가 허나라의 도읍을 점령하자, 허나라 군주許莊公는 위나라로 도망하였다.

[예문] 암전상인같이 비열한 술수로 남을 해치는 정치인은 역사에 오명으로 남을 것이다.

[유의어] 암전난방暗箭難防

[출전] 《좌전(左傳)》

238 암중모색 暗中摸索

暗(어두울 암) 中(가운데 중) 摸(더듬을 모) 索(찾을 색)
어둠 속에서 손으로 더듬으며 물건을 찾는다는 뜻으로, 상대가 눈치 채지 못하게 조사한다는 의미로도 쓰이는 말.

[유래] 측천무후를 황후로 옹립하는 데 중심 역할을 한 허경종許敬宗이란 학자가 있었다. 그는 대대로 벼슬을 한 명문가의 후손으로 후에 재상까지 오른 인물이었으나 방금 만났던 사람조차 기억하지 못할 정도로 건망증이 심했다. 어느 날 한 친구가 그의 건망증을 꼬집어 이렇게 말하였다. "학문에 달통한 사람이 다른 사람의 얼굴을 잘 기억하지 못하는데, 혹시 일부러 그런 것은 아니겠지?" 이에 허경종이 말하기를 "자네 같은 이름 없는 사람의 얼굴이야 기억할 수 없지만 문장의 대가들은 어둠 속에서 물건을 찾듯暗中摸索 기억을 할 수 있다네" 했다.

[예문] 추리소설을 읽다 보면 암중모색을 해 사건을 해결하는 명탐정이 나온다.

[출전] 《수당가화(隋唐嘉話)》

239 앙급지어 殃及池魚

殃(재앙 앙) 及(미칠 급) 池(연못 지) 魚(물고기 어)
연못 속 물고기에 미친 재앙이라는 뜻으로, 예기치 않은 횡액을 당한 경우를 이르는 말.

[유래] 춘추시대 송나라에 사마환이라는 사람이 있었는데 그는 보물 구슬을 가지고 있었다. 어느 날 그가 죄를 짓게 되자 구슬을 가지고 도망을 갔다. 그의 구슬을 탐낸 왕은 그에게 구슬이 어디 있느냐 물었는데 이에 사마환은 연못에 던졌다고 말했다. 그러자 왕은 신하들을 시켜 연못의 물을 다 퍼내 구슬을 찾으려 했다. 이에 연못의 물고기들이 다 죽어버리고 말았다.

[예문] 회사 경영자가 돈을 횡령해서 달아나는 바람이 직원들은 앙급지어의 처지에 놓이고 말았다.

[유의어] 지어지앙池魚之殃

[출전] 《여씨춘추(呂氏春秋)》

240 애급옥오 愛及屋烏

愛(사랑할 애) 及(미칠 급) 屋(집 옥) 烏(까마귀 오)
사람을 사랑해서 그 집 지붕에 앉은 까마귀마저 사랑한다는 말로, 어떤 사람이 예뻐 보이면 그와 관계된 건 다 좋아 보인다는 뜻.

[유래] 상나라 말에 주문왕은 주왕을 죽이고 상을 멸망시키려고 강태공을 군사로 삼아 힘을 길렀지만 뜻을 펼치지 못하고 죽었다. 그의 아들 주무왕이 왕위에 올라 강태공을 군사로 삼고 아우들인 주공과 소공을 기용해 힘을 길러 마침내 상나라를 멸망시켰다. 주무왕이 상을 멸망시킨 후 강태공에게 상나라의 귀족들을 어떻게 할 것인지를 물었다.

이에 강태공은 "신이 듣건대, 한 사람을 사랑하면 그 지붕

위에 앉아 있는 까마귀마저 사랑하고 한 사람을 미워하면 그 종들조차 미워진다고 합니다. 모두 죽여 버리는 게 어떻겠습니까?" 했다.

[예문] 애급옥오라고 했으니, 사람의 마음을 사는 것이야말로 무엇보다 중요하고 어려운 일이다.
[유의어] 옥오지애 屋烏之愛
[속담] 마누라가 예쁘면 처갓집 말뚝에 대고 절한다.
[출전] 《상서대전(尙書大典)》

241 약육강식 弱肉强食

弱(약할 약) 肉(고기 육) 强(강할 강) 食(먹을 식)
약한 자의 고기를 강한 자가 먹게 된다는 뜻으로, 치열하고 냉혹한 생존 경쟁의 세계에서 강한 자만이 살아남는다는 말.

[예문] 약육강식의 세상에서 살아남으려면 스스로 지킬 만큼이라고 힘을 길러야 한다.
[출전] 《한창려집(韓昌黎集)》

242 양금택목 良禽擇木

良(좋을 양) 禽(날짐승 금) 擇(가릴 택) 木(나무 목)
좋은 새는 나무를 가려서 둥지를 튼다는 뜻으로, 현명한 인재는 자기 재능을 키워줄 사람을 섬긴다는 의미.

[유래] 춘추시대, 진나라 도공悼公의 아들 은이 그의 딸과 함께 위나라에 망명하고 있었다. 위나라의 대숙의자大叔懿子는 도공의 딸과 혼인하여 아들 질疾을 낳았는데, 질은 후에 가문의 후계자가 되었으며, 은의 아들이자 질의 외숙인 하무夏茂는 위나라의 대부가 되었다. 그런데 어느 날 질이 다른 나라로 망명하자, 위나라 사람들은 하무의 녹봉을 깎아버렸다. 이 일로 인하여 공문자孔文子가 대숙의자의 아들 질을 공격하려다 마침 위나라에 와 있던 공자에게 자문을 구하였다. 이에 공자는 이렇게 말했다. "제사 지내는 일에는 배운 일이 있습니다만 전쟁에 대해서는 전혀 아는 바가 없습니다." 그 자리를 물러 나온 공자는 제자에게 황급히 떠나자고 재촉했다. 제자가 그 까닭을 묻자 공자는 이렇게 대답했다. "새가 나무를 택하지, 나무가 어찌 새를 택할 수 있겠는가?"

[예문] 훌륭한 인재가 양금택목할 수 있도록 만들려면 실업대책부터 마련해야 한다.

[출전] 《춘추좌씨전(春秋左氏傳)》

243 양두구육 羊頭狗肉

羊(양 양) 頭(머리 두) 拘(개 구) 肉(고기 육)
양의 머리에 고기는 개고기라는 뜻으로, 겉은 훌륭하나 속은 변변치 못함을 이르는 말.

[유래] 제나라의 영공靈公은 궁중의 모든 여자들에게 남장을 시

컸다. 궁중에서 이런 일이 벌어지자, 백성들 사이에서도 남장을 하는 여자들이 점차 늘어났다.

이렇게 이상한 풍속이 생겨나자 당황한 영공은 여자의 남장을 금지하고자 곧바로 전국에 남장을 금지하는 방을 붙이게 했다. 그러나 남장 풍속은 쉽게 없어지지 않았다. 이에 영공은 재상인 안자를 불러 물었다.

"과인이 관원을 시켜 남장하는 백성들은 옷을 찢고 허리띠를 잘라 버린다고 했으나 금지령은 지켜지지 않으니 어찌 된 일이오?"

그러자 안자는 다음과 같이 대답했다. "왕께서는 궁중의 여자들에게는 남장을 하라고 하시면서 백성들에게만 하지 말라고 하십니다. 그것은 마치 양 머리를 문에 걸어 놓고 안에서는 말고기를 파는 것과 같은 일입니다. 궁중에서도 남장을 못하게 하십시오. 그러면 백성들 사이에서도 그런 풍조가 자연히 없어지게 될 것입니다."

안자의 말을 들은 영공은 궁중에서도 남장을 하면 안 된다는 명을 내렸다. 그러자 얼마 후, 백성들 사이에서 남장 풍습이 자취를 감추었다.

[예문] 선생은 오락과 음주를 심하게 즐기면서 학생들 단속에만 엄격한 잣대를 들이미는 건 양두구육이나 다름없다.

[유의어] 양질호피羊質虎皮, 현옥매석衒玉賣石

[출전] 《항언록(恒言錄)》

244 양상군자 梁上君子

梁(들보 양) 上(위 상) 君(임금 군) 子(아들 자)
대들보 위의 군자라는 뜻으로, 집안에 들어온 좀도둑이나 천장 속의 쥐를 달리 일컫는 말.

[유래] 동한 시대, 진식이라는 사람이 있었다. 그의 한나라 영제 유굉劉宏 때 현령縣令을 지냈다. 그는 매사를 공정하게 처리하여 고을 사람들의 존경을 받았다. 그런데 어느 해 흉년이 들어 사람들의 생계가 어려웠다. 그러던 어느 날 밤, 진식의 집에 도둑이 들어와 대들보 위에 숨었다. 진식은 이를 모르는 체하며 아이들을 불러 모아놓고 이렇게 말했다.

"무릇 사람이란 스스로 엄격하게 자신을 다스려야 한다. 나쁜 사람들도 태어나면서부터 그런 것이 아니다. 다만 평소에 배우지 아니하고, 자신을 엄하게 다스리지 아니하여, 차츰 나쁜 성품이 되어 자라게 된 것이다. 이러한 사람도 본시 대청에 모셔야 하는 손님인데, 지금은 대들보 위에 올라가 계신 군자 분이 바로 그렇다."

이 말을 듣던 도둑은 자신이 발각된 것을 알고 대들보에서 뛰어 내려왔다. 그가 진식에게 사죄를 청하자, 진식은 다음과 같이 그를 타일렀다.

"모습을 보아하니 악인은 아닌 것 같구나. 생활이 얼마나 어려웠으면 이런 짓을 했겠느냐?"

진식은 그에게 비단 두 필을 주며, 그것을 밑천 삼아 장사를 하라고 하였다.

[예문] 서민 경제가 어려워지자 생필품을 훔쳐가는 양상군자들이 늘었다.

[출전] 《후한서(後漢書)》

245 양약고구 良藥苦口

良(좋을 량) 藥(약 약) 苦(괴로울 고) 口(입 구)
몸에 이로운 약은 입에 쓰다는 뜻으로, 충언은 귀에는 거슬리나 자신에게 이롭다는 말.

[유래] 진나라 시황제가 죽자 천하는 동요했다. 그간 학정에 시달려 온 민중이 각지에서 진나라 타도를 외쳤기 때문이다. 그중 유방은 3세 황제 자영子嬰의 항복을 받고 경쟁자인 항우보다 앞서 진나라의 도읍 함양에 입성했다.

유방이 진나라 궁중의 보배와 아름다운 궁녀 1000여 명을 보고는, 궁중에 머물러 지내자고 뜻을 정했다. 번쾌가 간하여 말하기를, "패공께서는 천하를 소유코자 하십니까? 장차 부잣집 늙은이가 되고자 하십니까? 무릇 이 사치스럽고 화려한 물건은 모두 진나라를 망하게 한 것인데, 패공께서 어디다 쓰시려 하십니까? 원컨대 급히 패상으로 돌아가고 궁중에 머물지 마소서."

유방이 이 말을 듣지 않으니 장량이 말하기를, "진나라가 무도했던 까닭에 패공께서 여기에 이르게 되었습니다. 대저 천하를 위하여 잔적을 없애려면 검소함을 바탕으로 삼아야 하는데, 이제 처음 진나라에 들어와 바로 그 즐거움에 편안해하니, 이는 이른바 걸왕을 도와 포학을 하는 것입니다. 또 충성스런 말은 귀에 거슬리나 행하면 이롭고, 독한 약은 입에는 쓰나 병에는 이롭습니다. 원컨대 패공께서는 번쾌의 말을 들으소서" 했다. 유방은 그들의 말을 들어 천하를 얻었다.

[예문] 양약고구라고, 나를 위해 쓴 소리를 해주는 벗의 말을 귀담아 들어야 한다.

[유의어] 충언역어이忠言逆於耳, 간언역어이諫言逆於耳, 금언역어이金言逆於耳

[출전] 《사기(史記)》, 《공자가어(孔子家語)》

246 양포지구 楊布之狗

楊(버들 양) 布(베 포) 之(어조사 지) 狗(개 구)
양포의 개라는 뜻으로, 겉이 달라지면 속까지 달라진 걸로 사람들은 알고 있다는 의미.

[유래] 옛날 양주楊朱의 아우 양포楊布가 흰 옷을 입고 외출했다가 비를 만나서 검은 옷으로 바꿔 입고 돌아왔다. 그러자 양포의 집에서 기르는 개가 주인인줄도 모르고 마구 짖어댔다. 양포가 화가 나서 지니고 있던 지팡이로 개를 때리려 하자 형인 양주가 말리면서 양포를 타일렀다.

"겉모양이 바뀌면 자연히 그 내용도 바뀌었다고 생각하는 것이 보통이다. 너라면 저 개가 흰 털로 나갔다가 검은 털로 돌아왔다면 내 집 개인가 의심이 가지 않겠느냐?"

[예문] 양포지구라고 했으니, 아무리 휘황찬란하게 치장했다 하더라도 소인배를 대인으로 여겨서는 안 된다.

[출전] 《한비자(韓非子)》

247 양호유환 養虎遺患

養(기를 양) 虎(범 호) 留(머무를 유) 患(근심 환)
호랑이를 길러 스스로 화근을 남겨두는 것이라는 뜻으로, 적을 살려 두어 후환을 남기거나, 화근을 키우는 것을 비유한 말.

[유래] 장기간에 걸친 전투에서 초나라 군대는 군수 물자 공급에 큰 어려움을 겪고 있었다. 한나라는 초나라에 비해 상대적으로 병력도 많고 식량도 여유가 있었지만, 유방의 부모가 여전히 항우의 수중에 붙잡혀 있었기 때문에 걱정이었다. 유방은 육가陸賈를 보내 항우에게 가족들의 석방을 요청했지만 항우는 이를 거절했다.

유방이 다시 후공侯公을 보내 석방을 청했다. 이때, 항우는 한 가지 조건을 제시했다. 홍구를 경계로 서쪽은 한나라의 영토, 동쪽은 초나라의 영토로 하자는 것이었다. 이에 유방은 그러기로 약조했다. 항우는 군대를 철수하여 동쪽으로 돌아가고, 유방이 서쪽으로 돌아가려고 하는데 장량과 진평이 이렇게 말을 꺼냈다.

"한나라가 천하의 절반을 차지했고, 제후들도 모두 가담했습니다. 그런데 초나라 군사들은 굶주림과 피로에 시달리고 있습니다. 지금은 하늘이 초나라를 망하게 하려는 때입니다.

그러니 왕께서는 이 기회를 이용하십시오. 지금 만약 놓아주고 공격하지 않는다면, 이는 이른바 호랑이를 길러 스스로 화근을 남겨두는 것입니다." 이에 유방은 그들의 말에 따르기로 하였다.

[예문] 순간 약한 모습을 보인다고 동정해서 악한 사람을 돕는다면 양호유환의 우를 범하는 것이다.

[유의어] 양호자해養虎自害, 양호이환養虎貽患, 양호위환養虎爲患, 양호상신養虎傷身, 인랑입실引狼入室

[출전] 《사기(史記)》

248 어부지리 漁夫之利

漁(고기 잡을 어) 夫(사내 부) 之(어조사 지) 利(이로울 리)
어부의 이득이라는 뜻으로, 두 사람이 맞붙어 싸우는 바람에 엉뚱한 제삼자가 덕을 본다는 뜻.

[유래] 조나라가 연나라를 치려 하자 때마침 연나라에 와 있던 소진蘇秦의 아우 소대蘇代는 연나라 왕의 부탁을 받고 조나라의 혜문왕惠文王을 찾아가 이렇게 설득하였다.

"오늘 저는 강을 지나왔는데 거기서 민물조개가 강변에 나와 입을 벌리고 햇볕을 쪼이고 있는데, 황새란 놈이 지나가다 조갯살을 쪼아 먹으려 하자 조개는 깜짝 놀라 입을 오므렸습니다. 그래서 황새는 주둥이를 물리고 말았습니다. 황새가 조개를 위협하기 위하여 이렇게 말하였습니다. '오늘도 내일도

비가 안 오면 너는 말라 죽고 만다.' 빨리 부리를 놓아주고 물속으로 들어가라는 말이었습니다. 그러나 조개도 지지 않고 응수하였습니다. '오늘도 놔주지 않고 내일도 놔주지 않으면 너도 역시 죽고 만다.' 그렇게 서로 놔주려 하지 않자 마침 그때 지나가던 어부는 그 둘을 한꺼번에 잡아 버렸습니다. 지금 조나라가 연나라를 치고자 하는 것은 황새가 조개의 살을 부리로 쪼는 것과 같아서 연나라 역시 그 부리를 물어 버리고 말 것입니다. 이렇게 조나라, 연나라가 서로 물고 놓아주지 않으면 옆에 있는 진나라 어부처럼 두 나라를 한꺼번에 취하는 이득을 얻게 될 것입니다. 그러므로 왕께서는 연나라 치는 문제를 심사숙고하여 결정하시기 바랍니다."

소대의 이 비유를 들은 혜문왕은 과연 옳은 말이라 하여 연나라를 공격하지 않았다.

[예문] 두 기업이 가격경쟁을 하느라 혈안이 된 사이, 소비자들은 어부지리로 좋은 물건을 싼 값에 사재기했다.

[유의어] 방휼지쟁蚌鷸之爭, 견토지쟁犬兎之爭

[출전] 《전국책(戰國策)》, 〈연책(燕策)〉

249 엄이도령 掩耳盜鈴

掩(막을 엄) 耳(귀 이) 盜(훔칠 도) 鈴(방울 령)
제 귀를 막고 방울을 훔친다는 뜻으로, 얕은 꾀로 남을 속이려는 어리석음을 이르는 말.

[유래] 춘추전국시대 진나라에 범씨가 있었다. 그의 집은 명문가였으나 어느덧 쇠락의 길을 걷고 있었다. 그 집에는 큰 종이 있었는데 어느 날 도둑이 소문을 듣고 종을 훔치러 들어갔다. 주위를 둘러보니 다행히 아무도 없었다. 그런데 종은 생각했던 것보다 훨씬 크고 무거워 도저히 훔쳐내 올 수가 없었다.

그는 하는 수 없이 종을 깨뜨려 조각내어 가져가기로 하고 커다란 망치를 가져와 힘껏 종을 내리쳤다. 그러자 큰 소리가 울려 도둑은 당황했다. 누군가 소리를 듣고 달려올 것 같았다. 당황한 나머지 그는 얼른 자신의 귀를 틀어막았다. 다행히 아무 소리도 들리지 않아 비로소 안도의 한숨을 내쉬었다.

[예문] 국민들의 원성이 자자한데 시위를 폭력진압하려는 것은 엄이도령이나 마찬가지다.

[유의어] 엄이도종掩耳盜鍾, 엄이투령掩耳偸鈴, 엄목포작掩目捕雀

[출전] 《여씨춘추(呂氏春秋)》

250 여도지죄 餘桃之罪

餘(남을 여) 桃(복숭아 도) 之(어조사 지) 罪(허물 죄)
먹다 남은 복숭아를 준 죄라는 뜻으로, 사랑하는 마음이 식어감에 따라 본래 좋게 여겼던 행동을 밉게 보는 것을 이르는 말.

[유래] 춘추전국시대, 위영공衛靈公의 총애를 받는 미동이 있었다. 그의 이름은 미자하彌子瑕였다. 한 번은 미자하가 왕과 과수원을 거닐다가 복숭아를 따서 한 입 먹어 보더니 아주 달고

맛이 있었기에 이 복숭아를 왕에게 바쳤다. 왕은 기뻐하며 "나를 사랑한 나머지 맛난 것을 나에게 먹이려 하는구나" 하고 감동했다. 세월이 흘러 미자하의 자색도 빛이 바래고, 왕의 사랑도 식었다. 미자하가 잘못을 저지르자 왕이 원망하듯 말했다. "이 녀석은 언젠가 내게 자기가 먹던 복숭아를 먹인 적이 있다."

[예문] 누군가에게서 사랑을 받는다 하더라도 이를 믿고 처신을 바르게 하지 않는다면 후일 여도지죄를 추궁당할 수 있다.

[유의어] 여도담군餘桃담君

[출전] 《한비자(韓非子)》

251 역자교지 易子敎之

易(바꿀 역) 子(아들 자) 敎(가르칠 교) 之(그것 지)
자식을 바꾸어 가르친다는 뜻으로, 부모가 자식을 직접 가르치다보면 이성보다 감정이 앞서게 되기에 생겨난 말.

[유래] 맹자의 제자 공손추는 스승이 아들을 직접 가르치지 않았음이 궁금해 그 까닭을 물었다. 이에 맹자가 답했다.

"자연의 추세로 보아 그렇게 되지 않기 때문이다. 바르게 가르쳤는데 행하지 않으면 이어서 노하게 되고, 노하게 되면 도리어 가르침을 해하기 때문이다. '어른(아버지)께서 나를 가르치심은 바른 것으로 하신다 하되, 어른(아버지)께서 하시는 것은 바른 데서 나오는 것이 아니다'라고 하게 하면, 이것은 부자가 서로 해치는 것이다. 부자간에는 잘 되라고 꾸짖지 않는 법이니, 잘 되라고 꾸짖게 되면 사이가 난다. 사이가 나게 되면 상서롭지 못하기가 이보다 큰 잘못이 없다."

[예문] 실력 있는 선생이라도 자기 자식을 가르치기는 쉽지 않다고 하여 역자교지라고 한다.

[출전] 《맹자(孟子)》

252 연목구어 緣木求魚

緣(인연 연) 木(나무 목) 求(구할 구) 魚(고기 어)
나무에 올라 물고기를 구한다는 뜻으로, 불가능한 일을 하려 무모한 수고를 함을 일컫는 말.

[유래] 맹자가 제나라 선왕과 패도정치에 대해 문답을 하는 과정에서 맹자가 다음과 같은 말을 했다. "천하통일을 하시고 사방의 오랑캐들까지 복종케 하시려는 것을 무력으로 이룩하려 시도한다면 나무에 올라가 물고기를 구하는 것보다 더 터무니없는 일입니다."

[유의어] 상산구어上山求魚, 사어지천射魚指天, 건목수생乾木水生
[출전] 《맹자(孟子)》

253 오리무중 五里霧中

五(다섯 오) 里(마을 리) 霧(안개 무) 中(가운데 중)
짙은 안개가 5리나 끼어 있는 속에 있다는 뜻으로, 일의 갈피를 잡기 어려움을 의미하는 말.

[유래] 후한시대, 장패張覇라는 학자가 있었는데, 그의 아들 장해 훌륭한 학자여서 제자가 100여 명에 이르고 세도가들도 그와 가까이하려고 애썼다. 그러나 그는 아버지와 마찬가지로 때 묻은 자들과 섞이기를 싫어하여 먼 시골로 들어가 숨어 살았다. 조정에서는 그를 아껴 여러 차례 예를 다하여 맞이하려 하였으나 그는 병을 핑계로 끝내 벼슬길에 나아가지 않았다. 장해는 사람들이 찾아오는 것초차 싫어 이 산에서 저 산으로 거처를 옮겨 다니며 생활을 했다. 또한 그는 도가道家의 도술을 익혀 안개를 일으킬 수 있었다. 사람들을 만나고 싶지 않을 때는 사방 5리나 안개를 일으켜 자신의 모습을 감추곤 했다.

[예문] 그 사건은 수사 초기부터 오리무중이어서 결국 미제 사건으로 남았다.

[출전] 《후한서(後漢書)》

254 오우천월 吳牛喘月

吳(나라이름 오) 牛(소 우) 喘(숨찰 천) 月(달 월)
오나라의 소가 달만 보아도 숨을 헐떡인다는 뜻으로, 어떤 일에 한 번

혼이 나면 비슷한 것만 보아도 미리 겁을 먹는다는 의미.

[유래] 진나라 무제武帝 때 만분滿奮이라는 관료가 있었는데 그는 추위를 잘 탔다. 그는 북풍이 강렬하게 몰아치는 날이면 몸을 사시나무 떨듯 떨었다. 어느 겨울날 그는 무제를 알현하려고 궁에 들어섰다. 유리로 만들어진 창을 통해 바람을 느낀 그는 황제 앞에서 몸을 떨고 말았다. "왜 몸을 그리 떠느냐"는 황제의 질문에 추위가 두렵다고 하자 황제는 "유리는 바람이 통하지 않는 걸 모르느냐" 하고 핀잔을 주었다. 그러자 만분은 "남쪽 오나라의 물소들은 더위를 싫어하여, 여름이 되면 물속에 들어가 놀거나 나무 그늘에서 쉬는 것을 좋아합니다. 가장 두려워하는 것은 한낮의 맹렬한 태양입니다. 어쩌다 밤에 밝은 달을 보게 되면 그것이 태양인줄 알고 곧 숨을 헐떡이게 됩니다. 제가 유리를 보고도 떠는 것은 마치 오나라의 소가 달만 보아도 숨을 헐떡이는 것과 같습니다."라고 했다.

[예문] 쥐가 고양이 모양 인형을 보고는 놀라다니 오우천월과 같은 일이다.

[출전] 《세설신어世說新語》

255 오월동주 吳越同舟

吳(나라 이름 오) 越(넘을 월) 同(한 가지 동) 舟(배 주)
오나라 사람과 월나라 사람이 한 배에 타고 있다는 뜻으로, 서로 원수지간임에도 어려운 상황을 헤쳐 나가려고 협력하는 경우를 이르는 말.

[내용] 춘추시대, 오나라와 월나라는 영토 문제로 전쟁이 그치지 않았고, 양국 백성들은 서로 죽고 죽이며 원수를 대하듯 하였다. 어느 날 두 나라 사람들이 같은 배를 타게 되었는데, 마침 폭풍우가 몰아쳤다. 이때 두 나라 사람들은 협력하여 난관을 벗어나야 했기 때문에, 서로 욕하거나 때리지 않고 마치 왼손과 오른손처럼 서로 도왔다.

[예문] 집권당을 몰아내고자 군소 야당이 오월동주같이 힘을 합쳤다.

[유의어] 풍우동주風雨同舟, 동주공제同舟共濟

[반대어] 각자위정各自爲政

[출전] 《손자(孫子)》

256 오조사정 烏鳥私情

烏(까마귀 오) 鳥(새 조) 私(사사로울 사) 情(뜻 정)
까마귀가 자라면 그 어미에게 먹이를 물어다 먹이듯 부모를 모시는 지극한 효성을 이르는 말.

[유래] 진나라 때 이밀은 조모 유 씨의 병세가 악화되자 왕에게 이런 편지를 썼다. "신臣 밀密은 금년에 나이 44세이고, 조모 유 씨는 금년에 연세가 96세입니다. 그러니 제가 폐하께 충성을 다 할 날은 길고, 조모께 은혜를 보답할 날은 짧습니다. 까마귀가 어미 새의 은혜를 보답하듯 조모가 돌아가시는 날까지 봉양하게 해 주십시오."

[예문] 자녀가 많아도 오조사정으로 극진히 보살펴주는 이가 없는 독거노인이 많아 문제다.

[출전] 《진정표(陳情表)》

257 오합지중 烏合之衆

烏(까마귀 오) 合(합할 합) 之(어조사 지) 衆(무리 중)
까마귀 떼같이 아무런 통제 없이 모여든 무리를 비유한 말.

[유래] 왕망이 세웠던 신나라가 멸망하자, 한나라 애제哀帝가 즉위하였다. 각 지방에서는 장군들이 군사들을 일으켜 지방 정권을 장악하고, 군수나 현령 등을 바꾸었다. 경황耿況은 자신의 벼슬자리가 왕망에 의해 만들어진 것이었기 때문에 이런 정국이 몹시 불안하였다. 그래서 아들 경엄을 광무제의 휘하로 보냈다.

경엄은 광무제에게 가던 어느 날, 그의 부하 가운데 한 명이 광무제에게 가지 말고 왕망에게 가자고 권했다. 이에 경엄은 엄숙하게 말했다. "왕랑은 도둑일 뿐이다. 내가 장안에 도착하여 군대를 이끌고 공격하면 그러한 오합지중들은 마르고 썩은 것들이 부러지듯 꺾일 뿐이다. 너희들이 그와 한 무리가 된다면 화를 피하지 못할 것이다."

[예문] 제대로 된 작전이 없는 군대는 오합지중에 불과하다.
[반대어] 백만웅사百萬雄師
[출전] 《후한서(後漢書)》

258 온고지신 溫故知新

溫(익힐 온) 故(옛 고) 知(알 지) 新(새 신)
옛것을 익혀 새것을 알 수 있다는 뜻.

[유래] 공자는 《논어論語》〈위정편爲政篇〉에서 이렇게 말했다. "옛것을 익혀 새것을 알면 이로써 남의 스승이 될 수 있다."
[예문] 역사를 공부하고 고전을 읽는 건 온고지신을 실천하기 위함이다.
[출전] 《논어(論語)》

259 와각지쟁 蝸角之爭

蝸(달팽이 와) 角(뿔 각) 之(어조사 지) 爭(다툴 쟁)
달팽이 뿔에서 다툼이라는 뜻으로, 세상일이란 달팽이 뿔 위에서 싸우는 것과 같이 사소한 다툼에 불과하다는 의미.

[유래] 양梁의 혜왕惠王과 제齊의 위왕威王은 서로 침략하지 않기로 굳게 약조한 사이였다. 먼저 이 약속을 깬 이는 제의 위왕이었다. 화가 난 위 혜왕은 자객을 보내 그를 죽이려고 했다.
  그는 먼저 여러 대신들과 함께 이 문제를 의논했는데 찬반양론이 분분했다. 장군 공손연公孫衍은 군사를 일으켜서 쳐야 한다고 주장했다. 그러나 계자季子는 백성을 수고롭게 하는 전쟁 자체를 반대했으며 화자華子는 이 문제를 논한다는 것 자체가 민심을 혼란에 빠뜨리는 짓이므로 반대했다.

위 혜왕은 어찌 하는 게 좋을지 쉽사리 판단을 내리지 못했다. 이에 혜자가 이 말을 듣고 위나라의 현인인 대진인을 데려왔다. 대진인은 임금에게 말했다.

"이른바 달팽이라는 것이 있는데, 임금님은 아십니까?"
"알다 뿐인가."

"그 달팽이의 왼쪽 뿔에 나라를 세운 이가 있는데 촉씨觸氏라 하고, 그 달팽이의 오른쪽에 나라를 세운 이가 있는데 만씨蠻氏라고 합니다.

그들은 가끔 땅을 다투어 싸움을 일으켜서 송장이 수만이나 되고 달아나는 적을 쫓아 보름이나 되어 돌아온다고 합니다."
이 말에 위 혜왕은 허무맹랑하다며 믿지 않았다.

대진인은 이어 말했다. "나는 임금님을 위해서 그 사실을 이야기 하겠습니다. 임금께서는 저 사방과 상하의 이 우주에 끝이 있다고 생각하십니까? 그 끝없는 우주를 보고서 중국을 보게 되면, 그것은 극히 작아서 있는 것 같기도 하고 없는 것 같기도 하지 않습니까?"

"그대 말이 옳다." "중국 가운데에 위나라가 있고, 위나라 가운데 양이라는 도읍이 있고, 그 양 가운데 임금이 있다고 합시다. 그러면 임금은 저 달팽이 뿔 위의 촉씨나 만씨와 다를 것이 있겠습니까?"

[예문] 요즘 방송사는 시청률을 두고 와각지쟁을 벌린다.
[유의어] 와우각상지쟁蝸牛角上之爭, 와우각상蝸牛角上, 와각지쟁蝸角相爭, 와우지쟁蝸牛之爭, 만촉지쟁萬觸之爭
[출전] 《장자 칙양편(莊子 則陽篇)》

260 왕고좌우 王顧左右

王(임금 왕) 顧(돌아볼 고) 左(왼 좌) 右(오른 우)
왕이 오른쪽 왼쪽을 돌아본다는 말로서, 솔직히 시인해야 할 일을 엉뚱한 딴 이야기로 얼버무리는 일을 가리키는 말.

[유래] 맹자가 제선왕에게 말했다. "임금님의 신하가 자기의 처자를 벗에게 부탁하고 초나라에 가서 지내다가 다시 돌아와서 본즉 그의 처자를 얼리고 굶주리게 하였다면 어떻게 하겠습니까?" "그와 절교할 것이오." 맹자가 다시 물었다. "법관이 그의 신하를 잘 다스리지 못하면 어떻게 하시겠습니까?" "그를 파면할 것이오." 맹자가 다시 물었다. "나라 안이 잘 다스려지지 못한다면 어떻게 하시겠습니까?" 이 질문에 왕이 좌우를 둘러보고 다른 이야기를 하였다.

[예문] 청문회에서 정곡을 찌르는 질문을 하자 장관은 왕고좌우 하면서 불안해했다.

[출전] 《맹자(孟子)》

261 요동지시 遼東之豕

遼(나라 이름 요) 東(동녘 동) 之(어조사 지) 豕(돼지 시)
요동의 돼지라는 뜻으로, 견문이 좁고 오만한 탓에 하찮은 공을 자랑함에 비유하는 말.

[유래] 후한 건국 직후, 어양태수漁陽太守 팽총彭寵이 자기 업적을 알아주지 않는 데 불만을 품고 반란을 꾀하자 대장군 주부朱浮는 그를 꾸짖는 글을 보냈다. "그대는 이런 이야기를 들어본 적이 있는가? '옛날에 요동 사람이 그의 돼지가 대가리가 흰白頭 새끼를 낳자 이를 진귀하게 여겨 왕에게 바치려고 하동까지 가보니 그곳 돼지는 모두 대가리가 희므로 크게 부끄러워 얼른 돌아갔다.' 지금 조정에서 그대의 공을 논한다면 폐하의 개국에 공이 큰 군신 가운데 저 요동의 돼지에 불과함을 알 것이다."

[예문] 남들도 그 정도 공을 세우는 걸 모르고 혼자서 잘난 척하는 사람은 요동지시와 같다.

[출전] 《문선 주부서(文選 朱浮書)》

262 요령부득 要領不得

要(구할 요) 領(목 령) 不(아니 불) 得(얻을 득)
사물의 주요한 부분을 잡을 수 없다는 뜻으로, 말이나 글의 요령을 잡을 수 없음을 이르는 말.

[유래] 전한시대, 무제 때 흉노가 침범해오는 일이 잦아 월지와 손을 잡고 흉노를 쳐부술 생각을 했다. 월지로 가는 길은 반드시 흉노 땅을 지나야만 하므로 사신으로 갈 만한 사람을 모집했다.

이때 장건이 낭관 신분으로 모집에 지원하여 월지에 사신으로 가게 되었다. 그런데 장건은 흉노에게 10여 년 동안이나 붙잡혀 있으면서 결혼도 하고 자식까지 두게 되었다. 그러나 그는 한나라 사자로서의 직책만은 굳게 지키고 변절하여 투항하지 않았다.

포로로 잡힌 지 10년이 지나 흉노의 감시가 느슨해지자 장건은 처자를 데리고 서방으로 탈출하여 월지로 향하다 대원大宛에 도착했다. 한나라가 물자가 풍부하다는 소식을 듣고 서로 왕래를 하고 싶었던 대원의 왕이 장건의 만나보고 그가 월지로 간다고 하니, 장건의 일행을 대월지까지 안내했다.

대월지에서는 왕이 이미 흉노에게 피살되었으므로 태자를 세워서 왕으로 삼았다. 그들은 이미 대하大夏를 정복하여 통치하고 있었는데 그 땅이 기름져 생산물이 풍부하고, 침략자가 거의 없어 안락하게 지내고 있었다.

또 한나라를 멀리 떨어져 곳에 있는 나라로 여겨 새삼스레 흉노에게 보복할 마음을 먹지 않았다. 장건은 대월지를 떠나 대하에 이르렀지만 끝내 대월지의 진의를 알 수 없었다要領不得.

[예문] 그를 설득하려고 무던히 애를 썼지만 요령부득이었다.
[출전] 《사기(史記)》, 《한서(漢書)》

263 요원지화 燎原之火

燎(불탈 요) 原(들판 원) 之(어조사 지) 火(불 화)
들판을 태우는 불길 같은 엄청난 기세를 뜻하는 것으로, 세력이 대단하여 막을 수 없음을 말함.

[유래] 반경盤庚은 탕나라 왕이었다. 그는 황하의 수해를 피해 수도를 은으로 옮기려고 했다. 수도를 옮기는 일은 너무 힘들어서 여기저기서 불만을 털어놓았다. 이에 반경은 관리들을 모아놓고 다음 같은 말을 했다.

"너희들이 분별이 없어 지금 수도가 도읍지로 부적당하다는 것을 알지 못하고 있으나, 이를 그대로 두면 큰 화가 닥칠 것이며 큰 화가 먼 곳이나 가까운 곳에도 미칠 것이다. 이곳은 홍수로 피폐해져 농사도 할 수 없다. 왕은 백성들의 생명을 제제할 수 있는 힘을 가지고 있다. 그러므로 백성들은 누구나 왕을 두려워해야 한다. 그러나 너희들은 무엇 때문에 짐에게 고하지 않고, 서로 경박한 말로 국가의 장래를 위협하는 일을 떠들어대며, 여러 사람이 천도를 두려워하게 선동하는가. 불이 들을 태울 적에 가깝게 갈 수 없는 것처럼 보이지만 나는 그것을 끌 수 있는 것처럼 백성을 선동하는 자들의 소행을 금지하려 들면 못할 것이 없다. 이렇게 말하여도 너희가 듣지 않으면 짐은 바른 도리를 따라 처벌할 것이며, 처벌에 대하여 짐을 원망하여도 그것은 스스로의 생각이 부족한 결과이므로 유의하도록 하라."

[예문] 시위 중에 무력진압으로 사람이 다치자 현 정권을 비난하는 여론이 요원지화처럼 들끓었다.

[출전] 《서경(書經)》

264 용두사미 龍頭蛇尾

龍(용 용) 頭(머리 두) 蛇(뱀 사) 尾(꼬리 미)
머리는 용이고 꼬리는 뱀이라는 뜻으로, 시작은 거창하나 끝이 흐지부지한 모양새를 비유하는 말.

[유래] 육주陸州에 세워진 용흥사龍興寺에는 이름난 스님 진존숙 陳尊宿이 있었다. 그는 도를 깨치러 절을 떠나 여기저기 방랑하면서 나그네를 위해서 짚신을 삼아 길에 걸어 두고 다녔다. 어느 날 진존숙이 화두를 던지자 갑자기 상대방이 "으악" 하고 큰 소리를 치고 나왔다.

　진존숙이 상대를 보니 호흡이 꽤 깊은 걸로 보아 상당한 수양을 쌓은 듯하나 찬찬히 살펴보니 어쩐지 수상한 구석도 엿보였다. '이 중이 그럴듯하지만 역시 참으로 도를 깨친 것 같지는 않은 것 같다. 단지 용의 머리에 뱀의 꼬리가 아닐까 의심스럽다.' 진존숙이 이렇게 생각하고 상대에게 물었다. "그대의 호령하는 위세는 좋은데, 소리를 외친 후에는 무엇으로 마무리를 질 것인가?" 그러자 상대는 그만 뱀의 꼬리를 내밀듯이 슬그머니 답변을 피하고 말았다.

[예문] 새해 계획을 거창하게 세웠으니 용두사미로 끝내선 안 될 것이다.

[출전] 《벽암록(碧巖錄)》

265 우공이산 愚公移山

愚(어리석을 우) 公(귀 공) 移(옮길 이) 山(뫼 산)
우공이 산을 옮긴다는 뜻으로, 어떠한 곤란도 두려워하지 않고 굳센 의지로 밀고 나가면 성공한다는 의미.

[유래] 기주冀州의 남쪽과 하양河陽의 북쪽 사이에 사방 700리에 높이가 만 길이나 되는 태형산太形山과 왕옥산王屋山이 있었다. 그런데 북산 밑에는 아흔이 다 된 우공愚公이라는 노인이 살고 있었는데, 산들이 막고 있어서 다니기가 불편했다. 우공은 어느 날, 가족을 모아 놓고 이렇게 물었다. "나는 저 두 산을 깎아 없애고, 예주豫州와 한수漢水 남쪽까지 곧장 길을 내고 싶은데 너희들 생각은 어떠냐?" 모두 찬성했으나 그의 아내만은 무리라며 반대했다. "아니, 당신의 힘으로 어떻게 저 큰 산을 깎아 없앤단 말예요? 또 파낸 흙은 어디다 버리고?"

그러나 우공은 이튿날 아침부터 세 아들과 손자들을 데리고 돌을 깨고 흙을 파서 삼태기로 발해까지 갖다 버리기 시작했다. 한 번 갔다 돌아오는데 꼬박 1년이 걸렸다.

어느 날 지수라는 사람이 말했다. "당신과 당신 가족의 힘으로는 평생 해봐야 산의 귀퉁이도 허물기 힘든데, 어떻게 큰 산의 돌과 흙을 옮긴단 말이오?"

"너희야말로 어리석기 짝이 없구나. 설사 내가 죽더라도 자식이 남고, 자식은 손자를 낳으며, 그 손자가 또 자식을 낳는다. 잇따라 자식이 생기고 손자가 생기고 결코 끊이는 일이 없다. 그런데 산은 절대로 더 커지는 법은 없는 것이다. 어찌 평평해지지 않을 수가 있겠는가?"

우공의 끈기 있는 정성에 감동한 옥황상제는 역신力神 과 아의 두 아들에게 명하여 각각 두 산을 업어 태행산은 삭동朔東 땅에, 왕옥산은 옹남雍南땅에 옮겨 놓게 했다.

[예문] 남들이 불가능하다고 시도조차 하지 않는 일을 우공이산의 마음으로 차근차근 실천하다 보면 언젠가는 꿈을 이루게 된다.

[유의어] 유지사경성有志事竟成, 모사재인 성사재천謀事在人, 成事在天, 수적석천水滴石穿, 철저성침鐵杵成針, 마부작침磨斧作針

[출전] 《열자(列子)》

266 우유구화 迂儒救火

迂(멀 우) 儒(선비 유) 救(구할 구) 火(불 화)
세상 물정에 어두운 선비가 불을 끄려고 한다는 뜻으로, 급한 상황에서도 원칙만 따지다 일을 그르친다는 말.

[유래] 옛날 조나라에 성양감成陽堪이란 사람이 있었는데, 어느 날 그의 집에 불이 났다. 지붕 위에 올라가서 불을 꺼야 하는데, 마침 그의 집에는 사다리가 없었으므로 성양감이 아들 뉵에게 분수씨奔水氏의 집에 가서 사다리를 빌려 오라고 시켰다.

성양뉵은 의관을 차려 입고는 분수씨의 집에 가서 세 번 절을 하는 예의를 갖춘 뒤에 방으로 들어갔다.

분수씨는 술상을 차리게 하여 손님을 대접하였고 성양뉵도 주인에게 술을 올려 예를 갖추었다. 술을 다 마시고 나서 분수씨가 "선생께서 이렇게 찾아오신 것은 무슨 일이신지요?"라고 물었다. 성양뉵은 그제서야 "하늘이 우리 집에 화를 내려 불이 났습니다. 세찬 불길이 지붕까지 치솟아 높은 곳에 올라가 물을 뿌리려 하는데, 양 어깨에 날개가 달려 있지 않은지라 올라가지 못하고 식구들이 발만 동동 구르며 울부짖고 있을 수밖에 없었지요. 듣자하니 귀댁에 사다리가 있다 하던데 빌려주실 수 있는지 모르겠습니다."라고 말하였다.

그 말을 듣자마자 분수씨는 발을 동동 구르며 "어찌 그리도 세상 물정을 모르시오. 산 속에서 밥을 먹다가 호랑이를 만나면 먹던 밥을 뱉어내고 도망쳐야 하고, 물가에서 발을 씻다 악어를 만나면 신발을 버리고 도망쳐야 하는 법이오. 집에 불이 났는데 그대가 여기서 예의를 갖추고 있을 때요?"라고 말하고는 급히 사다리를 가지고 달려갔으나 이미 집은 다 타버린 뒤였다.

[예문] 체면치레하느라고 말을 빙빙 돌리다가는 우유구화나 다름없는 결과를 부른다.

[출전] 《송렴(宋濂), 〈연서(燕書)〉

267 우의대읍 牛衣對泣

牛(소 우) 衣(옷 의) 對(대답할 대) 泣(울 읍)
소가죽을 입고 쳐다보며 운다는 뜻으로, 가난한 부부가 함께 빈곤한 생활을 하는 것을 비유하는 말.

[유래] 서한시대, 학문이 깊은 왕장王章이라는 선비가 있었다. 어느 해 추운 겨울, 왕장은 병으로 드러눕게 되었는데 너무 가난해 의원을 부를 돈도 없고, 깔고 덮을 이불 한장도 없었다. 왕장은 몸에 소가죽을 걸치고 추위를 막으며 병을 견뎌내야만 했다. 왕장은 더 이상 살지 못할 것이라 생각하고 비통함에 잠겼다. 그는 소가죽을 뒤집어쓴 채 비통해하며 아내를 바라보고 울기 시작하였다. 왕장의 아내는 매우 어질고 지혜로운 사람이었는데, 남편이 우는 것을 보고, 그를 이렇게 위로하였다.

"운다고 무슨 소용이 있겠습니까? 대장부는 병이나 어려움으로 좌절해서는 안됩니다. 생각해보십시오. 현재 조정의 관리들 가운데 불과 몇 사람만이 당신의 학문과 재능을 능가할 뿐입니다. 당신은 큰 뜻을 품으신 분이니, 도중에 포기해서는 안 됩니다." 왕장은 아내의 격려와 세심한 보살핌으로 마음을 안정시켰으며, 빠르게 회복되었다. 이후, 왕장은 학문에 더욱 정진할 수 있었으며, 조정의 대신이 되었다.

[예문] 어려운 시절 함께 우의대읍한 아내와 백년해로하는 일이야말로 인생의 행복이다.

[출전] 《한서(漢書)》

268  운우지락 雲雨之樂

雲(구름 운) 雨(비 우) 之(어조사 지) 樂(즐거울 락)
구름과 비의 즐거움이란 뜻으로, 남녀가 육체적으로 어울리는 즐거움을 비유하는 말.

[유래] 초회왕이 운몽에 있는 고당으로 갔을 때 꿈에 무산 신녀와 만나 즐거움을 누렸다는 옛이야기에서 유래한다.
[예문] 황진이와 운우지락을 나누려는 선비들이 줄을 섰다.
[출전] 《문선(文選)》

269 원교근공 遠交近攻

遠(멀 원) 交(사귈 교) 近(가까울 근) 攻(칠 공)
먼 나라와 친교를 맺고 가까운 나라를 공략한다는 뜻.

[유래] 전국시대, 위나라에 범수范雎란 책사가 있었다. 그는 원교근공의 외교정책을 말한 적이 있는데 그 내용은 다음과 같다. "왕께서는 멀리 사귀고 가까이 치는 것이 가장 좋습니다. 한 치를 얻어도 왕의 한 치 땅이 되고, 한 자를 얻어도 왕의 한 자 땅이 됩니다. 이제 이를 버리고 멀리 공략을 한다면 어찌 틀린 일이 아니겠습니까."

[예문] 오늘날에도 원교근공의 외교 정책을 염두에 두어야 한다.
[출전] 《사기(史記)》, 〈범수열전(范雎列傳)〉, 《전국책(戰國策)》, 〈진책(秦策)〉

270 위편삼절 韋編三絶

韋(가죽 위) 編(엮을 편) 三(석 삼) 絶(자를 절)
가죽으로 맨 책 끈이 세 번이나 끊어졌다는 뜻으로, 열심히 독서함을 일컫는 말.

[유래] 고대 중국에서는 대나무를 직사각형으로 잘라 글씨를 쓴 여러 장을 가죽 끈으로 엮어 책을 만들었다. 위편韋編은 그 가죽 끈을 가리키고 삼절三絶은 세 번만이 아니라 여러 번 끊어짐을 뜻한다.

《사기史記》에 이런 말이 나온다. "공자는 나이 들어 《역易》을 좋아하여 단, 상, 설괘, 문언편을 지었다. 역을 읽음에 있어 위편이 세 번 끊어졌다韋編三絶. 이르되, '나에게 수년을 빌려준다면, 내가 《역》에 정통할 것이다.' 라 하였다."

[예문] 위편삼절에 이르도록 한 분야의 책을 열심히 읽으면 그 분야에서는 누구도 따라올 수 없는 권위자가 될 수 있다.

[출전] 《사기(史記)》, 〈공자세가(孔子世家)〉

271 유교무류 有敎無類

有(있을 유) 敎(가르칠 교) 無(없을 무) 類(무리 류)
가르침에는 차별이 없다는 말로 배우고자 하는 이에게는 배움의 문이 열려 있다는 의미.

[유래] 공가가 말했다. "제자를 가르치는 데 종류에 구별 두지 않는다." 이 말을 《논어論語》에서는 다음과 같이 해석한다. "사람에게는 귀천이 있지만 똑같이 재주에 따라 가르쳐야지 비천하다고 해서 가르치지 않아서는 안 된다."

[예문] 요즘은 돈이 없으면 배우지 못하니, 유교무류의 정신이

퇴색되어 가는 셈이다.

[출전] 《논어(論語)》, 〈위령공편(衛靈公篇)〉

272 유비무환 有備無患

有(있을 유) 備(갖출 비) 無(없을 무) 患(근심 환)
준비가 있으면 근심할 것이 없다는 뜻으로, 무슨 일이든지 미리 준비하는 것이 상책이라는 의미.

[유래] 진나라 도공悼公이 정나라에서 보낸 값진 보물들을 화친和親의 선물로 보내오자 일부를 충신 사마위강司馬魏絳에게 하사했다. 그러자 위강은 완강히 사양하면서 이렇게 말했. "편안할 때에 위기를 생각하십시오居安思危. 그러면 대비를 하게 되며 대비태세가 되어 있으면 근심이 사라지게 되는 법입니다."

[예문] 위급할 때를 대비해 충분히 저축을 해두는 유비무환의 정신이 필요하다.

[출전] 《춘추좌씨전(春秋左氏傳)》

273 읍참마속 泣斬馬謖

泣(소리없이 울 읍) 斬(벨 참) 馬(말 마) 謖(일어날 속)
울면서 마속의 목을 벤다는 뜻으로, 사사로운 정을 버리고 공정한 법 집행이나 일 처리를 한다는 의미.

[유래] 형주 전투에서 관우가 죽자, 유비는 복수를 하기 위해 오나라 정벌에 나섰다가 실패하고 백제성白帝城으로 물러났다. 이로 인한 울분으로 병을 얻은 유비는 임종 전에 자신의 아들을 제갈량에게 부탁하며 당부하였다.

"마속馬謖은 능력보다는 말이 과장된 자이니, 이후 그를 쓸 때에는 특별히 신중을 기하도록 하시오"

유비가 죽자, 제갈량은 위나라를 정벌하려고 기산으로 출정했다. 이때 위나라 사마의司馬懿가 20만 대군으로 전략 요충지인 가정을 공격하였다. 제갈량이 수비를 맡길 만한 장수를 고민하는 중 마속이 자청하고 나섰다. 제갈량이 망설이는데 마속이 재차 간청해 출전했다. 마속은 제갈량의 작전 지시에 따르지 않고, 단독으로 판단하여 전투에 임하였는데, 지략과 경험이 모자라 패하고 말았다. 제갈량은 군율軍律이라는 대의大義을 지키기 위하여 마속의 목을 베었는데, 문득 유비가 숨을 거두기 전에 했던 말이 떠올라 제갈량은 크게 울었다.

[예문] 법 집행에는 사사로운 감정이 개입되어선 안 되니 읍참마속의 심정으로 아끼는 인재에게 죄를 물었다.

[출전] 《삼국지(三國志)》

274 이덕보원 以德報怨

以(써 이) 德(덕 덕) 報(갚을 보) 怨(원망할 원)
덕으로 원한을 갚는다는 뜻으로, 원한이 있는 사람에게 은혜를 베푼다는 의미.

[유래] 어떤 사람이 말했다. "은덕으로 원한을 갚으면 어떻습니까?" 이에 공자가 대답했다.

"그렇게 하면 무엇으로 은덕을 갚을 것인가? 공정함으로 원망을 갚고 은덕으로 은덕을 갚아야 한다."

[예문] 이덕보원의 정신으로 은혜를 베풀면 언젠가는 다시 덕이 되어 돌아올것이다.

[출전] 《논어(論語)》

275 이목지신 移木之信

移(옮길 이) 木(나무 목) 之(어조사 지) 信(믿을 신)
나무를 옮겨 믿음을 준다는 뜻으로, 남을 속이지 않거나 약속을 반드시 지킨다는 말.

[유래] 진나라 효공孝公에게는 상앙이라는 재상이 있었다. 그는 위나라에서는 등용되지 못하고 진효공에 등용되어 명성을 날렸다. 상앙은 법치주의를 바탕으로 한 강력한 부국강병책을 내놓았는데, 이것은 훗날 시황제가 천하 통일을 할 수 있었던 기틀이 되었다.

상앙이 한번은 법을 제정해 놓고 공포를 하지 않았다. 백성들의 불신을 염려했기 때문이다. 상앙은 백성들의 불신을 없애기 위한 계책을 세웠다.

상앙은 높다란 나무를 남문 저잣거리에 세우고 나서 "이 나무를 북문으로 옮기는 사람에게 상금으로 십 금을 주겠다."라고 말했다.

　그러나 아무도 옮기려는 사람이 없었다. 상앙은 다시 오십 금을 주겠다고 하였다. 이번에는 옮기는 사람이 있었다. 상앙은 즉시 오십 금을 주어 나라가 백성을 속이지 않는다는 것을 알게 했다. 그러고 나서 상앙은 새로운 법을 공포하였다.

[유의어] 사목지신 徙木之信

[반대] 식언 食言

[출전] 《사기(史記)》, 〈상군열전(商君列傳)〉

276 이일대로 以佚待勞

以(써 이) 佚(편안할 일) 待(기다릴 대) 勞(일할 로)
쉬면서 힘을 비축했다가 피로한 적군을 맞아 싸운다는 뜻.

[유래] 손자는 적군의 마음과 체력을 빼앗고 적군의 변화에 대처하는 요령을 이렇게 설명하였다.

　"용병을 능숙하게 잘하는 자는 적군의 사기가 날카로운 때를 피하고 사기가 해이해졌거나 사라진 때에 공격한다. 이것은 사기를 다스리는 것이다. 아군을 정돈하면서 적군의 혼란한 것을 기다리며, 아군을 정숙하게 함으로써 적군의 소란함을 기다려야 하는데, 이것은 마음을 다스리는 것이다. 가까운 곳에서 멀리 온 적군을 기다리며, 아군의 편안한 것으로써 적군의 피로한 것을 기다리고, 배부른 아군으로 굶주린 적을 기다려야 하는데, 이것은 힘을 다스리는 것이다. 정연한 깃발을 한 군대는 공격하지 말고, 당당하게 진영을 갖춘 군대는 공격하지 말아야 하는데, 이것은 작전의 변화로써 다스리는 것이다."

[예문] 스포츠 경기에서도 상대 팀을 잘 관찰해서 이일대로의 작전을 세워야 한다.

[출전] 《손자(孫子)》

277 익자삼우 益者三友

益(이로울 익) 者(놈 자) 三(석 삼) 友(벗 우)
사귀어 자기에게 유익한 세 부류의 벗이라는 뜻으로, 정직한 사람, 친구의 도리를 지키는 사람, 지식이 있는 사람을 이르는 말.

[유래] 공자가 말했다. "유익한 벗이 세 종류 있고, 해로운 벗이 세 종류 있다. 곧은 벗이나 신실한 벗이나 들은 것이 많은 벗은 유익하다. 꾸미는 벗이나 너무 부드러운 벗이나 말만 잘하는 벗은 해롭다."

[예문] 익자삼우를 만나는 것도 좋지만 자신이 그런 친구가 되도록 애써야 한다.

[반대어] 손자삼우 損者三友

[출전] 《논어(論語)》, 〈계씨편(季氏篇)〉

278 인면수심 人面獸心

人(사람 인) 面(낯 면) 獸(짐승 수) 心(마음 심)
얼굴은 사람의 모습을 하였으나 마음은 짐승과 같다는 뜻.

[유래] 흉노는 몽골고원과 만리장성을 중심으로 활동한 유목기마민족(遊牧騎馬民族)과 그들이 형성한 국가들의 총칭이다. 주대周代부터 계속 중국 북방을 침입해 중국인들은 북방 오랑캐라는 뜻으로 이들을 흉노로 불렀다. 반고는 "오랑캐들은 머리를 풀어 헤치고 옷깃을 왼쪽으로 여미며, 사람의 얼굴을 하였으되 마음은 짐승과 같다"고 표현하였다.

[예문] 신생아를 돈 주고 파는 부모가 있다는 소식을 듣고 사람들은 인면수심이라며 경악했다.

[출전] 《한서(漢書)》, 〈소무전(蘇武專)〉

279 인자무적 仁者無敵

仁(어질 인) 者(놈 자) 無(없을 무) 敵(원수 적)
인자한 사람에게는 적이 없다는 뜻.

[유래] 양나라 혜왕이 맹자에게 말하였다. "우리 진나라(양나라는 진나라에서 나왔다)가 천하에 최대강국이었던 것은 선생께서도 아시는 바 입니다. 그러던 것이 과인의 대에 와서는, 동으로는 제나라에 패하여 큰 아들이 죽고, 서로는 진秦나라에게 국토

를 700리나 빼앗겼고, 남으로는 초나라에게 욕을 보았습니다. 과인은 이것을 부끄럽게 생각하여 죽은 사람을 위하여 앙갚음 하려는데 어떻게 하면 좋겠습니까?"

이에 맹자가 말했다. "영토가 사방 100리이면 그것으로 왕 노릇 할 수 있는 것입니다. 왕께서 만일 어진 정치를 백성들에게 베풀어, 형벌을 신중하게 살피고, 세금을 적게 걷으시면 백성들은 깊이 밭 갈며 다듬어 김 맬 것입니다. 건장한 사람은 여가를 이용하여 효도와 공경과 충성과 미더움을 닦아 집에 들어가서는 그 부형을 섬기며, 나와서는 그 윗사람과 임금을 섬길 것이니, 그렇게 하면 몽둥이를 들고서도 진나라와 초나라의 굳은 갑옷과 예리한 병기를 치게 할 수 있을 것입니다. 저들이 자기 백성의 농사철을 빼앗아 밭 갈고 김매어 그들의 부모를 봉양치 못하게 하면 부모가 추위에 얼고 굶주리며, 형제와 처자가 헤어져 흩어질 것입니다. 저들이 그 백성들을 곤경에 빠뜨리는데 왕께서 가셔서 바로 잡으면 도대체 누가 임금님께 대적하겠습니까? 그러므로 말하기를 '어진 사람은 적敵이 없다'고 했습니다."

[예문] 인자무적이라지만, 자상하고 어진 사람도 비정한 정치 현실에서는 적들에 둘러싸여 고립무원이 될 수 있다.

[출전] 《맹자(孟子)》, 〈양혜왕장구상(梁惠王章句上)〉

280 일각삼추 一刻三秋

一(한 일) 刻(새길 각) 三(석 삼) 秋(가을 추)
짧은 시간도 3년 같이 느껴질 정도로 그 기다리는 마음이 간절함을 비유한 말.

[유래] 남녀의 애틋한 사랑을 노래한 시에 나오는 구절이다.
"칡 캐러 가세. 하루 동안 못 뵈어도 석 달이나 된 듯하네. 대쑥 캐러 가세. 하루 동안 못 뵈어도 아홉 달이나 된 듯하네. 약쑥 캐러 가세. 하루 동안 못 뵈어도 세 해나 된 듯하네."

[예문] 그이를 기다리는 시간이 일각삼추처럼 느껴졌다.

[출전] 《시경(詩經)》

281 일거양득 一擧兩得

一(한 일) 擧(들 거) 兩(두 량) 得(얻을 득)
한 번 들어 둘을 얻는다는 뜻으로, 한 가지의 일로 두 가지의 이익을 보는 것을 의미하는 말.

[유래] 춘추전국시대 진나라 혜왕秦惠王 때 한나라와 위나라는 서로 싸운 지 1년이 지나도록 화해하지 못하고 있었다. 진나라 혜왕이 화해를 주선할지 말지를 신하들에게 물었다.
 신하들의 의견은 분분했다. 혜왕이 결정을 내리지 못하고

망설이고 있는 차에, 마침 진나라에 있다가 초나라에 있던 종횡가인 진진陳軫이 진나라에 도착했다. 진 혜왕이 그에게 진진에게 한나라와 위나라의 싸움을 화해시켜야 하느냐를 물었다. 이에 진진이 다음과 같이 말했다.

"옛날에 변장자卞莊子라는 이가 호랑이를 찔러 죽이고자 하자, 묵고 있던 여관의 심부름하는 아이가 말리면서 '호랑이 두 마리가 소를 잡아먹으려 합니다. 먹어 봐서 맛이 좋으면 분명히 서로 다툴 것입니다. 다투게 되면 반드시 싸울 테고, 서로 싸우게 되면 큰 놈은 상처를 입고 작은 놈은 죽을 것입니다. 상처 입은 놈을 찔러 죽이면 한꺼번에 호랑이 두 마리를 잡았다는 명성을 얻을 것입니다'라고 하였습니다. 변장자도 그럴 것이라고 생각하고 서서 기다렸습니다. 조금 있으니 정말 두 호랑이가 싸워서 큰 놈은 상처를 입고 작은 놈은 죽었습니다. 이때 변장자가 상처 입은 놈을 찔러서 죽이니 한 번에 호랑이 두 마리를 잡는 공을 세웠다 합니다. 지금 한나라와 위나라가 싸움을 벌인지 한 해가 넘도록 해결이 나지 않았다면 큰 나라는 타격을 입고 작은 나라는 멸망할 것입니다. 타격 입은 나라를 치면 한꺼번에 둘을 얻는 이득이 있을 것입니다. 이는 변장자가 호랑이를 찔러 죽인 것과 같은 일입니다."

[예문] 그는 풍경 좋은 곳에 여행도 하고, 사진도 찍으려는 일거양득을 노려 길을 떠났다.
[유의어] 일거양전一擧兩全, 일석이조一石二鳥, 일전쌍조一箭雙鳥
[반대어] 일거양실一擧兩失
[속담] 꿩 먹고 알 먹는다. 도랑 치고 가재 잡는다. 님도 보고 뽕

도 딴다.

[출전] 《사기(史記)》

282 일망타진 一網打盡

一(한 일) 網(그물 망) 打(칠 타) 盡(다할 진)
한 번 그물을 쳐서 모두 잡는다는 뜻으로, 한꺼번에 모두 잡아들인다는 의미.

[유래] 북송에 청렴하기로 이름난 두연이라는 재상이 있었다. 그런데 관직에 있는 두연의 사위 소순흠이 공금을 횡령했다. 그러자 평소 두연을 싫어했던 왕공진은 소순흠을 잡아들여 엄하게 죄를 물었다. 그리고 이에 연관된 사람을 모두 잡아 옥에 가두었다. 그러고는 "나는 한 그물로 모두 잡았다."면서 기뻐했다.

[예문] 경찰들은 폭력배들을 일망타진하라는 명령을 받았다.

[출전] 《송사(宋史)》

283 일모도원 日暮途遠

日(날 일) 暮(저물 모) 途(길 도) 遠(멀 원)
날은 저물고 갈 길은 멀다는 뜻으로, 할 일은 많지만 시간이 없음을 비유하는 말.

[유래] 춘추시대의 오자서伍子胥의 아버지 오사伍奢와 형 오상伍常

은 소부 비무기費無忌의 참언으로 평왕平王에게 죽었다.

이에 오자서는 오吳나라로 도망가 후일 복수할 것을 기약하였다. 마침내 오자서는 오 왕 합려를 설득해 손무孫武와 함께 초나라를 공격해 수도를 함락시켰다.

그런데 원수인 평왕은 이미 죽고 없었다. 그 후계자 소왕昭王의 행방 또한 묘연해 잡을 수가 없었다. 그러자 오자서는 평왕의 무덤을 파헤치고 그 시신을 꺼내 300번이나 채찍질을 가한 후에야 그만두었다.

한편 산중으로 피한 오자서의 친구 신포서申包胥가 오자서에게 편지를 보내 행동이 과하다며 꾸짖었다. 그러자 오자서는 "내 그대의 편지에 감사하노라. 지금 나의 처지는 문자 그대로 해는 저무는데 갈 길은 멀다는 격이다. 그러므로 매사를 도리에 어긋난 일을 할 수 밖에 없다."고 말했다.

[예문] 시험이 코앞에 닥친 수험생은 일모도원의 심정으로 책을 파고든다.

[출전] 《사기(史記)》

284 일목난지 一木難支

一(한 일) 木(나무 목) 難(어려울 난) 支(지탱할 지)
한 그루 나무로는 지탱하기 어렵다는 뜻으로, 이미 기울어지는 대세를 혼자서는 더 이상 감당할 수 없음을 비유하는 말.

[유래] 위나라 명제明帝의 사위인 임개任愷는 가충賈充이라는 사

람과의 부딪치다 파직당하고 말았다. 그는 권세를 잃게 되자, 무절제한 생활을 하게 되었다. 이에 어떤 사람이 임개의 친구인 화교和嶠에게 말하길 "당신은 어찌 친구인 임개의 방탕함을 보고도 수수방관하는 거요?" 했다. 이에 화교는 "임개의 방탕은 마치 북하문北夏門이 무너질 때와 같아서 나무 기둥 하나로 떠받쳐 될 일이 아니기 때문이오"라고 대답하였다.

[예문] 금융 위기로 나라를 대표하던 대기업이 일목난지의 처지에 처했다.
[유의어] 일주난지一柱難支
[출전] 《세설신어(世說新語)》

285 일엽장목 一葉障目

一(한 일) 葉(잎 엽) 障(가로막을 장) 目(눈 목)
'나뭇잎 하나에 눈이 가린다'는 뜻으로, 단편적이고 지엽적인 일에 현혹되어 문제의 본질이나 전모를 놓치기 쉬움을 비유하는 말.

[유래] 초나라 사람이 쓴 《갈천자》에 이런 이야기가 나온다. "옛날에 도는 정政에서 취했지 귀와 눈에서는 아니었다. 무릇 귀는 듣는 것을 주관하고 눈은 보는 것을 주관한다. 그러나 나뭇잎 하나가 눈을 가리면 태산이 보이지 않고, 두 알의 콩이 귀를 막으면 우렛소리가 들리지 않는다."

[예문] 나뭇잎을 보느라 나무를 보지 못하는 일엽장목의 우를

범해서는 안 된다.

[유의어] 일엽폐목一葉蔽目

[출전] 《갈천자(鶡冠子)》

286 일자천금 一字千金

一(한 일) 字(글자 자) 千(일천 천) 金(쇠 금)
한 글자에 천금의 가치가 있다는 뜻으로, 아주 뛰어난 글자나 시문詩文을 비유하는 말.

[유래] 전국시대 말엽, 여불위는 진秦나라가 강대국이면서도 문학에 있어 다른 나라에 미치지 못하는 것을 수치로 생각하여 선비를 불러 후히 대우하니, 식객이 3000명이나 되었다. 여불위는 식객에게 각각 재능을 펼쳐 보이도록 명하고, 그들이 쓴 것을 집대성하여, 팔람八覽, 육론六論, 십이기十二紀 등 모두 26권에 20여만 자로 이루어진 책을 만들었다. 그리고 책 이름을 《여씨춘추呂氏春秋》라고 하였다. 그는 이 책을 도읍인 함양 성문에 진열하고, 그 옆에는 천금의 현상금까지 놓아둔 채, 제후국의 세객說客들과 빈객들로 하여금 참관하도록 하며, 이렇게 말했다. "누구든지 이 책에서 잘못을 찾아내어, 한 자라도 빼거나 더할 수 있는 사람에게는 상금으로 천금을 주겠다." 하지만 여불위의 권세가 두려워 감히 고치려고 나선 사람은 한 명도 없었다고 한다.

[예문] 일자천금과 같은 글은 길이 남아 고전으로 계속해서 읽

힐 것이다.

[출전] 《사기(史記)》, 〈여불위열전(呂不韋列傳)〉

287 일폭십한 一曝十寒

一(한 일) 曝(쬘 폭) 十(열 십) 寒(찰 한)
초목을 기를 적에 하루만 볕에 쬐고, 열흘은 응달에 둔다는 뜻으로, 짧은 시간 일하거나 공부하고 긴 시간 노는 게으름을 이르는 말.

[유래] 맹자는 이런 말을 했다. "왕이 지혜롭지 않은 것을 이상하게 여길 필요가 없다. 비록 세상에서 아무리 쉽게 자랄 수 있는 것이라도 하루 동안만 햇볕에 쪼이고 열흘 동안 차게 한다면 자랄 수 있는 것은 없다. 내가 왕을 만나 볼 기회는 드물고, 물러나면 그를 차게 하는 자들이 모여드니, 싹이 트게 하고자 하여도 나로서는 어쩔 수가 없다."

[예문] 아무리 좋은 학교에 다녀도 수업 마치고부터 놀기만 한다면 일폭십한이나 다름없다.

[유의어] 십한일폭十寒一曝

[출전] 《맹자(孟子)》

288 자구다복 自求多福

自(스스로 자) 求(구할 구) 多(많을 다) 福(복 복)
많은 복은 스스로 구해야 한다는 뜻.

[유래] 맹자는 이런 말을 했다. "어질면 영화가 찾아오고, 어질지 못하면 욕을 당하게 된다. 욕된 것을 싫어하면서 어질지 못한 생활을 하는 것은 마치 축축한 것을 싫어하면서 낮은 땅에 사는 것과 같다. 욕된 것이 싫다면 덕을 소중히 알고 선비를 받들어야 한다. 화와 복은 스스로 구하지 않는 것이 없다."

[예문] 자구다복이라 했으니 하늘은 스스로 돕는 자를 돕는다.
[출전] 《시경(詩經)》

289 자두연기 煮豆燃萁

煮(삶을 자) 豆(콩 두) 燃(불사를 연) 萁(콩깍지 기)
콩을 삶는 데 콩깍지를 태운다는 뜻, 형제 사이의 다툼을 비유하는 말.

[유래] "콩을 삶음에 콩깍지를 태우니 콩은 가마솥에서 울고 있네. 본디 같은 뿌리에서 나왔거늘 왜 이리도 다급하게 지져대는가." 하는 시에서 유래한다.

[예문] 우리나라는 이미 동족상잔의 전쟁을 겪은 바, 자두연기와 같은 상황이었다.

[출전] 《세설신어(世說新語)》

290 자승자강 自勝者强

自(스스로 자) 勝(이길 승) 者(사람 자) 强(강할 강)
자신을 이기는 것을 강이라 한다는 뜻으로, 이 세상에서 가장 강한 사람은 자기 자신을 이기는 사람이라는 말.

[유래] 《노자老子》에 이런 말이 실려 있다. "남을 아는 것은 지혜로운 일이다. 그러나 자신을 아는 사람이 참으로 밝은 사람이다. 남을 이기는 것은 힘이 있는 일이다. 그러나 자기를 이기는 것이 가장 강하다."

[예문] 자신의 결점을 잘 알고 이를 극복하려는 노력을 하면 자승자강할 수 있다.

[출전] 《노자(老子)》

291 자포자기 自暴自棄

自(스스로 자) 暴(사나울 포) 自(스스로 자) 棄(버릴 기)
절망에 빠져서 자신을 학대하며 돌보지 않음을 뜻하는 말.

[유래] 맹자는 인의(仁義)를 실천하지 못하고 스스로 포기한 사람에 관해 이렇게 말하였다. "스스로 자기를 해치는 사람과는 말할 수 없다. 스스로 자기를 버리는 사람과는 일할 수 없다.

말로 예의에 어긋난 것을 스스로 자기를 해치는 것[自暴]이라고 하며, 몸이 인의仁義에 따르지 못한다고 하는 것은 스스로를 버리는 것[自棄]이다. 인은 사람의 편안한 집이고, 의는 사람의 올바른 길이다. 편안한 집을 비우고 살지 않으며, 바른 길을 버리고 행하지 않으니 슬프도다."

[예문] 자포자기하는 순간 진짜 실패자가 된다.
[반대어] 발분도강 發憤圖强
[출전] 《맹자(孟子)》

292 전거후공 前倨後恭

前(앞 전) 倨(오만할 거) 後(뒤 후) 恭(공손할 공)
전에는 거만하다가 나중에는 공손하다는 뜻으로, 상대의 입지에 따라 대하는 태도가 일변하는 것을 비유하는 말.

[유래] 소진蘇秦은 낙양 사람인데 제나라에 가서 스승을 찾아, 귀곡자鬼谷子한테서 학문을 배웠다. 그때 소진은 무척 곤궁했다. 형제, 형수, 누이, 아내, 첩조차 모두 그를 은근히 비웃으며 말했다.

"주나라의 풍속은 농업을 주로 하고, 상공업에 진력하여 2할의 이익을 올리기에 힘쓴다. 그런데 당신은 본업을 버리고 혀를 놀리는 일에만 몰두했으니 곤궁한 것은 당연하지 않은가?" 소진이 이 말을 듣고 부끄럽고 한심스런 생각이 들어 방문을 닫고 틀어박혔다. 그렇게 1년이 지나자 군주를 설득할 만한 비법을 얻게 되었다.

소진은 연燕과 조趙로 가서 제齊, 초楚, 위魏, 한韓의 여섯 나라가 연합하여 진에 대항하는 '합종책合從策'을 건의했다. 그래서 여섯 나라는 합종의 맹약을 하고 힘을 합치게 되었다. 소진은 합종의 맹약의 장長이 되어 여섯 나라의 재상을 겸했다. 그러자 소진의 형제, 처, 형수는 그를 곁눈으로 볼 뿐 감히 똑바로 쳐다보지도 못했다. 소진이 웃으며 형수에게 말했다. "전에는 그렇게 거만하더니 지금은 이렇게도 공손하니 웬일입니까?" 형수는 넙죽 엎드려서 얼굴을 땅에 대고 사과하며 말했다. "계자의 지위가 높고 재산이 많기 때문입니다."

이에 소진은 탄식하며 말했다. "나는 한 사람인데 부귀하면 일가친척도 두려워하며 공경하고, 빈천하면 가볍게 보고 업신여기니 하물며 세상 사람들이야 더할 것이 없겠구나. 또 만약 내가 낙양성 부근의 비옥한 옥토 200묘만 가졌더라도 어찌 여섯 나라 재상의 인수印綬를 찾았겠는가."

[예문] 사람이 한결같아야지 상대의 입지에 따라 전거후공한다면 믿음을 얻기 어렵다.

[출전] 《사기(史記)》, 〈소진열전(蘇秦列傳)〉

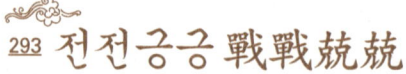

293 전전긍긍 戰戰兢兢

戰(무서워 떨 전) 戰(무서워 떨 전) 兢(조심할 긍) 兢(조심할 긍)
몸을 움츠리고 벌벌 떠는 모양이라고 뜻으로, 죄를 짓거나 잘못을 저지르고 적발 당할까봐 쩔쩔매는 경우를 이름.

[유래] 이 말은 《시경詩經》〈소아편小雅篇〉의 〈소민小旻〉이라는 시의 마지막 구절에 나온다. "감히 맨손으로 범을 잡지 못하고[不敢暴虎], 감히 걸어서 황허강을 건너지 못한다[不敢憑河]. 사람들은 그 하나는 알지만[人知其一], 그 밖의 것들은 알지 못한다[莫知其他]. 두려워서 벌벌 떨며 조심하기를[戰戰兢兢] 마치 깊은 연못에 임한 것같이 하고[如臨深淵], 살얼음 밟듯이 해야 하네[如履薄氷]."

[예문] 서민들은 매달 물가가 오르는 것을 느끼며 생활을 걱정해 전전긍긍한다.

[유의어] 전전공공戰戰恐恐, 소심익익小心翼翼

[출전] 《시경(詩經)》

294 전전반측 輾轉反側

輾(돌아누울 전) 轉(돌아누울 전) 反(돌아올 반) 側(기울 측)
이리저리 뒤척인다는 뜻으로, 근심과 걱정, 상념 등으로 잠을 들지 못한다는 의미.

[유래] 《시경詩經》의 첫 편인 〈관저〉에 나오는 말로 "…요조한 숙녀를 자나 깨나 구한다. 구해도 얻을 수 없으니 자나 깨나 생각한다. 생각하고 생각하며 이리 뒤척 저리 뒤척 하네."라는 구절에서 유래했다.

[예문] 공부를 열심히 하지 않으면 성적이 나오기 전날에 결과

가 두려워서 전전반측한다.

[유의어] 전전불매 輾轉不寐

[출전] 《시경(詩經)》

295 전화위복 轉禍爲福

轉(구를 전) 禍(재화 화) 爲(위할 위) 福(복 복)
화를 바꾸어 오히려 복이 되게 하거나 화가 바뀌어 오히려 복이 된다는 뜻.

[유래] 전국시대 제나라가 합종책을 깨고 연나라의 성을 열 개 빼앗자 합종책을 내놓았던 소진은 다음과 같은 말을 했다.

"저의 계략을 들으신다면 10개 성을 돌려주는 것이 조금도 아깝지 않을 것입니다. 연나라에 10개의 성을 조건 없이 되돌려준다면 연나라는 마치 그 성들을 공짜로 얻은 기분일 것입니다. 진나라도 자기들을 의식하여 제나라가 연에게 성들을 돌려준 줄 알고 기뻐할 것입니다. 그렇게 되면 그 10개성의 성으로 인하여 그동안 관계가 나빴던 연나라, 진나라로부터 존경을 받게 될 것입니다. 이것을 원수된 것을 버리고 반석같이 든든한 친교를 맺는다고 합니다. 그리고 이것을 화를 돌려 복이 되게 하는 전화위복〔轉禍爲福〕이요, 실패를 밑천으로 하여 성공을 이루는 인패위공〔因敗爲功〕이 아니고 무엇이겠습니까?"

[예문] 졸지에 직장을 잃은 그가 이내 더 좋은 직장을 얻은 걸

보면 전화위복이란 말이 실감난다.
[출전] 《전국책(戰國策)》, 〈연책(燕策)〉, 《사기(史記)》, 〈관안(管晏)열전〉

296 절차탁마 切磋琢磨

切(끊을 절) 磋(갈 차) 琢(쫄 탁) 磨(갈 마)
옥, 돌, 상아 따위를 자르고 쪼고 갈고 닦아서 빛낸다는 뜻으로, 학문이나 덕행을 갈고 닦음의 비유하는 말.

[유래] 자공이 공자에게 물었다. "가난해도 아첨하는 일이 없고, 부유해도 교만하는 일이 없으면 어떻습니까?"
"옳은 일이긴 하나 가난해도 도를 즐기고, 부유해도 예를 좋아하는 것만 같지 못하다." "《시경》에 이르기를 여절여차여탁여마〔如切如磋 如琢如磨〕했는데 바로 이런 것을 두고 한 말이군요." 이 말에 공자는 자공을 칭찬했다.
"너야말로 무릇 함께 시를 말할 수 있다. 이미 들은 것으로 장차 있을 것까지를 아니까 말이다."

[예문] 꾸준하게 절차탁마의 노력을 하면 약점을 극복하고 성공할 수 있다.
[유의어] 절마切磨
[출전] 《논어(論語)》

297 점입가경 漸入佳境

漸(점차 점) 入(들 입) 佳(아름다울 가) 境(지경 경)
가면 갈수록 경치가 아름다워진다는 뜻으로, 일이 점점 더 재미있게 돌아가는 것을 비유하는 말.

[유래] 고개지顧愷之는 중국 동진시대의 다재다능한 화가였다. 당시는 불교가 성행했는데 그는 불교 인물화에 뛰어났다. 고개지는 감자를 즐겨 먹었는데, 늘 가느다란 줄기 부분부터 먼저 씹어 먹었다. 이를 이상하게 여긴 친구들이, "사탕수수를 먹을 때 왜 거꾸로 먹나?" 했다. 고개지는, "갈수록 점점 단맛이 나기 때문漸入佳境이다." 했다.

[예문] 공무원 비리는 날이 갈수록 점입가경이다.
[출전] 《진서(晉書)》, 〈고개지전(顧愷之傳)〉

298 정중지와 井中之蛙

井(우물 정) 中(가운데 중) 之(어조사 지) 蛙(개구리 와)
우물 안 개구리, 즉 견문이 좁아서 넓은 세상의 사정을 모름의 비유하는 말.

[유래] 가을 물이 때가 되어 모든 냇물이 황하로 들어오니, 이에 하백河伯이 흔연히 기뻐하여 천하의 장관이 모두 자기에게 있다고 생각하고, 흐름을 따라 동쪽으로 가서 북해에 이르렀다.

거기서 다시 동쪽을 바라보니 그 물 끝을 볼 수 없었다. 하백은 비로소 얼굴빛을 고치고 멍하니 북해의 신, 약若을 향해 탄식하면서 이렇게 말했다. "옛말에 '백百쯤의 도를 듣고 천하에 자기만 한 이가 없다고 생각한다'고 하더니, 그것은 나를 두고 한 말인가 하오. 또한 나는 일찍 중니仲尼의 학문을 적게 여기고 백이伯夷의 의義를 가벼이 여기는 사람이 있다는 말을 듣고 처음에는 그 말을 믿지 않았는데, 이제 당신의 그 끝없음을 내 눈으로 보게 되니, 만일 내가 당신의 문 앞에 나오지 않았더라면, 사람들에게 웃음거리가 될 뻔했소."

그러자 북해의 신이 이렇게 말했다. "우물 안에서 살고 있는 개구리에게 바다를 얘기해도 알지 못하는 것은 그들이 좁은 장소에서 살고 있기 때문이며, 여름 벌레에게 얼음을 말해도 알지 못하는 것은 그들이 여름만을 굳게 믿고 있기 때문이며, 옹졸한 선비에게 도를 말해도 알지 못하는 것은 교(敎)에 얽매이기 때문이외다. 그런데 이제 자네는 냇물에서 나와 큰 바다를 보고 자네의 못난 것을 아니, 자네와는 더불어 큰 이치를 이야기할 만하구료."

[예문] 여러 시대의 지혜를 담은 책을 읽는 것만으로도 정중지와를 면할 수 있다.

[유의어] 정저불가이어어해井底不可以語於海, 좌정관천坐井觀天. 정와井蛙, 정중와井中蛙, 정저와井底蛙, 감정지와堪井之蛙, 촉견폐일蜀犬吠日, 월견폐설越犬吠雪, 요동시遼東豕

[출전] 《장자(莊子)》, 〈추수편(秋水篇)〉

299 조강지처 糟糠之妻

糟(지게미 조) 糠(겨 강) 之(어조사 지) 妻(아내 처)
조糟는 지게미, 강糠은 쌀겨라는 뜻으로 지게미와 쌀겨로 끼니를 이어 가며 고생한 아내를 이르는 말.

[유래] 후한을 세운 광무제光武帝는 자기의 누이인 호양공주湖陽公主가 대사공 송홍宋弘을 흠모하고 있음을 알았다.

송홍은 당당한 풍채와 덕성을 지니고, 온후하면서도 강직한 사람이었다. 광무제는 비록 황제였지만 이런 일을 직접 말하기가 곤란하였으므로, 호양공주를 병풍 뒤에 불러다 앉혀 놓고, 별도로 송홍을 불러 서서히 말을 꺼냈다.

"속담에 말하기를 사람이 고귀해지면 벗을 바꾸고, 부유해지면 아내를 바꾼다고 하는데, 자네는 이 말에 대해 어떻게 생각하는가?"

송홍은 차분하게 대답했다. "신이 듣기로 '가난하고 천할 때의 벗은 잊지 말아야 하며, 술지게미와 쌀겨로 끼니를 이으며 함께 고생했던 아내는 당堂에서 내리지 않는다.'고 하옵는데, 이것이 바로 사람의 도리라고 생각합니다."

[유의어] 빈천지지貧賤之知, 빈천지교貧賤之交, 조강부처糟糠夫妻
[출전] 《후한서(後漢書)》

300 조령모개 朝令暮改

朝(아침 조) 令(법 령) 暮(저녁 모) 改(고칠 개)
아침에 명령을 내리고서 저녁에 다시 바꾼다는 뜻으로, 법령의 개정이 너무 빈번해 믿을 수가 없음을 이르는 말.

[유래] 《사기史記》〈평준서平準書〉 재정경제사장財政經濟史章에는, 전한시대 문제文帝 때의 일을 이렇게 기록했다.

"흉노가 자주 변방을 침략하여 약탈을 자행하니, 경작하면서 수비를 하는 둔병제도를 실시했다. 자연히 변방에서 수확하는 곡식만으로 충당하기에 식량이 부족하다. 그래서 백성들에게 곡식을 헌납 받는 사람들과, 그 곡식을 변방까지 수송할 사람들을 모집하여 벼슬을 주기로 하였다. 그 벼슬의 지위는 대서장大庶長까지였다. 이 조치는, 문제와 경제景帝 때의 어사대부였던 조조晁錯의 헌책을 취한 것이었음을 《한서漢書》〈식화지食貨志〉에서 밝히고 있다."

조조가 상소한 이 헌책은 후세에 〈논귀속소論貴粟疏〉라 불리게 되는데, 여기에 조령모개라는 말이 있다. 조조는 다음과 같이 상소하였다.

"지금 다섯 가족의 농가에서는 부역이 과중하여, 노역에 복종하는 사람이 두 사람을 내려가지 않는다. 따라서 경작하여 수확하는 것은 백 묘畝가 고작인데, 이 백 묘에서 소출량은 많아야 백 석에 지나지 않는다. 봄에 경작하고 여름철에 풀 뽑고, 가을에 수확하여 겨울에 저장하는 외에, 관청을 수리하고 부역에 불려나가는 등 쉴 날이 없다. 또 개인적으로는 사람들을 보내고 맞이하며, 죽은 자를 조문하고 고아들을 받고, 어린

이를 기른다. 또한 홍수와 한발旱魃의 재해를 당하는 위에 갑자기 세금이나 부역을 당한다. 이것은 일정한 때도 정해져 있지 않아, 아침에 영을 내리고 저녁에 고친다朝令而暮改."
[예문] 우리나라 교육 정책은 조령모개 식으로 해마다 바뀐다.
[유의어] 조변석개朝變夕改, 고려공사삼일高麗公事三日
[출전] 《사기(史記)》,〈평준서(平準書)〉

301 조삼모사 朝三暮四

朝(아침 조) 三(석 삼) 暮(저물 모) 四(넉 사)
아침에 세 개, 저녁에 네 개라는 뜻으로, 간사한 잔꾀로 남을 속여 희롱함을 이르는 말.

[유래] 송나라에 저공狙公이라는 사람이 원숭이를 여러 마리 기르고 있었다. 저공은 능히 원숭이들의 뜻을 알 수 있으며, 원숭이도 역시 저공의 마음을 알았다. 저공은 자기 먹을 것을 줄여 가면서 원숭이의 욕구를 채워 주었다.

그러나 그 먹이를 당할 수가 없어 마침내 먹이가 떨어져 가므로, 앞으로 그 먹이를 줄이고자 생각하였으나 원숭이가 말을 듣지 않게 될까 두려워 먼저 이를 속여 말하기를 "너희들에게 먹이를 주되 아침에 세 개를 주고 저녁에 네 개를 주겠으니 좋으냐?" 하니 여러 원숭이가 다 일어나서 화를 냈다. 그래서 바로 말하기를 "너희들에게 먹이를 아침에 네 개를 주고 저녁에 세 개를 주겠으니 좋으냐?"하니 원숭이가 다 엎드려 절하고 기뻐하였다.

[예문] 서민정책을 펼친다면서 언론을 통해 대외 홍보용 사진만 찍어대는 건 조삼모사라 할 수 있다.
[유의어] 가기이방可欺以方, 혹세무민惑世誣民, 서동부언胥動浮言
[출전] 《열자(列子)》, 〈황제편(黃帝篇)〉. 《장자(莊子)》, 〈제물론(齊物論)〉

302 좌고우면 左顧右眄

左(왼 좌) 顧(돌아볼 고) 右(오른 우) 眄(곁눈질 면)
왼쪽을 둘러보고 오른쪽으로 곁눈질한다는 뜻으로, 무슨 일에 얼른 결정을 짓지 못함을 비유하는 말.

[유래] 《여오계중서與吳季重書》는 조조의 아들 조식曹植이 오계중 吳季重에게 보낸 편지이다. 그 내용은 다음과 같다.

"식植이 아룁니다. 계중季重은 전날 관리로 등용되어 능히 나와 가깝게 자리 할 수 있었습니다. 비록 여러 날 잔치 자리에서 술을 마시기는 했지만 서로 멀리 떨어져 만나는 일이 드물어져 오히려 쌓인 노고를 다할 길이 없게 되었습니다. 술잔을 올리면 앞에서 물결이 넘실거리고, 퉁소와 피리가 뒤에서는 흥겹게 연주된다면 족하는 그 풍채를 독수리처럼 드날려서 봉황이 탄복하고 호랑이가 응시할 것이니, 한고조의 명신인 소하蕭何나 조참曹參도 그대의 짝이 될 수 없고, 한 무제의 명장들도 그대와 어깨를 나란히 할 수 없을 것입니다. 왼쪽을 돌아보고 오른쪽을 살펴보아도 사람다운 사람이 없다고 하실 것이니, 어찌 당신의 장한 뜻이 아니겠습니까."

이처럼 좌고우면은 원래 좌우를 살펴보며 자신만만한 모습을 형용하는 말로 사용되었는데, 나중에 이리저리 살피는 모습 또는 어떤 일에 대한 고려가 지나쳐서 결단을 내리지 못하고 망설이는 태도를 나타내는 말로 사용되게 되었다.

[예문] 물건 값을 흥정할 때 좌고우면하다 결국 사지 못하는 경우가 많다.

[유의어] 우반좌고右盼左顧, 좌우고시左右顧視, 좌면우고左眄右顧

[출전] 《여오계중서(與吳季重書)》

303 주마간산 走馬看山

走(달릴 주) 馬(말 마) 看(볼 간) 山(뫼 산)
말을 타고 달리면서 산을 바라본다는 뜻으로, 일이 몹시 바빠서 이것저것 자세히 살펴볼 틈도 없이 대강대강 훑어보고 지나침을 비유하는 말.

[유래] 맹교가 뒤늦게 벼슬길에 오르게 되어 이를 축하하는 자리에서 "지난 날 궁색할 때는 자랑할 것이 없더니, 오늘 아침에는 우쭐한 마음에 거칠 것이 없어라. 봄바람에 뜻을 얻어 세차게 말을 모니, 하루 만에 장안의 꽃을 다 보았네"라고 읊은 칠언구절에서 유래했다.

[예문] 여행 일정이 촉박해서 명승고지를 주마간산으로 훑어볼 수밖에 없었던 게 아쉬웠다.

[출전] 《등과후(登科後)》

304 죽마고우 竹馬故友

竹(대 죽) 馬(말 마) 故(옛 고) 友(벗 우)
어렸을 때 함께 죽마를 타고 놀던 친구.

[유래] 기원 4세기, 동진東晉 목제穆帝 때 촉 땅을 평정하고 돌아온 환온桓溫이 실권을 장악하고 위세를 부리고 있었다. 황제는 그를 견제하기 위해 은호殷浩를 건무장군으로 등용했다. 원래 환온과 은호는 어릴 때부터 친구였는데 은호가 벼슬길에 나가고부터 두 사람은 정적이 되어 반목했다. 그 무렵 호족 사이에 내분이 일어나자 진나라는 중원 땅을 회복하기 위해 은호를 그곳으로 보냈다. 은호는 군사를 이끌고 출병했으나 제대로 싸우지도 못하고 대패하여 돌아왔다.

이에 환온은 상소를 올려 그를 변방으로 쫓아내고 말았다. 그리고 이렇게 말했다. "나는 어릴 때 은호와 함께 죽마를 타고 놀았는데, 내가 타다가 싫증이 나서 버리면 은호가 그것을 주워서 놀았다. 그러므로 그가 내 밑에서 머리를 숙여야 함은 당연한 일이다."

[예문] 동창회에서 30년 만에 죽마고우를 만나 한껏 기분이 좋아졌다.

[출전] 《세설신어(世說新語)》

305 중과부적 衆寡不敵

衆(무리 중) 寡(적을 과) 不(아니 불) 敵(겨룰 적)
무리가 적으면 대적할 수 없다는 뜻으로, 적은 수로는 많은 적을 대적하지 못한다는 말.

[유래] 제나라 선왕宣王이 패권에 대한 이야기를 하자 전국시대 제국을 순방하며 왕도론王道論을 논하던 맹자가 말했다. "영토를 개척하여 넓히고, 진나라와 초나라의 조회를 받고 중국에 군림하여 사방 오랑캐를 진압하고자 하는 것은 나무에 올라가서 물고기를 찾는〔緣木求魚〕 것과 같습니다." 그리고 이어 말했다. "작은 것은 결코 큰 것을 이길 수 없고, 무리가 적은 것은 무리가 많은 것을 대적할 수 없으며, 약한 것은 강한 것에 패하기 마련입니다. 왕도로써 백성을 열복시킨다면, 그들은 모두 전하의 덕에 굴복할 것입니다."

[예문] 정부는 대출 규제로 부동산 투기를 막으려고 했으나 이미 시세의 판도가 정해진 상태에서는 중과부적이었다.

[출전] 《맹자(孟子)》

306 중구난방 衆口難防

衆(무리 중) 口(입 구) 難(어려울 난) 防(막을 방)
여러 사람의 입을 막기 어렵다는 뜻으로, 많은 사람들이 함부로 떠들어 대는 것은 감당하기 어려우니, 행동을 조심해야 함을 이르는 말.

[유래] 주여왕周厲王은 국정을 비방하는 자가 있으면 적발해서 죽였다. 그래서 백성들은 공포에 질려 말도 제대로 할 수 없게 되었다.

소공召公이 주여왕의 탄압 정책에 반대하며 이렇게 충언하였다. "이는 겨우 비방을 막은 것에 불과합니다. 백성의 입을 막는 것은 개천을 막는 것보다 어렵습니다〔防民之口 甚於防川〕. 개천이 막혔다가 터지면 사람이 많이 상하게 되는데, 백성들 역시 이와 같습니다. 그러므로 내를 막는 사람은 물이 흘러내리도록 해야 하고, 백성을 다스리는 사람은 그들이 생각하는 대로 말을 하게 해야 합니다."

그러나 여왕은 소공의 이 같은 충언을 따르지 않았다. 결국 백성들은 난을 일으켰고, 여왕은 도망하여 평생을 갇혀 살게 되었다고 한다.

[예문] 중구난방으로 떠들어댈 것이 아니라 의견을 한 데 모아 실행에 옮겨야 한다.

[출전] 《십팔사략(十八史略)》

307 중석몰촉 中石沒鏃

中(가운데 중) 石(돌 석) 沒(잠길 몰) 鏃(화살 촉)
화살이 돌에 깊이 박혔다는 뜻으로, 정신을 집중해서 전력을 다하면 어떤 일에도 성공할 수 있음을 이르는 말.

[유래] 전한의 이광李廣은 궁술과 기마술이 뛰어난 용장이었다.

그는 황제를 호위하여 사냥을 나갔다가 혼자서 큰 호랑이를 때려잡기도 했다. 그는 흉노를 토벌하는 데 혁혁한 공을 세웠다. 어느 날, 이광이 사냥을 나갔다. 풀밭에 있는 돌을 호랑이로 잘못 보고 활을 쏘았는데 화살촉이 돌 속으로 들어가 버렸다. 그런데 호랑이가 아닌 돌이라는 걸 알고는 몇 번을 쏘아도 화살촉은 꽂히지 않았다.

[예문] 위기에 강한 사람은 어떤 일에도 포기하지 않고 중석몰촉의 정신으로 계책을 찾아낸다.

[유의어] 석석음우射石飮羽, 석석몰금음우射石沒金飮羽, 웅거석호熊渠射虎, 일념통암一念通巖, 정신일도하사불성精神一到何事不成

[출전] 《사기(史記)》, 〈이장군열전(李將軍列傳)〉

308 중원축록 中原逐鹿

中(가운데 중) 原(근원 원) 逐(쫓을 축) 鹿(사슴 록)
중원의 사슴을 쫓는다는 뜻으로, 제위를 두고 서로 다툼을 비유하는 말.

[유래] 한고조 11년에 한신韓信이 장안에서 군사를 일으키려 하였다. 그러나 사전에 발각되어 금세 진압되었다. 나중에 한고조 유방이 들으니 한신이 괴통의 말을 듣지 않은 것을 후회한다고 하였다.

이에 한고조가 괴통을 잡아들여 한신을 모반하도록 사주했느냐 물었다. 괴통은 답했다.

"그렇습니다. 제가 분명히 권하기는 했지만, 그는 저의 의견을 듣지 않았습니다. 그래서 스스로 멸망의 최후를 맞게 되었습니다. 그 작자가 저의 의견을 채택했다면, 폐하가 어찌 그를 없앨 수 있겠습니까?"

한고조가 화가 나서 괴통을 삶아 죽이라고 명했다. 이에 괴통이 억울해하면서 말했다.

"진나라의 기강이 추락해서 정권이 와해되기 직전에 여러 호걸들이 각기 거사를 하여 중원이 혼란에 빠졌습니다. 그리하여 천하의 호걸들이 마치 까마귀 떼처럼 달려와서 제왕의 지위를 차지하려 했는데, 능력이 월등하고 행동이 민첩한 사람이 그 자리를 먼저 얻게 되는 형세가 되었습니다. 옛날 도척의 개가 요 임금을 보고 짖은 것은 요 임금이 인덕이 없기 때문이 아니라 개의 주인이 아니기 때문입니다. 저는 당시 한신만 알고 있었을 뿐 폐하가 있다는 것은 모르고 있었습니다. 게다가 천하에는 날카로운 칼날을 잡고서 폐하와 같은 대업을 이루려고 한 자가 얼마나 많았습니까? 폐하께서는 그 많은 사람들을 모두 삶아 죽여야 하겠습니까?" 한고조가 괴통의 말을 들어 보니 그 말이 맞았기에 그의 죄를 사면해 주었다.

[예문] 명절이나 휴가철이 되면 각 극장은 흥행을 노리고 개봉하는 영화들이 맞서는 중원축록의 장이 된다.

[유의어] 축록장리逐鹿場裡, 각축角逐

[출전] 《사기(史記)》, 〈회음후열전편(淮陰侯列傳篇)〉

309 지강급미 舐糠及米

舐(핥을 지) 糠(겨 강) 及(미칠 급) 米(쌀 미)
겨를 핥다가 쌀까지 먹어치운다는 뜻으로, 외부의 적이 급기야 내부마저 장악하게 되는 상태나 인간의 욕심이 한이 없음을 의미하는 말.

[유래] 한나라의 조정에서 어사대부 조조晁錯를 중심으로 오나라의 영토를 삭감할 것을 논의하였다. 이를 알게 된 오 왕은 궁리 끝에 난을 일으키기로 하였다. 그러다가 제후들 중에 교서왕膠西王이 용기가 있어, 옛 제나라 땅의 주변 제후들이 그를 두려워한다는 소문을 들었다. 이에 오 왕 비는 중대부 응고應高로 하여금 교서왕을 설득하게 하였는데, 이때 응고는 "겨를 핥다 쌀을 먹어치우듯" 한나라가 점점 더 많은 땅을 요구하게 될 것이라는 말로 교서왕의 마음을 돌렸다.

[예문] 사람의 욕심은 끝이 없어서 한 번 물욕에 눈을 뜨면 지강급미 식으로 탐욕을 걷잡을 수 없게 된다.
[출전] 《사기(史記)》, 〈오왕비열전〉

310 지록위마 指鹿爲馬

指(가리킬 지) 鹿(사슴 록) 爲(할 위) 馬(말 마)
사슴을 가리켜 말이라 한다는 뜻으로, 윗사람을 농락하고 권세를 함부로 부리는 것을 비유한 말.

[유래] 진나라 때 환관인 조고趙高는 승상 이사李斯를 협박하여 거짓 조서를 꾸며 태자 부소扶蘇를 죽이고 어린 호해胡亥를 세워 2세 황제로 삼았다. 호해는 "천하의 모든 쾌락을 마음껏 즐기며 살겠다."고 말했을 정도로 어리석어 다루기 쉬웠다고 한다. 처음에 조고가 진나라 권력을 한 손에 거머쥐고자 할 적에, 여러 신하들 앞에서 사슴을 호해에게 바치면서 말이라고 속이니 어느 누구도 이를 사슴이라고 하지 못했고, 호해는 그 말을 그대로 믿었다.

[예문] 중국에서 생산한 싸구려 상품을 고급품이라고 속여도 지록위마라는 걸 알아채지 못하는 사람들이 많다.

311 지초북행 至楚北行

至(이를 지) 楚(나라이름 초) 北(북녘 북) 行(다닐 행)
초나라에 갈려고 하면서 북쪽으로 간다는 말로, 생각과 행동이 상반되는 것 혹은 방향이 틀린 것을 뜻함.

[유래] 주나라 현왕 때 위나라 혜왕惠王이 조나라 수도 한단을 치려고 하자 위나라 대신 계릉季陵이 이 소식을 전해 듣고 급히 귀국해 만류하며 말했다.

"신은 돌아오던 도중 태행산 부근에서 한 사람을 만났습니다. 그는 수레를 북쪽으로 몰면서 신에게 말하기를, '나는 초나라로 가려고 합니다'라고 했습니다. 이에 신이 '당신은 초나라로 간다면서 어찌 북쪽으로 가는 것이오?'라고 하자 그는 '나의 말은 좋은 말이기 때문입니다'라고 했습니다. 신이 다시 '말이 비록 훌륭하더라도 이는 초나라로 가는 길이 아닙니다'라고 하자, 그는 '여비도 충분히 있어 그러는 것입니다'라고 했습니다. 그래서 신이 재차 말하기를 '아무리 여비가 충분하다 한들 이 길은 초나라로 가는 길이 아닙니다'라고 하자, 그는 '나의 말몰이꾼은 뛰어나서 그러합니다'라고 했습니다. 이 사람 말 대로 하면 말과 마부가 좋으면 좋을수록 초나라로부터는 더욱더 멀어지고 있는 꼴이 됩니다. 지금 왕께서는 출병하여 위업을 이루고 제후들의 신임을 얻으려고 하십니다. 그러나 광대한 영토와 정예된 군대만 믿고 서둘러 한단을 공격한다면 패왕이 되는 길과 더욱 멀어질 뿐입니다. 이는 마치 말과 마부만 믿고 지초북행하는 것과 같습니다."

[예문] 서민 주택 공급을 늘린다면서 세입자를 압박하는 건 지초북행이나 다름없다.

[출전] 《전국책(戰國策)》, 〈위책(魏策)〉

312 지피지기 知彼知己

知(알 지) 彼(저 피) 知(알 지) 己(자기 기)
상대를 알고 나를 알아야 한다는 뜻.

[유래] 손자는 싸움에서 이기는 다섯 가지 방법을 제시했다. "전쟁의 승리를 미리 알 수 있는 것이 다섯 가지다. 더불어 싸울 것인가와 더불어 싸우지 않을 것인가를 아는 쪽은 승리하

고, 병력의 많고 적음에 따라 용병할 줄 아는 쪽은 승리하고, 상하가 일치단결하는 쪽은 승리하고, 만반의 태세를 갖추고 상대의 미비함을 기다리는 쪽은 승리하고, 장수는 유능하고 군주가 간섭하지 않는 쪽은 승리한다. 이 다섯 가지는 승리를 미리 아는 방법이다. 그러므로 상대를 알고 자신을 알면 백 번 싸워도 위태하지 않으며, 상대를 알지 못하고 자신을 알면 한 번 이기고 한 번 지며, 상대를 알지 못하고 자신도 알지 못하면 싸울 때마다 반드시 위태롭다."

[예문] 지피지기이면 백전불태라는 말이 있듯이, 시합을 할 적엔 먼저 자신과 상대 팀의 전략과 허술한 점을 잘 살펴야 한다.
[출전] 《손자(孫子)》

313 진선진미 盡善盡美

盡(다될 진) 善(착할 선) 盡(다될 진) 美(아름다울 미)
선과 아름다움을 다하였다는 뜻으로, 사물이 완전함을 의미하는 말.

[유래] 공자가 35세 되던 해 노나라에 변고가 발생하자, 제나라로 갔다. 공자는 소악韶樂을 듣고 배움에 석 달 동안 고기 맛을 잊었다. "음악의 아름다움이 이처럼 극진함을 내 일찍이 생각하지 못하였다." 공자가 소악을 비평하여 말하기를, "미의 극치를 이루고 선의 극치를 이루었느니라." 했고, 무악武樂을 비평하여, "미의 극치를 이루고 선의 극치를 이루지 못하였느니라." 했다. 소韶는 순舜 임금의 음악을 이르는 말이고,

무武는 주나라 무왕의 음악을 말한다. 순임금은 덕으로써 천하를 다스렸는데, 무왕은 주왕을 몰아내고 천하를 차지하였기에, 그의 음악인 무武는 미美를 갖추긴 하였으나 선善을 갖추지는 못했다고 하였던 것이다.

[예문] 미스코리아에 입선했다 하더라도 마음이 못났다면 진선진미라고 할 수 없다.
[유의어] 십전십미十全十美
[출전] 《논어(論語)》

314 차래지식 嗟來之食

嗟(탄식할 차) 來(올 래) 之(어조사 지) 食(먹을 식)
남을 업신여기면서 음식을 주는 태도를 뜻하는 말.

[유래] 차嗟는 '야', '자,' '옛다' 등 의미를 지닌 감탄사이다.

춘추시대 때, 제나라에 큰 기근이 들었다. 이때 많은 사람들이 굶주려 쓰러졌는데, 금오라는 부자가 때맞춰 자신의 덕을 널리 알리기 위해 길가에 음식을 늘어놓고는 굶주린 사람들에게 나누어 주었다. 하루는 굶어서 당장에라도 쓰러질 것 같은 행색을 한 남자가 찾아왔다. 이 모습을 본 금오가 왼손에 밥, 오른손에는 마실 것을 들고 그 남자에게 거만한 태도로 말하였다. "이봐, 이리 와서 이걸 먹어라."

이에 사내는 굶주림을 잊은 듯 허리를 쭉 펴고 머리를 곧추세웠다. 그러더니 금오를 매섭게 쏘아보면서 경멸하는 듯 말하였다.

"내가 이런 차래지식嗟來之食 따위를 먹으려 하지 않았기 때문에 지금과 같은 꼴이 되고 말았다. 가짜 선심은 그만둬라." 그러고는 뒤도 돌아보지 않고 가버렸다. 금오는 금세 뉘우치고 그를 따라가 무례를 사과하고 음식을 받아주길 청했으나, 그는 끝내 음식을 거절했고, 몇 걸음 더 걷다가 쓰러지고 말았다. 주려 죽을지언정 차래지식은 받아먹을 수 없었던 것이다.

[예문] 명절마다 차래지식으로 구호물자를 보낼 것이 아니라 평소에 가난한 이웃을 돌봐야 한다.

[출전] 《예기(禮記)》, 〈단궁편(檀弓篇)〉

315 창해일속 滄海一粟

滄(푸를 창) 海(바다 해) 一(한 일) 粟(조 속)
큰 바다에 던져진 좁쌀 한 톨이라는 뜻으로, 지극히 작고 보잘 것 없음을 뜻하는 말.

[유래] 소동파의 《적벽부赤壁賦》중 "작은 배를 타고 술 바가지와 술동이를 들어 서로 권하니, 우리 인생은 천지간에 하루살이처럼 짧고, 우리의 몸은 푸른 바다에 한 톨 좁쌀[滄海一粟]과도 같구나"라는 구절에서 유래한다.

[예문] 창해일속 같은 인생에서 부귀영화를 위해 양심마저 저버리는 짓은 어리석다.

[출전] 《적벽부(赤壁賦)》

316 천고마비 天高馬肥

天(하늘 천) 高(높을 고) 馬(말 마) 肥(살찔 비)
하늘이 높고 말이 살찐다는 뜻으로, 오곡백과 무르익는 가을이 좋은 계절임을 나타낼 때 흔히 쓰는 말.

[유래] 이 말은 본래 원래 흉노족의 침입을 경계하고자 나온 말이다. 중국 북쪽에 사는 흉노족은 광활한 초원에서 방목과 수

렵을 업으로 삼고 있었다. 봄부터 여름까지 풀을 먹은 말은 가을에는 토실토실하게 살이 찐다. 그러나 겨울이 되면 식량을 찾아 살찐 말을 타고 중국 변방을 쳐들어 와 곡식과 가축을 노략질해 갔다. 그래서 가을이 되면 병사들은 활줄을 갈아매고 활촉과 칼을 벼르며 경계를 강화했다.

[예문] 천고마비의 계절, 가을에는 마음도 풍성해진다.
[유의어] 천고기청天高氣淸, 추고마비秋高馬肥, 추고새마비秋高塞馬肥
[출전] 《한서(漢書)》, 〈흉노전(匈奴傳)〉

317 천려일실 千慮一失

千(일천 천) 慮(생각할 려) 一(한 일) 失(잃을 실)
천 가지 생각 가운데에서 한 가지의 실수라는 뜻으로, 지혜로운 사람이라도 많은 생각을 하다 보면 하나쯤 실수를 하게 된다는 말.

[유래] 한신이 조나라와의 결전을 앞두고 부하들에게 "적의 모사 이좌거李左車를 사로잡는 자에게는 천금을 주겠다."라고 했고 결전 끝에 조나라에게 승리해 이좌거를 포로로 잡았다. 그러고는 한신은 이좌거의 포박을 풀어주면서 연과 제나라의 공략책을 물었다. 그러나 이좌거는 사양하며 말하였다.

"패군지장敗軍之將은 무용武勇을 말하여서는 안 되고, 망국亡國의 대부大夫는 입국立國을 논하여서는 안 된다고 들었습니다. 지금 저는 패한 포로로서 어떻게 그런 대사를 꾀할 자격이 있겠습니까?" 한신이 재차 간청하자 이좌거는 말했다.

"저는 '지혜로운 자라도 천 번 생각하여 한 번의 실수가 있을 수 있으며, 어리석은 자라도 천 번의 생각 가운데 한 번쯤은 좋은 계책을 낼 수 있다〔智者千慮, 必有一失. 愚者千慮, 必有一得〕.'라는 말을 들은 적이 있습니다. 그렇기 때문에 '미친 사람의 말에서라도 성인聖人은 고를 것을 골라 취한다'라고 했습니다. 저의 계책이 받아들여질 것으로는 생각하지 않으나, 어리석은 저의 충성으로 말씀드리겠습니다." 그러고는 지혜를 빌려주었고, 한신이 이좌거의 계책을 듣고 그대로 실행하니, 과연 연나라는 투항하고 말았다.

[예문] 천려일실이란 말이 있으니, 아무리 지혜로운 사람의 말이라도 맹신해선 안 될 것이다.
[유의어] 지자일실 智者一失
[출전] 《사기(史記)》

318 천의무봉 天衣無縫

天(하늘 천) 衣(옷 의) 無(없을 무) 縫(솔기 봉)
하늘의 선녀들의 옷은 꿰맨 자국이 없다는 뜻으로, 시나 글 등이 꾸밈 없이 잘 만들어진 것을 비유하는 말.

[유래] 태원에 사는 곽한郭翰은 시문과 서예에 능한 청년이었다. 그는 일찍 부모를 여의고 혼자 살았는데, 어느 여름날 밤 정원에 누워 있을 때 하늘에서 직녀가 내려왔다. 곽한이 조용히 그녀의 옷을 살펴보니, 바느질한 곳이 전혀 없었다. 이상해서 물

으니, "하늘의 옷은 원래 바늘이나 실로 꿰매는 것이 아닙니다." 하고 대답했다. 곽한은 직녀와 사랑하게 되었다.

[예문] 이름난 업체에서 큰 행사를 준비하는 솜씨는 천의무봉이라 할 수 있다.

[출전] 《태평광기(太平廣記)》

319 천재일우 千載一遇

千(일천 천) 載(실을 재) 一(한 일) 遇(만날 우)
다시 만나기 힘든 좋은 기회를 뜻하는 말.

[유래] 동진東晉의 학자 원굉袁宏은 여러 문집에 시문 300여 편을 남겼는데, 특히 유명한 것은《문선》에 수록된 〈삼국 명신서찬三國名臣序贊〉이다. 그중 위나라의 순욱荀彧을 찬양한 글에서 원굉은 "대저 백락伯樂을 만나지 못하면 천 년이 지나도 천리마 한 필을 찾아내지 못한다."고 하면서, 현군과 명신의 만남이 결코 쉽지 않다는 것을 비유적으로 이렇게 썼다.

"대저 만 년에 한 번의 기회는 이 세상의 통칙이며 천 년에 한 번의 만남은 현군과 명신의 진귀한 해후다."

[예문] 작가라면 문학상 등단을 자기 이름을 드러낼 천재일우의 기회로 삼는다.

[유의어] 천재일시千載一時, 천재일회千載一會, 천세일시千歲一時

[출전] 《문선(文選)》, 〈삼국 명신서찬(三國名臣序贊)〉

320 청운지지 靑雲之志

靑(푸를 청) 雲(구름 운) 之(어조사 지) 志(뜻 지)
남보다 훌륭하게 출세할 뜻을 갖고 있는 마음과 속세를 벗어나고 싶어 하는 마음을 비유하는 말.

[유래] 당나라 현종玄宗 때 초야에 묻혀 살았던 시인 장구령張九齡이 지은 시에 다음과 같은 구절이 나온다.
 "옛날 청운의 뜻을 품고 벼슬길에 나아갔는데 다 늙은 지금에 와서 어렵게 되었네. 누가 알리요, 밝은 거울 속의 그림자와 그것을 보고 있는 내가 서로 측은히 여기고 있는 것을."

[예문] 그는 청운지지를 품고 상경해 자수성가했다.
[유의어] 능운지지陵雲之志, 상봉지지桑蓬之志, 청운만리靑雲萬里
[출전] 〈장구령(張九齡)의 시〉, 〈조경견백발(照鏡見白髮)〉

321 청천벽력 靑天霹靂

靑(푸를 청) 天(하늘 천) 霹(벼락 벽) 靂(벼락 력)
맑게 갠 하늘에서 갑자기 떨어지는 벼락이라는 뜻으로, 돌발적인 사건이나 사고를 이르는 말.

[유래] 송나라 왕령王令은 이런 시를 지었다. "옛 현인의 무덤 황토엔 고매한 영혼이 살아나고, 먼 옛날 푸른 하늘엔 벼락이 날리네."

[예문] 애인이 갑자기 이별을 통보하니 청천벽력이 따로 없다.
[속담] 마른 하늘에 날벼락.
[출전] 《기만자권(寄滿子權)》

322 청출어람 靑出於藍

靑(푸를 청) 出(날 출) 於(어조사 어) 藍(쪽 람)
쪽에서 나온 푸른 물감이 쪽빛보다 더 푸르다는 뜻으로, 제자가 스승보다 더 나음을 비유하는 말.

[유래] 순자는 다음과 같은 말을 했다. "나는 말한다. 학문이란 중지할 수 없는 것이다. 푸른색은 쪽풀에서 뽑은 것이지만 쪽풀보다 더 푸르고, 얼음은 물이 된 것이지만 물보다 차다. 군자는 널리 배우고 날마다 거듭 스스로를 반성하면 슬기는 밝아지고 행실은 허물이 없어지는 것이다. 그러므로 높은 산에 올라가지 않으면 하늘이 높은 줄을 알지 못하고 깊은 골짜기에 가보지 않으면 땅이 두꺼운 줄을 알지 못하는 법이다. 마찬가지로 선비는 선왕의 가르침을 공부하지 않으면 학문의 위대함을 알 수 없는 것이다."

[예문] 좋은 선생은 제자가 청출어람이 되어 자신보다 훨씬 빛나길 바란다.
[유의어] 출람지예出藍之譽, 출람지재出藍之才, 후생각고後生角高, 출람지영예出藍之榮譽
[출전] 《순자(荀子)》, 〈권학편(勸學篇)〉

323 초미지급 焦眉之急

焦(그을릴 초) 眉(눈썹 미) 之(어조사 지) 急(급할 급)
눈썹이 타게 될 만큼 위급한 상태란 뜻으로, 그대로 방치할 수 없는 매우 다급한 일이나 경우를 비유하는 말.

[유래] 금릉에 있는 장산의 불혜선사佛慧禪師는 누구보다 뛰어난 고승이었다. 어느 승려가 불혜선사에게 "선사님, 이 세상에서 가장 다급 상태가 많을 것입니다만, 어느 경지가 가장 다급합니까?"라고 물었다. 이에 선사는 "불이 눈썹을 태우는 것〔火燒眉毛〕이다."라고 대답했다.

[예문] 금융 위기가 초미지급의 상태라서 온 나라가 비상이다.
[유의어] 화소미모火燒眉毛, 소미지급燒眉之急, 연미지급燃眉之急
[출전] 송나라 승려 보제(普齊)의 《오등회원(五燈會元)》

324 촌철살인 寸鐵殺人

寸(마디 촌) 鐵(쇠 철) 殺(죽일 살) 人(사람 인)
한 치밖에 안 되는 칼로 사람을 죽인다는 뜻으로, 날카로운 경구로 상대의 급소를 찌르거나 감동을 주는 것을 이르는 말.

[유래] '촌寸'이란 손가락 한 마디 길이를 말하며, '철鐵'은 쇠로 만든 무기를 뜻한다. 따라서 '촌철'이란 한 치도 안 되는 철 무기를 의미한다. '촌철살인'이란 말은 남송의 유학자 나

대경羅大經이 지은 《학림옥로鶴林玉露》에 나온다. "어떤 사람이 무기를 한 수레의 가득 싣고 왔다고 해서 살인을 할 수 있는 것은 아니다. 나는 오히려 한[-] 치도 안 되는 칼만 있어도 사람을 죽일 수 있다[我則只有寸鐵 便可殺人]."

[예문] 그 개그맨은 촌철살인의 말로 대중의 마음을 시원하게 해주는 재주를 지녔다.

[출전] 《학림옥로(鶴林玉露)》

325 추기급인 推己及人

推(밀 추) 己(자기 기) 及(미칠 급) 人(사람 인)
자신의 처지를 미루어 다른 사람의 형편을 헤아린다는 뜻.

[유래] 중국 춘추시대 제나라 경공景公 때에 눈비가 삼일을 내리며 개이지 않았다. 경공이 여우 털옷을 입고 섬돌 위에 앉아 있는데, 안영이 들어왔다. 잠시 후에 왕이 "참으로 괴이한 일이로다. 눈비가 삼일을 내렸어도 춥지 않다니" 하니 안영이 "날씨가 춥지 않다는 말씀이신가요?"라고 되물었다.

그러면서 "옛날 어진 임금은 배부를 때 백성들의 주림을 생각하고, 따뜻할 때 백성들의 추움을 생각하고, 편안할 때 백성의 수고로움을 알았다 합니다. 지금 대왕께서 어찌 안다고 하겠습니까?" 하였다.

[예문] 추기급인이라고 자기 몸이 편하면 돈을 아껴 어려운 사

람을 도울 생각을 않는다.
[속담] 내 배 부르면 종의 밥을 짓지 말라 한다, 남의 염병이 내 고뿔만 못하다.
[출전] 《안자춘추(晏子春秋)》

326 춘래불사춘 春來不似春

春(봄 춘) 來(올 래) 不(아니 불) 似(같을 사) 春(봄 춘)
봄이 와도 봄 같지 않다.

[유래] 왕소군王昭君은 천하의 절색이었으나 흉노와 화친정책에 의해 흉노 왕에게 시집을 가게 된 가련한 여인이었다. 그녀는 자신의 불운한 심정을 노래했다. "이 땅에 꽃과 풀이 없으니, 봄이 와도 봄 같지 않다."

[예문] 가족들을 외국으로 보낸 기러기아빠는 춘래불사춘의 심정으로 외로이 지낸다.

[출전] 《동방규(東方虯)》, 〈소군원(昭君怨)〉

327 취모구자 吹毛求疵

吹(불 취) 毛(털 모) 求(구할 구) 疵(흠 자)
터럭을 불어 흠을 찾는다는 뜻으로, 고의로 남의 결점이나 과실을 찾아내려 함을 비유하는 말.

[유래] 《한비자韓非子》에 이런 말이 있다. "현명한 군주는 지혜로써 마음을 더럽히지 않으며, 사리를 추구함으로써 몸을 더럽히지 않는다. 또한 법술에 의해 국가의 어지러움을 다스리고 상벌에 의해 시비를 분별하며, 저울에 의해 물건의 경중輕重을 분명하게 하고, 그리하여 하늘의 법칙에 역행하지 않으며 사람의 본성을 상하게 하지도 않는다. 터럭을 불어 남의 작은 흠을 찾으려 하지 않으며, 때를 씻어 알기 힘든 상처를 찾지 않는다."

[예문] 그릇이 작은 사람은 취모구자하여 남을 헐뜯으며 자신의 단점은 돌아보지 않는다.

[유의어] 취모구하吹毛求瑕, 취모멱자吹毛覓疵, 세구구반洗垢求瘢, 세구색반洗垢索瘢

[출전] 《한비자(韓非子)》

328 치인설몽 癡人說夢

癡(어리석을 치) 人(사람 인) 說(말씀 설) 夢(꿈 몽)
어리석은 사람이 꿈 이야기를 한다는 뜻으로, 허황된 말을 지껄임을 이르는 말.

[유래] 당나라 시대, 서역의 고승인 승가僧伽가 여기저기 돌아다니며 수행을 할 때의 일이다. 승가는 한 마을에 이르러 어떤 사람과 이런 문답을 했다.

"당신은 성이 무엇이오(汝何姓)?"

"성은 하가요(姓何哥)."

"어느 나라 사람이오(何國人)?"

"하나라 사람이오(何國人)."

승가가 죽은 뒤 당나라의 서도가書道家 이옹李邕에게 승가의 비문을 맡겼는데 그는 "대사의 성은 하 씨何氏이고 하나라 사람何國人이다."라고 썼다. 이옹은 승가가 농담으로 한 대답을 진실로 받아들이는 어리석음을 범했던 것이다.

석혜홍은 이옹의 이 어리석음에 대해 "이는 곧 어리석은 사람이 꿈을 이야기한 것이다."라고 했다.

[예문] 현실에 맞지 않는 정책을 남발하는 건 국민을 현혹시키는 치인설몽에 불과하다.

[유의어] 치인전설몽癡人前說夢, 대치인몽설對癡人夢說

[출전] 《냉재야화冷齋夜話》

329 치지도외 置之度外

置(둘 치) 之(어조사 지) 度(법도 도) 外(밖 외)
생사와 이해를 염두에 두지 않는다는 뜻.

[유래] 유수劉秀는 동한을 건국한 후, 전국을 통일하고자 하였는데, 여러 해 동안 전쟁을 겪으면서, 함곡관 동쪽 세력은 평정했고, 감숙 지방의 외효와 사천 지방의 공손술公孫述 세력만이 남아 있었다.

이 당시, 유수는 외효가 이미 자신을 신하로 칭하면서, 아들을 낙양으로 보내 벼슬을 하게 하자, 외효에 대한 경계를 늦추고 있었다. 그러나 공손술은 스스로 황제라고 칭하였으나, 지형이 험하고 거리가 먼 사천 지방이었으므로 교전이 이루어지지 않았다.

유수 자신도 오랜 전쟁으로, 피폐해져 계속 전쟁을 하기가 매우 어려웠으므로 군대를 잠시 쉬게 하는 것이 좋겠다고 생각하였다. 이때 유수는 휘하의 장수들에게 이렇게 말했다. "장수들은 잠시 외효와 공손술 두 사람을 염두에 두지 말고 당분간 휴식을 취하라." 유수는 휴식을 끝낸 후 대군을 이끌고 정벌에 나섰다. 2년간의 전쟁을 치른 후, 외효의 군대는 궤멸되었으며, 공손술도 제거되었다.

[예문] 바깥일이 아무리 급해도 집안일을 치지도외하면 안 된다.
[출전] 《후한서(後漢書)》

330 칠종칠금 七縱七擒

七(일곱 칠) 縱(놓아줄 종) 七(일곱 칠) 擒(사로잡을 금)
일곱 번 놓아주고 일곱 번 잡는다는 말로, 자유자재로 상대를 다루는 것을 비유하는 말.

[유래] 제갈량이 맹획에게서 진정한 항복을 받아내고자 일곱 번 잡아 일곱 번 모두 풀어주었다는 고사에서 유래한다.

[예문] 급히 힘으로 제압해야 할 상대가 있는 한편, 칠종칠금처

럼 자신의 실력을 확실히 보여줘야 제압되는 상대가 있다.
[출전] 《삼국지연의(三國志演義)》

331 침어낙안 沈魚落雁

浸(잠길 침) 魚(물고기 어) 落(떨어질 락) 雁(기러기 안)
물고기가 잠기고 기러기가 떨어진다는 뜻으로, 아름다운 미인을 형용하는 말.

[유래] 춘추시대 진晉나라 헌공獻公의 애인 여희麗姬가 어찌나 아름다운지 그녀를 보면 그 아름다움에 압도되어 "물고기는 물속으로 깊이 숨어버리고 기러기는 넋을 잃고 바라보다가 대열에서 떨어졌다〔沈魚落雁〕"고 하고, 또 "환한 달은 구름 뒤로 모습을 감추고 꽃은 부끄러워 시들었다〔閉月羞花〕"고 한다.

[예문] 요즘에는 침어낙안의 미모를 자랑하는 여자들이 많지만, 성형을 하지 않은 자연산 미인은 날로 줄어든다.

[유의어] 폐월수화閉月羞花

[출전] 《장자(莊子)》

332 쾌도난마 快刀亂麻

快(쾌할 쾌) 刀(칼 도) 亂(어지러울 란) 麻(삼 마)
잘 드는 칼로 어지럽게 엉클어진 삼을 벤다. 어지러운 일을 시원스럽게 처리함.

[유래] 남북조시대 북제北齊의 창시자 고환高歡은 한족漢族으로, 그의 군사는 난폭했지만 용감했기 때문에 고환은 이러한 군사의 힘을 배경으로 정권을 유지하고 있었다. 고환은 아들을 여럿 두고 있었는데 하루는 이 아들들의 재주를 시험해 보고 싶어 한 자리에 불러들였다.

그러고는 아들들에게 뒤얽힌 삼실 한 뭉치씩을 나눠주고 추려내 보도록 했다. 다른 아이들은 모두 한 올 한 올 뽑느라 진땀을 흘리고 있었는데 양洋은 잘 드는 칼 한 자루를 들고 와서는 헝클어진 삼실을 싹둑 잘라버리고는 득의양양한 표정을 짓는 것이었다.

눈을 휘둥그렇게 뜨고 있는 아버지 앞에 나아간 양은 "어지러운 것은 베어버려야 합니다〔亂者須斬〕" 하고 말했다.

[예문] 한참을 고민해도 답이 나오지 않을 때는 쾌도난마식의 결단이 필요하다.

[출전] 《북제서(北齊書)》, 〈문선제기(文宣帝紀)〉

333 타면자건 唾面自乾

唾(침 타) 面(얼굴 면) 自(스스로 자) 乾(마를 건)
남이 내 얼굴에 침을 뱉으면 그것이 저절로 마를 때까지 기다린다는 뜻으로, 처세에는 인내가 필요함을 비유하는 말.

[유래] 측천무후則天武后 때 유능한 신하 누사덕婁師德이 있었다. 그는 온후하여 다른 사람이 아무리 무례하게 대들더라도 상관하지 않았다. 그는 아우가 대주 자사刺史로 임명되어 부임하려고 했을 때 이렇게 훈계했다. "우리 형제가 다 같이 출세하고, 황제의 총애를 받는 건 좋지만, 그만큼 시기도 많이 받게 된다. 그런데 그 시샘을 면하기 위해서는 어떻게 하면 좋다고 생각하느냐?" 이에 아우가 대답했다.

"비록 남이 내 얼굴에 침을 뱉더라도 결코 상관하지 않고 잠자코 닦습니다. 만사를 이런 식으로 사람을 응대하여, 결코 형님에겐 걱정을 끼치지 않겠습니다."

그러자 누사덕은 다음과 같이 아우를 타일렀다.

"나는 바로 그런 점을 염려한다. 어떤 사람이 너에게 침을 뱉은 것은 너에게 뭔가 화가 났기 때문이다. 그런데 네가 그 자리에서 침을 닦으면 상대의 기분을 거스르게 되어 상대는 틀림없이 더욱더 화를 낼 것이다. 침은 닦지 않아도 그냥 두면 자연히 말라 버리니, 그런 때는 웃으며 침을 받아 두는 게 제일이다."

[예문] 폭행 혐의로 체포된 가수가 타면자건의 태도로 사죄하는

기자회견을 했다.

[출전] 《십팔사략(十八史略)》

334 타산지석 他山之石

他(남 타) 山(뫼 산) 之(어조사 지) 石(돌 석)
다른 산의 나쁜 돌이라도 자기 산의 옥돌을 가는 데에 쓸 수 있다는 뜻으로, 본받을 데 없는 남의 말이나 행동도 자신의 지식과 인격을 수양하는 데에 도움이 될 수 있음을 비유하는 말.

[유래] 《시경詩經》〈소아편小雅篇〉에 "즐거운 저 동산에는 박달나무 심겨 있고, 그 밑에는 닥나무 있네. 다른 산의 못생긴 돌이라도 가져다 옥을 갈 수 있네" 하는 구절에서 유래했다.

[예문] 지난 역사의 오류를 보고 타산지석 삼아 더 나은 세계 시민이 되어야 한다.

[유의어] 반면교사反面教師

[출전] 《시경(詩經)》

335 탐천지공 貪天之功

貪(탐할 탐) 天(하늘 천) 之(어조사 지) 功(공 공)
하늘의 공을 탐낸다는 뜻, 남의 공로를 자기의 것으로 한다는 의미.

[유래] 19년 동안 떠돌이 생활을 하던 중이는 진秦나라의 도움으로 진晉 회공懷公을 죽이고 왕위에 올랐으니, 그가 바로 진 문공文公이다. 문공은 자신이 유랑하던 동안 충성을 다했던 신하들에게 후한 상을 내리고, 벼슬을 내렸다.

그런데 조나라에서 자신의 허벅지 살을 베어 굶주리고 있던 문공에게 먹게 했던 개지추介之推는 정작 아무런 포상도 받지 못하였다. 다른 사람들은 자신의 공을 밝히면서 포상을 요구했지만, 개지추는 아무 말도 하지 않았고, 문공 또한 그에게 상을 내리지 않았다. 개지추는 착잡한 마음에 이렇게 말했다.

"진헌공晉獻公의 아들 아홉 중에 유일하게 주군만이 살아 계신다. 실로 하늘이 주군을 임금으로 세운 것인데 몇몇 사람은 자신들의 공로로 여기니 남을 속이는 것이 아닌가? 남의 재물을 훔치는 것도 오히려 도둑이라 하는데 하물며 하늘의 공로를 탐하여 자신들의 공로로 삼으니 다시 말할 것이 있겠는가?"

[예문] 점잖은 사람일수록 자기 공을 드러내지 않는 법이고 천박한 사람은 탐천지공을 해서라도 자기 공을 부풀린다.

[출전] 《춘추좌씨전(春秋左氏傳)》

336 태산북두 泰山北斗

泰(클 태) 山(뫼 산) 北(북녘 북) 斗(말 두)
태산과 북두칠성이라는 뜻으로, 모든 사람들이 우러러보는 뛰어난 인물을 나타내는 말.

[유래] 당나라의 시인이자 당송팔대가唐宋八大家인 한유韓愈는 25세의 나이로 진사進士에 급제한 뒤 이부상서吏部尙書까지 되었으나 천성이 강직했기에 여러 차례 파직과 좌천을 거듭했다. 한유와 함께 고문古文 운동을 제창했던 그의 절친한 벗 유종원柳宗元은 한유의 학문에 대하여 이렇게 말했다. "당나라가 흥성한 이래 한유는 육경六經으로 여러 학자들의 스승이 되었다. 그가 죽은 후, 그의 학문은 더욱 흥성하여졌으며, 학자들은 그를 태산과 북두처럼 우러러보았다."

[예문] 백남준은 현대 미술계의 태산북두라고 할 수 있다.

[출전] 《신당서(新唐書)》,〈한유전(韓愈傳)〉

337 토사구팽 兎死狗烹

兎(토끼 토) 死(죽을 사) 狗(개 구) 烹(삶을 팽)
교활한 토끼가 잡히고 나면 충실했던 사냥개도 쓸모가 없어져 잡아먹게 된다는 뜻.

[유래] 한신은 한나라 유방劉邦과 초나라 항우項羽와의 싸움에서 유방이 승리하는 데 큰 공을 세웠다. 천하를 통일한 유방은 한신을 초왕楚王으로 봉했으나, 언젠가는 자신에게 도전할까 봐 염려하다가 그를 처치하려고 마음먹었다.

이에 한신이 말하기를, "과연 사람들 말과 같구나. 교활한 토끼가 죽으니 달리는 개가 삶아지고, 높이 나는 새가 없어지자 좋은 활은 광에 간직하며, 적국을 깨뜨리매 모신이 망한다고 하더니, 천하가 평정되자, 내가 삶음을 당하겠구나."

[예문] 회사를 위기에서 구한 인재를 토사구팽하는 건 도의에 어긋난 일이다.

[유의어] 득어망전得魚忘筌

[출전] 《사기(史記)》, 〈회음후열전(淮陰侯列傳)〉

338 토포악발 吐哺握髮

吐(토할 토) 哺(먹을 포) 握(잡을 악) 髮(터럭 발)
입 속에 있는 밥을 뱉고 머리카락을 움켜쥔다는 뜻으로, 손님을 극진히 모시는 것을 의미하는 말.

[유래] 주나라는 무왕武王이 은나라의 주왕紂王을 멸하고 세운 나라이다. 그런데 무왕이 질병으로 죽고, 나이 어린 성왕成王이 제위에 오르자, 무경武庚과 관숙管叔, 채숙蔡叔 등이 반란을 일으키는 등 천하의 정세는 불안해졌다. 그래서 무왕의 아우이자 성왕의 삼촌인 주공단周公旦이 섭정攝政하며 주 왕조의 기반을 굳건히 다졌다. 이때 아들 백금伯禽이 노나라를 다스리러 떠나게 되자 주공단은 이런 말을 해주었다.

"나는 한 번 머리 감음에 세 번씩 머리털을 움켜잡았고, 한 번 밥 먹음에 세 번 입 안의 밥을 뱉어내고 일어나서 선비를 기다렸으나 오히려 천하의 어진 사람을 잃을까 두려워했다."

[예문] 인간관계의 첫 단계는 정성을 보이는 것이니 토포악발의 자세로 성의껏 남을 대해야 한다.

[유의어] 토포착발吐哺捉髮, 토포吐哺, 토악吐握, 악발握髮
[출전] 《사기(史記)》

339 투서기기 投鼠忌器

投(던질 투) 鼠(쥐 서) 忌(꺼릴 기) 器(그릇 기)
쥐를 잡다가 독을 깬다는 뜻으로, 나쁜 사람을 벌하고 싶어도 도리어 다른 손해를 볼까 봐 그렇게 하지 못함을 비유하는 말.

[유래] 서한西漢 경제景帝 때 황제의 측근에 위세를 부리는 한 무리의 신하들이 있었다. 그러나 사람들은 황제에게 죄를 범하는 일이 될까 두려워하며 감히 그들을 건드리지 못했다. 이에 신하 가운데 가의는 경제에게 이런 말을 했다.
"폐하, 폐하께서는 '쥐를 때려잡고 싶지만 그릇을 깰까봐 겁낸다'라는 말을 들어보셨습니까? 쥐 한 마리가 조용한 밤중에 구멍에서 나와 뭔가를 훔쳐 먹고 있다가 주인에게 발견되었습니다. 그러자 그 쥐는 쌀 항아리로 들어가 숨었습니다. 주인은 그 쥐를 때려잡고 싶었지만, 항아리를 깨뜨리게 될까 두려워 어떻게 해야 할지 몰랐습니다." 경제는 곧 이 말의 의미를 알아챘다.

[예문] 강도가 침입해 인질을 잡고 있으니 경찰들은 투서기기가 될까 봐 섣불리 다가서지 못했다.
[출전] 《한서(漢書)》

340 파죽지세 破竹之勢

破(깨뜨릴 파) 竹(대 죽) 之(어조사 지) 勢(기세 세)
대나무를 쪼개는 기세라는 뜻으로, 세력이 강대하여 대적을 거침없이 물리치고 쳐들어가는 기세나 모양을 일컫는 말.

[유래] 진晉나라의 진남대장군 두예杜預가 진무제晉武帝로부터 출병을 명령받아 20만 대군을 거느리고 오나라를 쳐서 삼국시대의 막을 내리고 천하통일을 이룰 때의 일이다.

두예는 휘하 장수들과 오나라를 일격에 공략할 마지막 작전 회의를 열었다. 이때 한 장수가 "곧 강물이 범람할 시기가 다가오고, 또 언제 전염병이 발생할지 모르니 일단 후퇴했다가 겨울에 다시 공격하는 것이 어떻겠느냐"고 제안했다. 그러자 두예는 단호히 답했다. "지금 우리 군사들의 사기는 하늘을 찌를 듯이 높다. 그것은 마치 '대나무를 쪼갤 때의 맹렬한 기세破竹之勢'와 같다. 대나무란 일단 쪼개지기만 하면 그 다음부터는 칼날을 대기만 해도 저절로 쪼개지는 법인데, 어찌 이런 절호의 기회를 놓칠 수 있단 말인가."

[예문] 우리나라 휴대폰은 출시되자마자 파죽지세로 세계 시장을 점령해 버렸다.

[유의어] 세여파죽勢如破竹, 영도이해迎刀而解

[출전] 《진서(晉書)》, 〈두예전(杜預傳)〉

341 평지풍파 平地風波

平(평평할 평) 地(땅 지) 風(바람 풍) 波(물결 파)
고요한 땅에 바람과 물결을 일으킨다는 뜻으로, 공연한 일을 만들어서 뜻밖의 분쟁을 일으키거나 사태를 어렵고 시끄럽게 만드는 경우를 가리키는 말.

[유래] 유우석劉禹錫은 중국 중당中唐의 대표적 시인이다. 그가 지방관으로 있으면서 농민의 생활 감정을 노래한 《죽지사竹枝詞》 9수 중 첫 수에 이런 대목이 있다.
 "구당협곡엔 시끄러운 열두 여울 있어 이 안으로 난 도로는 옛날부터 험난했도다. 길이 한탄하노니, 인심이 물보다 못하여 평탄한 평지에서도 거친 물살 일어난단다."

[예문] 괜한 일에 평지풍파를 일으키지 말고 하던 대로 하자.
[출전] 《죽지사(竹枝詞)》

342 포락지형 炮烙之刑

炮(통째로 구울 포) 烙(지질 락) 之(어조사 지) 刑(형벌 형)
불에 달군 쇠로 단근질하는 형벌로, 가혹한 형벌을 뜻함.

[유래] 은나라 주왕은 유소씨의 나라를 정벌했는데 그때 유소씨는 복종하는 의미로 달기라는 미녀를 상납했다. 주왕은 달기의 미모에 반해 그녀의 마음을 사고자 애썼다. 정치는 달기의

마음을 사는 것으로 이어졌고, 백성들의 원성이 자자해졌다. 그러자 주왕은 가혹한 형벌을 개발했는데 그것이 포락지형이다. 뜰에 구리기둥을 가로놓고 달기와 주왕을 비방하는 자들을 끌고 나와 기둥을 건너라고 명령한다. 그런데 기둥 중간에 기름이 칠해져 있어 도저히 건널 수 없었는데 그 아래에는 이글거리는 숯불이 있었다. 떨어지면 산 채로 타죽는데 이를 보고 달기는 박장대소를 하면서 웃었다고 한다.

[예문] 일제의 모진 고문은 포락지형과도 같았다.
[출전] 《사기(史記)》, 〈은본기(殷本紀)〉

343 포호빙하 暴虎憑河

暴(사나울 포) 虎(범 호) 馮(탈 빙) 河(물 하)
맨손으로 범에게 덤비고 걸어서 황하를 건넌다는 뜻으로, 곧 무모한 행동. 죽음을 두려워하지 않는 무모한 용기를 비유함.

[유래] 공자의 제자 안회에게 어느 날, 공자는 이렇게 말했다. "등용해주면 행하고 등용해주지 않으면 숨는 것, 이는 오직 너와 나만이 그렇게 할 수 있을 것이다." 그러자 자로가 말했다. "선생님께서 만일 부대를 통솔하신다면 누구와 함께하시겠습니까?" 공자가 말했다. "두 손으로 호랑이를 때려잡고 두 다리로 큰 내를 건너다가 죽어도 후회하지 않는 사람, 나는 결코 그런 사람과는 함께하지 않을 것이다. 임무를 맡으면 반드시 삼가고 두려워하며 주도면밀하게 생각해서 일을 이루는 사

람, 나는 반드시 그런 사람과 함께할 것이다."

[예문] 포호빙하를 서슴지 않는 사람과 사업을 도모하면 함께 급류에 휘말릴 위험이 있다.

[출전] 《논어(論語)》

344 풍수지탄 風樹之嘆

風(바람 풍) 樹(나무 수) 之(어조사 지) 嘆(탄식할 탄)
바람과 나무의 탄식이란 말로, 효도를 다하지 못한 자식의 슬픔을 뜻함.

[유래] 공자가 뜻을 펴기 위해 이 나라 저 나라를 떠돌던 어느 날이었다. 이날도 제나라를 돌고 있을 때였다. 그날도 발걸음을 재촉하고 있는데 어디선가 몹시 슬피 우는 소리가 공자의 귀에 들려왔다. 우는 사람을 보니 고어皐魚라는 자였다. 공자가 우는 까닭을 물어보았다. 울음을 그친 고어가 입을 열었. "저에게는 세 가지 한恨이 되는 일이 있습니다. 첫째는 공부를 한답시고 집을 떠났다가 고향에 돌아오니 부모는 이미 세상을 떠났습니다. 둘째는 저의 경륜을 받아들이려는 군주를 어디에서도 만나지 못한 것입니다. 셋째는 서로 속마음을 터놓고 지내던 친구와 사이가 멀어진 것입니다."

고어는 한숨을 쉬고는 다시 말을 이었다. "아무리 바람이 조용히 있고 싶어도 불어온 바람이 멎지 않으니 뜻대로 되지 않습니다〔樹欲靜而風不止〕. 마찬가지로 자식이 효도를 다하려고 해도 그때까지 부모는 기다려 주지 않습니다〔子欲養而親不待〕.

돌아가시고 나면 다시는 뵙지 못하는 것이 부모입니다. 저는 이제 이대로 서서 말라 죽으려고 합니다."

[예문] 어머니가 돌아가시자 못다 나눈 정을 그리며 풍수지탄에 잠기고 말았다.

[출전] 《공자가어(孔子家語)》

345 필부지용 匹夫之勇

匹(필 필) 夫(지아비 부) 之(어조사 지) 勇(날쌜 용)
분별없이 혈기만 믿고 날뛰는 소인들의 경솔한 용기를 뜻하는 말.

[유래] 맹자가 제나라에서 제선왕齊宣王과 대화하는 가운데 이런 말을 했다. "청컨대 왕께서는 작은 용맹을 좋아하지 마십시오. 칼을 어루만지면서 흘겨보며 말하기를 '어찌 감히 나를 당하랴' 하면, 이것은 필부의 용맹이고, 한 사람을 대적하는 자입니다. 왕께서는 용맹을 크게 하십시오."

[예문] 필부지용 같은 만용을 부리다가는 어느 샌가 큰코다칠 일이 생긴다.

[출전] 《맹자(孟子)》

346 하로동선 夏爐冬扇

夏(여름 하) 爐(화로 로) 冬(겨울 동) 扇(부채 선)
여름의 화로와 겨울의 부채라는 뜻으로, 아무 소용없는 말이나 재주를 비유하여 이르는 말.

[내용] 《논형論衡》〈봉우편逢遇篇〉에 "이로울 것 없는 재능을 바치고 보탬이 되지 않는 의견을 내는 것은, 여름에 화로를 올리고 겨울에 부채를 바치는 것과 같아서, 얻고자 하지 않는 일을 하고, 듣고자 하지 않는 말을 올리면서도 화를 당하지 않는다면 이는 큰 행운이다."라는 구절에서 유래한다.

[예문] 지난 일에 매달리거나 닥치지 않은 일 때문에 전전긍긍하는 것은 하로동선과 같이 어리석은 짓이다.

[출전] 《논형(論衡)》,〈봉우편(逢遇篇)〉

347 하학상달 下學上達

下(아래 하) 學(배울 학) 上(위 상) 達(통달할 달)
아래를 배워 위에 도달한다는 뜻으로, 쉬운 지식을 배워 어려운 이치를 깨달음을 이르는 말.

[유래] 공자가 말했다. "군자는 위로 향하여 가고, 소인은 아래로 향하여 간다." 그리고 공자의 제자 자하子夏는 이렇게 말하고 있다. "용모를 중시하는 생각을 덕행을 중시하는 생각으로

바꾸고, 부모를 섬기는 데 자기의 힘을 다해 섬기고, 군주를 섬기는 데 자신을 바칠 수 있으며, 친구와 사귀면서 승낙한 것을 미덥게 지킬 수 있는 사람이라면, 비록 그가 배우지 못했다 말하더라도 나는 반드시 배웠다고 말할 것이다."

[예문] 지식을 배우는 것보다는 몸소 실천하는 하학상달이 큰 인물이 되는 데 밑거름이다.

[출전] 《논어(論語)》, 〈학이편(學而篇)〉

348 한단학보 邯鄲學步

邯(고을이름 한) 鄲(조나라 서울 단) 學(배울 학) 步(걸음 보)
한단에서 걸음걸이를 배운다는 뜻으로, 자신의 본분을 잊고 남의 흉내만을 내면 양쪽을 다 잃게 된다는 비유의 말.

[유래] 공자公子 모牟는 말했다. "어느 젊은이가 한단에 가서 걸음걸이를 배우기도 전에 옛 걸음걸이마저 잊어버리고는, 엉금엉금 기어서 자기 나라로 돌아올 수 없었다는 말이 있소. 장자의 도를 알기도 전에 그대의 본래의 지혜를 잃고 결국 그대 자신까지 잃게 될까 걱정이오."

[예문] 수영도 할 줄 모르는 사람이 철인 3종 경기에 도전한다니 한단학보라 하겠다.

[유의어] 한단지보 邯鄲之步

[출전] 《장자(莊子)》

349 항산항심 恒産恒心

恒(항상 항) 産(재산 산) 恒(항상 항) 心(마음 심)
재산이 있어야 마음의 여유가 생김.

[유래] 맹자가 유세遊說에 실패하고 초라한 모습으로 고향 산동현山東縣에 돌아와 쓸쓸히 만년을 보낼 때의 일이다. 고향에서 그리 멀지 않은 곳에 등騰이라는 작은 나라가 있었다. 그가 고향에 돌아왔다는 소식을 들은 등문공騰文公은 그를 국정의 고문으로 초빙했다.

등문공이 지혜를 빌려달라 말하자 맹자는 답했다. "백성의 일은 늦출 수 없는 것들이니, 옛말에 '낮에는 너 가서 띠풀을 하고, 저녁에는 너 새끼를 꼬고, 빨리 지붕을 이어라. 그렇게 하고 나서 비로소 온갖 곡식을 뿌려라'라고 하였습니다. 백성들이 사는 방도는 일정한 생업이 있으면 일정한 마음이 있고, 일정한 생업이 없으면 일정한 마음이 없습니다.

진실로 일정한 마음이 없으면 방탕, 편벽, 사악, 사치 등 못하는 짓이 없습니다. 죄에 빠진 다음에 따라가서 형벌을 가한다면 이것은 백성을 속이는 것이니, 어찌 어진 사람이 위에 있어서 백성을 속일 수 있겠습니까? 그러므로 어진 임금이 반드시 공손하고 검소하여 아랫사람에게 예로 하며, 백성에게 취하는 것은 절제가 있는 것입니다."

[예문] 곳간에서 인심이 난다는 말이 있으니, 정치를 하는 사람은 늘 항산항심이라는 말을 새겨야 할 것이다.

[출전] 《맹자(孟子)》

350 형설지공 螢雪之功

螢(개똥벌레 형) 雪(눈 설) 之(어조사 지) 功(공 공)
가난한 사람이 반딧불과 눈빛으로 글을 읽어가며 공부함을 일컫는 말.

[유래] 진晉의 차윤車胤은 어려서 부지런하며 책을 열심히 읽었다. 그는 집이 가난하여 항상 기름을 얻지는 못하였다. 그래서 여름철에 천 조각에 반딧불을 담고 책을 비춰서 읽으며 공부하더니 후에 벼슬이 상서랑尙書郞에 이르렀다. 진晉의 손강孫康은 어려서 마음이 맑고 깨끗하였으나 집이 가난하여 기름이 없어서 눈에 비춰 책을 읽더니, 후에 벼슬이 어사대부御史大夫에 이르렀다.

[예문] 형설지공만 한 열의가 없이 환경만 탓할 거라면 애당초 공부를 하지 않는 게 좋다.
[유의어] 형창설안螢窓雪案, 차형손설車螢孫雪, 영설독서映雪讀書
[출전] 《진서(晉書)》

351 호가호위 狐假虎威

狐(여우 호) 假(거짓 가) 虎(범 호) 威(위엄 위)
여우가 호랑이의 위세를 빌려 다른 짐승을 놀라게 한다는 뜻으로, 남의 권세를 빌려 허세를 부림을 비유하여 이르는 말.

[유래] 기원전 4세기 초, 초나라 선왕宣王 때의 일이다. 이때 북방의 나라들은 한결같이 소해휼을 두려워하였다. 소해휼이 나서기만 하면 다른 나라들은 그저 굽신거리기만 하였다. 이에 초선왕楚宣王은 다른 사람을 굴복시키는 권위를 지닌 소해휼의 인격과 성품을 시기하게 되었다. 하루는 선왕이 신하들에게 물었다.

"듣자하니, 북쪽의 여러 나라들이 모두 소해휼 재상을 두려워한다고 하는데 어찌 된 일인가?"

신하들은 누구 하나 제대로 대답을 못했다. 이때, 강을江乙이라는 신하가 나서서 대답하였다.

"어느 산중에 호랑이 한 마리가 있었습니다. 호랑이는 모든 종류의 먹이로 삼고 있었기에 다양한 식사를 할 수 있었습니다. 하루는 먹이를 찾아 나섰다가 여우를 만났습니다. 여우가 죽지 않으려고 말했습니다. '나를 감히 잡아먹으려고 하느냐. 하늘의 천제天帝님이 나를 모든 짐승의 우두머리로 삼았느니라. 감히 나를 잡아먹다니 그것은 천제님의 뜻을 거역하는 일이다. 내 말이 믿어지지 않는다면 내가 앞장설 테니 내 뒤를 따라와 봐라. 나를 보고 달아나지 않는 짐승은 하나도 없을 테니'라고 했습니다. 그래서 호랑이는 여우의 뒤를 따라갔습니다. 그랬더니 과연 여우의 말대로 만나는 짐승마다 모두 달아나기에 바빴습니다. 사실 짐승들을 달아나게 한 것은 여우 뒤에 따라오고 있던 호랑이었습니다. 그런데도 호랑이는 이 사실을 깨닫지 못했다고 합니다. 대왕께서는 지금 국토가 5천리, 군사가 백만인 거대한 나라를 다스리고 계십니다. 그런데 소해휼을 재상에 맡겼으니 북방의 어느 나라인들 두려워하지 않겠습니까. 북쪽의 나라들이 두려워하는 것은 소해휼이 아니라, 그 뒤에 있는 초나라의 병력, 곧 임금님의 강한 군사력입니다."

[예문] 선생님이 자리를 비우자 반장이 어깨에 힘을 주고 으스대는 것은 호가호위나 다름없다.
[유의어] 가호위假虎威. 가호위호假虎威狐
[출전] 《전국책(戰國策)》, 〈초책(楚策)〉

352 호연지기 浩然之氣

浩(클 호) 然(그러할 연) 之(어조사 지) 氣(기운 기)
천지간에 가득 차 있고 넓고 큰 기운, 또는 도의道義에 근거하여 공명정대公明正大하고 조금도 비굴함이 없는 용기를 뜻하는 말.

[유래] 어느 날 공손추가 맹자에게 물었다. "선생님께서 말씀하신 '마음을 동요하지 않음'과 고자告子가 말한 '마음을 동요하지 않음'은 어떻게 다릅니까?"

"고자가 '남이 하는 말言에서 이해가 가지 않는 것을 마음에서 구하지 말며, 마음에 이해가 가지 않는 것을 기氣에서 구하지 말라' 하였다. 마음에 이해가 가지 않는 것을 氣에서 구하지 말라 함은 옳지마는 남이 하는 말言에 이해가 가지 않는 것을 마음에서 구하지 말라 함은 옳지 않다." 맹자의 답에 공손추가 다시 물었다.

"그렇다면 선생님께서는 어느 점을 잘 하십니까?"

"나는 말을 알며, 나는 나의 호연지기를 잘 기르고 있다."
"호연지기란 무엇입니까?"
"그 기운은 극히 크고 굳센 것인데, 이것을 곧게 길러서 해치지만 않는다면 천지간에 가득 찰 수 있게 된다. 또 그 기운은 정의正義와 정도正道에 함께 하는 것이니, 이것들이 없으면 허탈감에 빠지게 된다."

[예문] 그는 호연지기를 기르고자 친구들과 자전거를 타고 배낭여행을 떠났다.
[유의어] 호기浩氣, 정기正氣, 정대지기正大之氣
[출전] 《맹자(孟子)》, 〈공손추상(公孫丑上)〉

353 호의불결 狐疑不決

狐(여우 호) 疑(의심할 의) 不(아닐 불) 決(터질 결)
여우가 의심이 나 결정을 못한다는 뜻으로, 의심이 많아 결단을 내리지 못하는 것을 의미하는 말.

[유래] 맹진盟津과 하진河津은 모두 황하黃河에 있는 나루터이다. 이곳은 겨울이 되어 얼음이 얼면 말을 타고서도 얼음 위로 지나다닐 수 있어 나룻배보다 편리하였다. 하지만 얼음이 막 얼기 시작할 때에, 사람들은 섣불리 건너지 못하고 먼저 여우들을 건너가게 하였다. 여우는 본시 영리한 동물로서 청각이 매우 뛰어났다. 여우는 얼음 위를 걸으면서도 이상한 소리가 나면 곧 얼음이 갈라지는 것을 예감하고 재빨리 강가로 돌아왔

다. 사람들은 이렇게 여우가 강을 다 건너간 것을 확인하고 나서야 안심하고 수레를 출발시켰던 것이다.
[예문] 너무 무모해서 짧은 생각에 중요한 일을 아무렇게나 결정하는 것도 나쁘지만 호의불결하는 것도 좋지 않다.
[유의어] 호의유예狐疑猶豫, 호예호의狐豫狐疑, 호의부정狐疑不定
[출전] 《술정기(述征記)》

354 호접지몽 胡蝶之夢

胡(오랑캐 호) 蝶(나비 접) 之(어조사 지) 夢(꿈 몽)
장자가 나비가 되어 날아다닌 꿈이라는 뜻으로 만물일체의 심경, 인생의 덧없음을 비유 하는 말.

[유래] 전국시대의 사상가 장자莊子는 어느 날 꿈에 나비가 되었다. 스스로 유쾌하여 자기가 장자인 것을 몰랐다. 그러나 조금 뒤 문득 꿈에서 깨어 보니 자기는 틀림없이 장자였다. 장자가 나비 된 꿈을 꾼 것인가? 나비가 장자가 된 꿈을 꾼 것인가? 이에 장자도 호접이고 호접도 장자라, 꿈도 현실이고 현실도 꿈이다 하여 이 말이 유래했다.

[예문] 인생은 호접지몽이라 했으니 순간에 연연할 필요가 없다.
[유의어] 장주지몽莊周之夢
[출전] 《장자(莊子)》, 〈내편 제물론(內篇 齊物論)〉

455 호중천지 壺中天地

壺(병 호) 中(가운데 중) 天(하늘 천) 地(땅 지)
항아리 속의 세상이라는 뜻으로, 별천지, 별세계, 선경仙境을 비유하여 이르는 말.

[유래] 중국 후한시대에 비장방費長房이라는 사람이 있었다. 그는 어느 날 이상한 광경을 보게 되었다. 시장 한 모퉁이에서 영약靈藥을 파는 약장수 할아버지가 있었는데, 이 할아버지는 언제나 가게 앞에 항아리를 하나 놓아두고는, 시장이 파하면 얼른 항아리 속으로 들어가 사라지는 것이었다. 시장 사람들은 아무도 그것을 눈여겨보지 않았으나 비장방은 너무도 이상한 일이라고 생각되어 그 할아버지를 찾아갔다.

그러자 할아버지는 그를 항아리 속으로 안내했다. 항아리 속에는 훌륭한 옥으로 만든 화려한 저택이 장엄하게 솟아 있고, 그 저택 안에는 산해진미가 차려져 있었다. 그는 할아버지와 함께 술과 음식을 마음껏 먹고 나서, 다시 항아리 밖으로 나왔다. 이 약장수 할아버지는 하늘에서 지상으로 유배된 선인仙人인 호공이었다.

뒤에 호공이 용서를 받아 천계天界로 돌아갈 때, 비장방도 그를 따라갔는데 선술仙術을 익히는 데 실패하여 지상으로 돌아왔다고 한다.

[예문] 얼마 전 다녀온 계곡과 산은 마치 호중천지와 같이 신묘하고 풍광 좋은 장소였다.

[유의어] 호중지천壺中之天, 일호지천一壺之天, 무릉도원武陵桃源, 별천지別天地, 선경仙境, 이상향理想鄕

[출전] 《후한서(後漢書)》, 〈방술전(方術傳)〉

356 화룡점정 畵龍點睛

畵(그림 화) 龍(용 룡) 點(점 찍을 점) 睛(눈동자 정)
용을 그리고 나서 눈동자도 그려 넣는다는 뜻으로, 사물의 가장 중요한 부분을 완성시키는 것을 이르는 말.

[유래] 남북조시대, 남조인 양나라에 장승요張僧繇라는 사람이 있었다. 그는 안락사安樂寺 벽에 용 네 마리를 그렸는데 눈동자를 그리지 않았다.

 말하기를 "눈동자를 그리면 용이 날아가 버리기 때문이다."라고 했다. 그러나 사람들은 그 말을 믿지 않았다. 그래서 그는 용 한 마리에 눈동자를 그려 넣었다.

 그러자 갑자기 천둥이 울리고 번개가 치며 용이 벽을 차고 하늘로 올라가 버렸다. 눈동자를 그리지 않은 용은 그대로 남아 있었다.

[예문] 그는 패션쇼 마지막에 무대에 서서 화룡정점을 찍었다.

[유의어] 입안入眼

[출전] 《수형기(水衡記)》

357 화씨지벽 和氏之璧

和(화할 화) 氏(각시 씨) 之(어조사 지) 璧(둥근 옥 벽)
천하 명옥을 이르는 말, 또는 어떤 난관에도 굴하지 않고 자신의 의지를 굳히는 것을 비유하는 말.

[유래] 전국시대, 초여왕 말엽에 화씨和氏란 사람이 사람 머리보다도 더 큰 옥을 주워 이를 곧바로 여왕에게 바쳤다. 여왕은 옥공玉工에게 감정시켜 보니 보통 돌이라고 했다. 화가 난 여왕은 화씨를 월형(발뒤꿈치를 자르는 형벌)에 처했다.

여왕이 죽은 뒤 화씨는 그 옥돌을 무왕武王에게 바쳤으나 결과는 마찬가지였다. 이번에는 왼쪽 발뒤꿈치를 잘리고 말았다. 무왕에 이어 문왕文王이 즉위하자 화씨는 다리가 없어 문왕에게 옥돌을 바치지 못하고 옥돌을 가슴에 품고 형산 아래에서 사흘 낮 사흘 밤을 울었다. 나중에 그의 눈에서 눈물이 마르고 대신 피가 흘러내렸다. 이를 화씨지혈읍和氏之血泣이라 한다. 소문을 들은 문왕이 사자를 보내 물으니 화씨는 다음과 같이 말했다.

"제가 우는 것은 발뒤꿈치가 잘려서가 아닙니다. 옥을 돌로 알고 충신을 미치광이로 여기는 것이 슬퍼서 우는 것입니다."

문왕이 옥돌을 가져와 세공인에게 맡겨 감정을 하니 흠하나 없는 참으로 아름다운 옥이었다. 이에 문왕은 옥공을 시켜 둥근 고리 옥璧을 만들게 하고, 화씨지벽和氏之璧이라고 명명했다.

[예문] 화씨지벽 같이 귀한 보물을 선물 받아 가보로 간직했다.
[유의어] 변화지벽卞和之璧, 완벽完璧, 연성지벽連城之璧
[출전] 《한비자(韓非子)》

358 환골탈태 換骨奪胎

換(바꿀 환) 骨(뼈 골) 奪(빼앗을 탈) 胎(아이 밸 태)
환골은 옛사람의 시문詩文을 본떠서 어구를 만드는 것, 탈태는 고시古詩의 뜻을 본 따서 원시原始와 다소 뜻을 다르게 짓는 것을 이르는 말로, 옛 사람의 글에서 그 형식이나 내용을 모방해 자기 작품으로 거듭나게 하거나 용모가 환하고 아름다워 다른 사람처럼 거듭나는 것을 일컫는 말.

[유래] 남송 때의 승려 혜홍惠洪이 쓴 《냉재야화冷齋夜話》에 다음과 같은 이야기가 있다.
"황산곡黃山谷이 말하기를 시의 뜻은 무궁한데 사람의 재주는 한이 있다. 한이 있는 재주로 무궁한 뜻을 좇는다는 것은 불가능한 일이다. 그러나 그 뜻을 바꾸지 않고 그 말을 만드는 것을 가리켜 환골법換骨法이라 하고 그 뜻을 본받아 형용하는 것을 가리켜 탈태법奪胎法이라 한다."

[예문] 10년 만에 동창을 만나 보니 무척 예뻐져서 환골탈태한 모습이었다.
[출전] 《냉재야화(冷齋夜話)》

359 회자인구 膾炙人口

膾(회 회) 炙(고기 구울 자) 人(사람 인) 口(입 구)
맛있는 음식이 사람들의 입에 오르내리듯 시문詩文 등이 사람들의 입에 많이 오르내리고 칭송받는 것을 비유하는 말.

[유래] 춘추시대, 증삼曾參과 그의 부친 증석曾晳은 모두 공자의 제자였는데, 증석은 양조羊棗를 즐겨 먹었다. 후에 증석이 세상을 떠났지만, 효성이 지극한 증삼은 양조를 보아도 차마 먹지 못하였다.

전국시대에 이르러, 맹자의 제자들 가운데 공손추가 이 일에 대하여 물었다. "스승님, 회와 볶은 고기, 그리고 양조 중 어느 쪽이 더 맛이 있습니까?" "그야 당연히 회와 볶은 고기이겠지." "그렇다면 증삼은 무엇 때문에 회와 볶은 고기는 먹고, 양조는 먹지 않았습니까?" 이에 맹자가 답했다. "회와 볶은 고기는 다같이 먹기를 좋아하는 것이고, 양조는 증석만이 먹기를 좋아했던 것이기 때문이다. 이름은 부르기를 피하여 입 밖에 내어 부르기를 꺼리고 성姓은 부르기를 피하지 않는 것은, 성은 다같이 쓰는 것이고 이름은 혼자만이 쓰는 것이기 때문이다."

[예문] 좋은 일로 회자인구된다면 좋지만 나쁜 구설수로 사람들 입에 오르내리는 것은 달갑지 않다.

[출전] 《맹자(孟子)》

360 후생각고 後生角高

後(뒤 후) **生**(날 생) **角**(뿔 각) **高**(높을 고)
나중 난 뿔이 더 우뚝하다는 뜻으로, 후배나 제자가 선배나 스승보다 더 나을 때에 쓰는 말.

[유래] 《열상방언洌上文言》에 실린 "후배들을 두려워하게 되는 것은 뒤에 난 뿔이 앞에 난 뿔보다 더 우뚝 솟아 있기 때문이다."라는 구절에서 유래한다.
[예문] 좋은 선배는 후생각고를 바라면서 자기가 아는 것을 후배에게 친절하게 가르쳐준다.
[유의어] 후생가외後生可畏, 청출어람靑出於藍
[출전] 《열상방언(洌上文言)》

361 후안무치 厚顔無恥

厚(투터울 후) **顔**(얼굴 안) **無**(없을 무) **恥**(부끄러워할 치)
얼굴이 두꺼워 부끄러움을 모르는 사람을 이르는 말.

옛날 중국의 하나라 계啓 임금의 아들인 태강太康이 뒤를 이어 왕위王位를 계승하였다. 그런데 그는 정치를 돌보지 않고 사냥만을 즐겼다. 이에 그의 다섯 형제가 차례로 우임금의 훈계를 노래로 불렀으니 이를 오자지가五子之歌라 한다.

다섯째 편의 내용에 다음과 같은 구절이 있다. "오호라 어디로 돌아갈꼬. 일만 백성이 나를 원수로 하나니 내 장차 누구를 의지할꼬. 안타까운지라, 내 마음이여, 낯이 두터워 부끄러워라. 그 덕을 삼가지 아니하거니, 비록 뉘우친들 어찌 쫓겠느냐."

[예문] 후안무치의 성폭행범이 경미한 처벌을 받는 걸 보고는 사람들이 경악했다.

[출전] 《서경 오자지가(書經 五子之歌)》, 《논어 위정편(論語 爲政篇)》

동자이음한자(同字異音漢字)

降
내릴 강   昇降(승강)
항복할 항   降服(항복)

更
다시 갱   更生(갱생)
고칠 경   變更(변경)

車
수레 거   人力車(인력거)
수레 차   車庫(차고)

見
볼 견   見學(견학)
나타날 현   見夢(현몽)

龜
거북 귀   龜鑑(귀감)
나라이름 구 龜洞(구동)
터질 균   龜裂(균열)

金
쇠 금   金屬(금속)
성 김   金氏(김씨)

茶
차 다   茶菓(다과)
차 차   茶禮(차례)

度
법도 도   度量(도량)
헤아릴 탁   度地(탁지)

讀
읽을 독   讀書(독서)
구절 두   句讀點(구두점)

洞
마을 동   洞口(동구)
통달할 통   洞察(통찰)

率
비율 률   確率(확률)
거느릴 솔   率先(솔선)

樂
즐길 낙(락) 樂觀(낙관)
풍류 악   樂譜(악보)
좋아할 요   樂山樂水
       (요산요수)

說
말씀 설   說得(설득)
달랠 세   遊說(유세)
기쁠 열   喜說(희열)

數
셈 수　　　　　數學(수학)
자주 삭　　　頻數(빈삭)
촘촘할 촉

復
돌이킬 복　　回復(회복)
다시 부　　　復活(부활)

否
아니 부　　　否定(부정)
막힐 비　　　否塞(비색)

北
북녘 북　　　北韓(북한)
달아날 배　　敗北(패배)

寺
절 사　　　　寺刹(사찰)
관청 시　　　司僕寺(사복시)

狀
형상 상　　　狀態(상태)
문서 장　　　狀元(장원)

殺
죽일 살　　　殺人(살인)
감할 쇄　　　相殺(상쇄)

塞
변방 새　　　要塞(요새)
막을 색　　　拔本塞源
　　　　　　(발본색원)

索
찾을 색　　　索出(색출)
쓸쓸할 삭　　索莫(삭막)

省
살필 성　　　反省(반성)
줄일 생　　　省略(생략)

屬
붙일 속　　　從屬(종속)
맡길 촉　　　委屬(위촉)

帥
장수 수　　　帥長(수장)
거느릴 솔　　引帥(인솔)

拾
주을 습　　　拾得(습득)
열 십　　　　參拾(삼십)

食
먹을 식　　　食糧(식량)
밥 사　　　　疎食(소사)

識
알 식 　　知識(지식)
기록할 지 　標識(표지)

惡
악할 악 　　善惡(선악)
미워할 오 　憎惡(증오)

易
바꿀 역 　　易地思之
　　　　　　(역지사지)
쉬울 이 　　容易(용이)

切
끊을 절 　　切斷(절단)
모두 체 　　一切(일체)

直
곧을 직 　　率直(솔직)
값 치 　　　直錢(치전)

參
참여할 참 　參席(참석)
석 삼 　　　參萬(삼만)

推
밀 추 　　　推進(추진)
밀 퇴 　　　推敲(퇴고)

則
법 칙 　　　規則(규칙)
곧 즉 　　　然則(연즉)

暴
드러날 폭 　暴露(폭로)
사나울 포 　暴惡(포악)

便
편할 편 　　便利(편리)
오줌 변 　　便所(변소)

行
다닐 행 　　行動(행동)
항렬 항 　　行列(항렬)

畵
그림 화 　　畵家(화가)
그을 획 　　畵順(획순)

著
책 지을 저 　著者(저자)
입을 착 　　著服(착복)

중요 동자이의어

假
거짓 가　　假飾(가식)
빌릴 가　　假借(가차)

干
방패 간　　干戈(간과)
간여할 간　干涉(간섭)

間
사이 간　　間或(간혹)
염탐꾼 간　間諜(간첩)

甲
갑옷 갑　　甲冑(갑주)
천간 갑　　六甲(육갑)

格
격식 격　　格言(격언)
다툴 격　　格鬪(격투)

計
꾀 계　　　計略(계략)
셈 계　　　計算(계산)

過
지날 과　　過客(과객)
허물 과　　過失(과실)

君
임금 군　　君主(군주)
그대 군　　諸君(제군)

端
단정할 단　端正(단정)
끝 단　　　端緒(단서)

堂
집 당　　　書堂(서당)
당당할 당　堂堂(당당)

徒
무리 도　　生徒(생도)
보행할 도　徒路(도로)

圖
그림 도　　圖形(도형)
도모할 도　圖謀(도모)

略
간략할 략　省略(생략)
꾀 략　　　方略(방략)

露
이슬 로　　草露(초로)
드러낼 로　暴露(폭로)

命
목숨 명 　生命(생명)
명령할 명 　命令(명령)

密
빽빽할 밀 　密集(밀집)
몰래 밀 　密通(밀통)

息
쉴 식 　休息(휴식)
숨 쉴 식 　歎息(탄식)
자식 식 　子息(자식)

服
옷 복 　制服(제복)
복종할 복 　服從(복종)
먹을 복 　服用(복용)

別
다를 별 　別味(별미)
이별 별 　惜別(석별)

部
마을 부 　部落(부락)
나눌 부 　部分(부분)

謝
사례할 사 　謝過(사과)
사양할 사 　謝絕(사절)

師
스승 사 　師弟(사제)
군사 사 　師團(사단)

相
서로 상 　相互(상호)
모양 상 　眞相(진상)

鮮
고울 선 　鮮明(선명)
생선 선 　生鮮(생선)

素
흴 소 　素服(소복)
바탕 소 　素朴(소박)

首
머리 수 　首腦部(수뇌부)
항복할 수 　自首(자수)

順
순할 순 　順應(순응)
차례 순 　順序(순서)

是
이 시 　是年(시년)
옳을 시 　是非(시비)

信
믿을 신   信賴(신뢰)
편지 신   書信(서신)

心
마음 심   心理(심리)
가운데 심 中心(중심)

野
들 야   野生(야생)
더러울 야 野卑(야비)

約
약속 약   約束(약속)
절약 약   節約(절약)

弱
약할 약   弱者(약자)
어릴 약   弱冠(약관)

長
긴 장   長短(장단)
어른 장   長幼(장유)

將
장수 장   將軍(장군)
장차 장   將來(장래)

朝
아침 조   朝飯(조반)
조정 조   朝野(조야)

足
발 족   手足(수족)
넉넉할 족 豐足(풍족)

卒
마칠 졸   卒業(졸업)
죽을 졸   生卒(생졸)
군사 졸   兵卒(병졸)

宗
마루 종   宗親會(종친회)
종교 종   宗敎(종교)

太
클 태   太山(태산)
태평할 태 太平(태평)

革
가죽 혁   革帶(혁대)
고칠 혁   革命(혁명)

興
일어날 흥 興亡(흥망)
흥취 흥   興味(흥미)

동자이음한자(同字異音漢字) | 351

중요 동자이음어 *( ) 안은 틀린 음

ㄱ

可矜 가긍(가금)
恪別 각별(격별)
姦慝 간특(간약)
看做 간주(간고)
勘定 감정(심정)
降下 강하(항하)
改悛 개전(개준)
坑道 갱도(항도)
醵出 갹출(거출)
揭示 게시(계시)
更迭 경질(갱질)
誇張 과장(오장)
刮目 괄목(활목)
壞滅 괴멸(회멸)
攪亂 교란(각란)
敎唆 교사(교준)
丘陵 구릉(구능)
口腔 구강(구공)
口碑 구비(구패)
句讀 구두(구독)
句節 귀절(구절)
救恤 구휼(구혈)

求愛 구애(구득)
詭辯 궤변(위변)
龜裂 균열(구열)
近況 근황(근항)

ㄴ

拿捕 나포(합포)
內人 나인(내인)
難澁 난삽(난습)
捺印 날인(나인)
烙印 낙인(각인)
來往 내왕(내주)
鹿皮 녹비(녹피)
鹿茸 녹용(녹이)

ㄷ

茶菓 다과(차과)
茶店 다점(차점)
團欒 단란(단락)
撞着 당착(동착)
陶冶 도야(도치)
瀆職 독직(속직)
鈍濁 둔탁(돈탁)

登攀 등반(등거)

ㅁ

蔓延 만연(만정)
邁進 매진(만진)
驀進 맥진(막진)
萌芽 맹아(붕아)
明澄 명징(명증)
牡友 모우(목우)
木瓜 모과(목과)
杳然 묘연(향연)
巫覡 무격(무현)
拇印 무인(모인)
未洽 미흡(미합)

ㅂ

剝奪 박탈(녹탈)
撲滅 박멸(복멸)
撲殺 박살(복살)
頒布 반포(분포)
拔萃 발췌(발치)
潑剌 발랄(발자)
幇助 방조(봉조)

便秘 변비(편비)
兵站 병참(병첨)
不朽 불후(불구)
比喩 비유(벽유)
沸騰 비등(불등)
憑藉 빙자(빙적)

ㅅ

使嗾 사주(사족)
奢侈 사치(사다)
詐欺 사기(사취)
數數 삭삭(수수)
索漠 삭막(색한)
撒布 살포(산포)
相殺 상쇄(상살)
省略 생략(성략)
書簡 서간(서한)
洗滌 세척(세조)
甦生 소생(갱생)
遡及 소급(삭급)
殺到 쇄도(살도)
水洗 수세(수선)
猜忌 시기(청기)

示唆 시사(시준)
諡號 시호(익호)
十方 시방(십방)

ㅇ

齷齪 악착(악족)
斡旋 알선(간선)
謁見 알현(알견)
愛玩 애완(애원)
隘路 애로(익로)
惹起 야기(약기)
役割 역할(역활)
嗚咽 오열(명인)
汚辱 오욕(오진)
渦中 와중(과중)
訛傳 와전(화전)
緩和 완화(난화)
歪曲 왜곡(의곡)
掠奪 약탈(경탈)
濾過 여과(노과)
凹凸 요철(요돌)
窯業 요업(질업)
容喙 용훼(용탁)

雨雹 우박(우포)
雲刻 운각(운핵)
遊說 유세(유설)
吟味 음미(금미)
凝結 응결(의결)
義捐 의연(의손)
弛緩 이완(치완)
移徙 이사(이도)
罹患 이환(나환)
溺死 익사(약사)
一括 일괄(일활)
一切 일체(일절)
剩餘 잉여(승도)

ㅈ

孜孜 자자(고고)
自刎 자문(자물)
暫定 잠정(참정)
將帥 장수(장사)
裝塡 장전(장진)
奠幣 전폐(존폐)
點睛 점정(점청)
措置 조치(차치)

稠密 조밀(주밀)
造詣 조예(조지)
奏請 주청(진정)
躊躇 주저(수저)
憎惡 증오(증악)
叱責 질책(힐책)
桎梏 질곡(지고)
執拗 집요(집유)
捉來 착래(촉래)
懺悔 참회(섬회)
暢達 창달(장달)

ㅊ

漲溢 창일(장익)
喘息 천식(단식)
闡明 천명(단명)
尖端 첨단(연단)
涕泣 체읍(제읍)
諦念 체념(제념)
忖度 촌탁(촌도)
秋毫 추호(추모)
追悼 추도(추탁)
衷心 충심(애심)

熾烈 치열(식열)

ㅌ

彈劾 탄핵(탄효)
綻露 탄로(정로)
攄得 터득(여득)
慟哭 통곡(동곡)
洞察 통찰(동찰)
堆敲 퇴고(추고)

ㅍ

破綻 파탄(파정)
跛立 피립(파립)
瓣得 판득(변득)
敗北 패배(패북)
覇權 패권(파권)
平坦 평탄(평단)
捕捉 포착(포촉)
褒賞 포상(보상)
輻輳 폭주(복주)
標識 표지(표식)
風味 풍미(풍마)

ㅎ

割引 할인(활인)
陝川 합천(협천)
肛門 항문(홍문)
行列 항렬(행렬)
降將 항장(강장)
解弛 해이(해지)
諧謔 해학(개학)
享樂 향락(형락)
現況 현황(현항)
絢爛 현란(순란)
荊棘 형극(형자)
忽然 홀연(총연)
花瓣 화판(화변)
廓然 확연(곽연)
滑走 활주(골주)
黃疸 황달(황단)
恍惚 황홀(광홀)
嚆矢 효시(고시)
嗅覺 후각(취각)
麾下 휘하(마하)
恤兵 휼병(혈병)
欣快 흔쾌(흠쾌)
恰似 흡사(합사)

중요 상대어, 반대어 (글자)

加(더할 가) ↔ 減(덜 감)
可(옳을 가) ↔ 否(아닐 부)
强(굳셀 강) ↔ 弱(약할 약)
開(열 개) ↔ 閉(닫을 폐)
去(갈 거) ↔ 來(올 래)
乾(하늘 건) ↔ 坤(땅 곤)
建(세울 건) ↔ 壞(무너뜨릴 괴)
傑(뛰어날 걸) ↔ 拙(못날 졸)
儉(검소할 검) ↔ 奢(사치할 사)
結(맺을 결) ↔ 離(떨어질 리)
謙(겸손할 겸) ↔ 慢(거만할 만)
京(서울 경) ↔ 鄕(시골 향)
慶(경사 경) ↔ 弔(조상할 조)
輕(가벼울 경) ↔ 重(무거울 중)
曲(굽을 곡) ↔ 直(곧을 직)
屈(굽을 곡) ↔ 沆(대항할 항)
功(공 공) ↔ 過(잘못할 과)
公(공평할 공) ↔ 私(사사 사)
貴(귀할 귀) ↔ 賤(천할 천)
勤(부지런할 근) ↔ 怠(게으를 태)
禽(날짐승 금) ↔ 獸(길짐승 수)
起(일어날 기) ↔ 伏(엎드릴 복)
起(일어날 기) ↔ 臥(누울 와)

緊(긴요할 긴) ↔ 疎(성길 소)
吉(길할 길) ↔ 凶(흉할 흉)
諾(승낙할 낙) ↔ 拒(물리칠 거)
難(어려울 난) ↔ 易(쉬울 이)
男(사내 남) ↔ 女(계집 여)
南(남녘 남) ↔ 北(북녘 북)
內(안 내) ↔ 外(바깥 외)
冷(찰 냉) ↔ 炎(뜨거울 염)
濃(짙을 농) ↔ 淡(묽을 담)
多(많을 다) ↔ 少(적을 소)
斷(끊을 단) ↔ 繼(이을 계)
當(마땅 당) ↔ 落(떨어질 낙)
貸(빌릴 대) ↔ 借(빌 차)
東(동녘 동) ↔ 西(서녘 서)
同(같을 동) ↔ 異(다를 이)
鈍(둔할 둔) ↔ 敏(민첩할 민)
得(얻을 득) ↔ 失(잃을 실)
露(이슬 로) ↔ 霜(서리 상)
瞭(밝을 료) ↔ 曖(희미할 애)
利(이로울 리) ↔ 害(해로울 해)
漠(아득할 막) ↔ 確(확실할 확)
晩(늦을 만) ↔ 早(일찍 조)
忙(바쁠 망) ↔ 閑(한가할 한)

賣(팔 매) ↔ 買(살 매)		送(보낼 송) ↔ 迎(맞을 영)	
孟(맏 맹) ↔ 季(끝 계)		收(거둘 수) ↔ 給(줄 급)	
文(글월 문) ↔ 武(무사 무)		水(물 수) ↔ 陸(뭍 육)	
問(물을 문) ↔ 答(답할 답)		首(머리 수) ↔ 尾(꼬리 미)	
物(물건 물) ↔ 精(정신 정)		授(줄 수) ↔ 受(받을 수)	
美(아름다울 미) ↔ 醜(추할 추)		瞬(눈 깜짝할 순) ↔ 永(길 영)	
潑(활발할 발) ↔ 萎(시들 위)		崇(높일 숭) ↔ 凌(업신여길 릉)	
放(놓을 방) ↔ 防(막을 방)		昇(오를 승) ↔ 降(내릴 강)	
逢(만날 봉) ↔ 別(헤어질 별)		勝(이길 승) ↔ 敗(패할 패)	
否(아닐 부) ↔ 肯(수긍할 긍)		視(볼 시) ↔ 聽(들을 청)	
浮(뜰 부) ↔ 沈(잠길 침)		新(새 신) ↔ 舊(옛 구)	
悲(슬플 비) ↔ 喜(기쁠 희)		深(깊을 심) ↔ 淺(얕을 천)	
貧(가난할 빈) ↔ 富(넉넉할 부)		我(나 아) ↔ 汝(너 여)	
死(죽을 사) ↔ 活(살 활)		安(편안할 안) ↔ 否(아닐 부)	
常(일상 상) ↔ 特(특별할 특)		仰(우러를 앙) ↔ 俯(구부릴 부)	
賞(상줄 상) ↔ 罰(벌 벌)		愛(사랑 애) ↔ 憎(미워할 증)	
上(위 상) ↔ 下(아래 하)		哀(슬플 애) ↔ 歡(기쁠 환)	
生(살 생) ↔ 滅(멸망할 멸)		嚴(엄할 엄) ↔ 慈(인자할 자)	
善(착할 선) ↔ 惡(악할 악)		逆(거스를 역) ↔ 順(좇을 순)	
先(먼저 선) ↔ 後(뒤 후)		厭(싫을 염) ↔ 樂(좋아할 요)	
盛(성할 성) ↔ 衰(쇠할 쇠)		榮(영화 영) ↔ 辱(욕될 욕)	
消(쓸 소) ↔ 積(쌓을 적)		凹(오목할 요) ↔ 凸(볼록할 철)	
損(잃을 손) ↔ 益(더할 익)		友(벗 우) ↔ 敵(원수 적)	

優(뛰어날 우)	↔	劣(못날 열)	衆(많을 중)	↔	寡(적을 과)
隱(숨을 은)	↔	顯(나타낼 현)	遲(더딜 지)	↔	速(빠를 속)
陰(그늘 음)	↔	陽(볕 양)	眞(참 진)	↔	僞(거짓 위)
因(까닭 인)	↔	果(결과 과)	進(나아갈 진)	↔	退(물러날 퇴)
任(맡길 임)	↔	免(면할 면)	集(모을 집)	↔	散(흩을 산)
雌(암컷 자)	↔	雄(수컷 웅)	借(빌릴 차)	↔	貸(꿜 대)
子(아들 자)	↔	女(계집 녀)	着(입을 착)	↔	脫(벗을 탈)
姉(윗누이 자)	↔	妹(아랫누이 매)	贊(도울 찬)	↔	反(돌이킬 반)
自(스스로 자)	↔	他(다를 타)	創(창조할 창)	↔	模(본뜰 모)
長(길 장)	↔	短(짧을 단)	添(더할 첨)	↔	削(깎을 삭)
戰(싸울 전)	↔	和(화목할 화)	尖(뾰족할 첨)	↔	丸(둥글 환)
絶(끊을 절)	↔	續(이을 속)	淸(맑을 청)	↔	濁(흐릴 탁)
淨(깨끗할 정)	↔	汚(더러울 오)	忠(충성 충)	↔	奸(간사할 간)
靜(고요할 정)	↔	騷(시끄러울 소)	取(취할 취)	↔	捨(버릴 사)
朝(아침 조)	↔	夕(저녁 석)	統(합칠 통)	↔	分(나눌 분)
燥(마를 조)	↔	濕(젖을 습)	播(씨 뿌릴 파)	↔	獲(얻을 획)
存(있을 존)	↔	亡(망할 망)	表(겉 표)	↔	裏(속 리)
尊(높을 존)	↔	卑(낮을 비)	豊(풍성할 풍)	↔	凶(흉년들 흉)
存(있을 존)	↔	廢(폐할 폐)	彼(저 피)	↔	此(이 차)
縱(세로 종)	↔	橫(가로 횡)	寒(찰 한)	↔	暖(따뜻할 난)
罪(허물 죄)	↔	刑(형벌 형)	虛(빌 허)	↔	實(찰 실)
主(주인 주)	↔	從(좇을 종)	賢(어질 현)	↔	愚(어리석을 우)
晝(낮 주)	↔	夜(밤 야)	狹(좁을 협)	↔	廣(넓을 광)

兄(형 형)	↔	弟(아우 제)
好(좋을 호)	↔	惡(미워할 오)
禍(재앙 화)	↔	福(복 복)
擴(늘릴 확)	↔	縮(엷을 축)
興(일어날 흥)	↔	亡(망할 망)
喜(기쁠 희)	↔	悲(슬플 비)

뼈대있는 사자성어

펴낸날 | 2010년 5월 10일 초판 1쇄 발행
펴낸날 | 2019년 2월 10일 초판 9쇄 발행

저 자 | 차평일
발행인 | 김정재

펴낸곳 | 나래북 · 예림북
등록번호 | 제 2016-000020호
주소 | 경기도 고양시 지도로 92. 55 다동 201호
전화 | 031)914-6147
팩스 | 031)914-6148
이메일 | naraeyearim@naver.com

표지디자인 및 편집 | 김민호 · 한연재
출력 | 예컴 **인쇄** | 범선인쇄 **제본** | 정성문화

ISBN | 978-89-94134-02-4 02700
*무단복제 및 무단전재를 금합니다.
*잘못 만들어진 책은 구입하신 서점에서 바꿔드립니다.